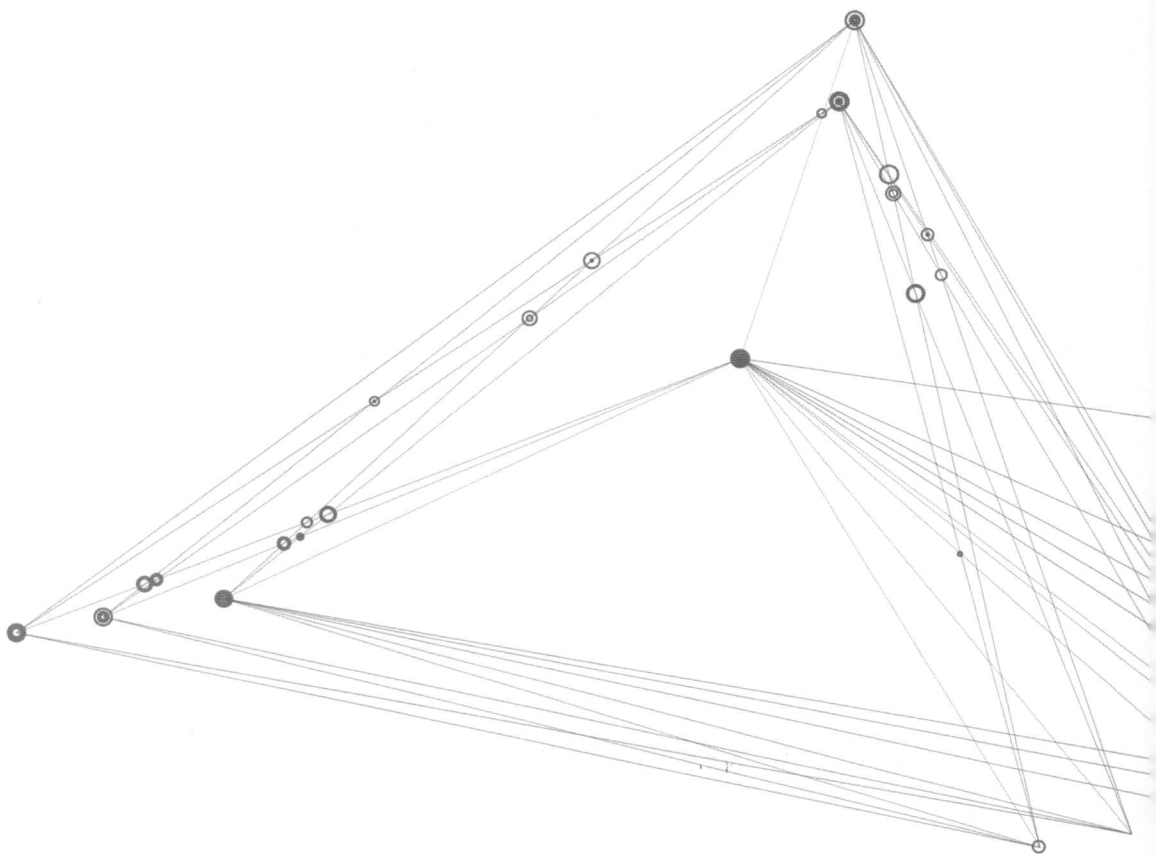

边缘地区域演变与发展研究

BIANYUANDI QUYU YANBIAN
YU FAZHAN YANJIU

廖继武 著

暨南大学出版社
JINAN UNIVERSITY PRESS

中国·广州

图书在版编目（CIP）数据

边缘地区域演变与发展研究 /廖继武著 . —广州：暨南大学出版社，2015. 8
ISBN 978 - 7 - 5668 - 1620 - 7

Ⅰ. ①边…　Ⅱ. ①廖…　Ⅲ. ①边疆地区—经济发展—研究—中国　Ⅳ. ①F127

中国版本图书馆 CIP 数据核字（2015）第 207551 号

出版发行：暨南大学出版社

地　　址：	中国广州暨南大学
电　　话：	总编室（8620）85221601
	营销部（8620）85225284　85228291　85228292（邮购）
传　　真：	（8620）85221583（办公室）　85223774（营销部）
邮　　编：	510630
网　　址：	http：//www. jnupress. com　http：//press. jnu. edu. cn

排　　版：	广州联图广告有限公司
印　　刷：	佛山市浩文彩色印刷有限公司

开　　本：	787mm×1092mm　1/16
印　　张：	9. 25
字　　数：	228 千
版　　次：	2015 年 8 月第 1 版
印　　次：	2015 年 8 月第 1 次

定　　价：	22. 00 元

（暨大版图书如有印装质量问题，请与出版社总编室联系调换）

前　言

党的十八大指出，必须清醒地看到我国发展中不平衡、不协调、不可持续的问题依然突出，必须继续实施区域发展总体战略，充分发挥各地区比较优势，优先推进西部大开发，全面振兴东北地区等老工业基地，大力促进中部地区崛起，积极支持东部地区率先发展；采取对口支援等多种形式，加大对革命老区、民族地区、边疆地区、贫困地区的扶持力度，从而使区域协调发展机制基本形成。十八大对我国目前存在问题的认识是清楚的，它明确了"老少边穷"地区滞后、区域发展不协调是我国目前存在的两大问题。因此，着力发展"老少边穷"地区、建立区域协调发展机制是解决问题的关键。

"老少边穷"地区多为边缘地区。作为边缘地区，它们具有一定的共性，面临相似的问题，需要从共性角度对其进行系统研究，也需要从全国总体战略角度对其进行全盘考虑。将它们放入全国棋盘，与先进地区、核心地区一起考量，不仅有益于更准确地认识"老少边穷"地区的发展条件与发展规律，也可以更清楚地探明边缘地与核心地之间的内在关系，从而建立边缘地与核心地和谐发展的区域协调机制。这是一直困扰"老少边穷"地区发展的难题，也是"老少边穷"地区研究的目标。

本书正是围绕欠发达地区的发展问题展开的系统研究，力图从边缘视角对该类地区发展问题作出更好、更准确的诠释，提出更富成效的对策。全书以海南西部为案例区，通过实地调查、遥感解译等方法获取了大量的第一手资料，在资料充分的基础上对边缘地的结构与功能、演变及机制作出理论分析，重点剖析了典型边缘地——海南西部的资源环境变迁与社会经济变化情况，揭示其变化过程、机制与区域发展等方面的规律，探讨边缘地的发展模式并提出海南西部的发展对策。全书主要内容如下：

（1）对边缘地的理论分析，重点从边缘地的过渡带属性出发，认为过渡带属性是对边缘地造成影响的主要因素，它对边缘地的形成过程与机制、结构与功能都产生了重要影响；提出在多样表象下，边缘地具有共同的过渡性、脆弱性与动态性特征，并形成具有开放特征的耗散结构，具有截流、整流、交流、汇流等功能。笔者以上述边缘地的理论为基础分析海南西部的具体情况，发现海南西部区域特征均受边缘地影响。海南西部既是北部湾与海南陆地的交错带，也是中部山地与沿海平原的交错带，还是海南省与其他地区的交接带、中国与东南亚地区的接壤地。海南西部的边缘属性使其边缘地特征明显：地貌类型交叉分布，降水呈纵向变化，沿海干旱，土壤的地带性分布被干扰，少数民族人口比重大、农业人口多，城镇集中于海陆边缘与山地平原边缘。

（2）应用边缘地理论剖析海南西部资源环境与社会经济的变化过程、动力机制与区域发展，较好地解析了研究区资源环境变迁与社会经济发展的独特现象。资源环境变化中的海岸地貌出现、干旱形成、生态退化以及土地（资源）沙化等过程都与边缘地有关，表现出环境脆弱、灾害多发、沿海干旱、环境退化等特征。环境基底脆弱、灾害因素众多、干旱气候与人类需求变化是促使海南西部资源环境演变的主要动力机制。同时存在资源环境一体化现象，主要是山区资源环境化、沿海沙地环境资源化。人类价值取向的变化，特别是人类对环境质量关注程度的提高，是资源环境一体化的重要推进机制。社会经济变化中，人口、聚落与经济三大要素的变化最具边缘特征：人口向海岸带集中，人口迁移与人口增长在海岸带特别活跃；在边缘地出现聚落剧变区，表现为聚落密集带，中心聚落也成长于边缘，原因在于边缘与聚落出现功能耦合；初级产品经济与重化工经济的发展是边缘地影响的结果，边缘地资源丰富、交通便利、政策倾斜等是上述经济形态形成的重要原因。

（3）从边缘地视角对海南西部区域发展进行分析，揭示出海南西部地区在历史时期发展过程中存在显著的边缘化与区域中心并存的现象。海南西部边缘化是多因素综合作用的结果，自然条件不良是基础，外来移民的转移是主因，社会制度的缺陷是外因。不过，海南西部仍然具有中心化的潜在优势——资源丰富、区位良好、交通便利与政策倾斜。为此，采用反边缘化、边缘效应与功能中心的三种发展模式可以有效应对边缘地的发展问题。反边缘化发展需要构建快捷交通、壮大优势产业、发挥资源优势、延长产业链条、提倡模仿创新、承接产业转移以及重点区域开发带动等；边缘效应模式主要是加强区域合作与特区建设两方面，创造边缘效应，可以在中国—东盟合作、环北部湾合作、环南海合作及泛珠三角合作中发挥边缘优势，利用特区的有利地位，通过制度创新突出政策优势，提升边缘效应。构建功能中心主要在于发挥地理边缘的功能优势，实现区域的快速发展。海南西部可以在交通中心、区域中心（中心城市）、物流中心、工业中心（工业走廊）、海洋开发中心等方面加强建设，以功能中心的建设带动区域的整体发展。

本书的研究紧紧抓住边缘地这一独特区域及其存在的独特问题，通过分析制约边缘地发展的系列因素，以期找到促进边缘地发展、缩小区域发展差距、实现区域协调发展的有效模式与对策。本书的研究结论较好地解析了边缘地资源环境变迁与社会经济发展的独特现象，书中观点从另一个视角为广大欠发达地区的发展提供了新的思路。边缘地区域演变的一般规律为理论工作者提供了分析此类地区区域变化的理论武器，有益于其更准确地认识此类地区的发展特性。研究结果中的发展模式与发展对策既可为政策制定者制定区域政策提供参考，也可为理论工作者进行相关研究提供参考，还可为实业界在进行投资决策、市场开发等实务工作时提供参考。因此，本书的读者与受众涵盖理论界、实业界、宏观管理部门等。

作者

2015 年 5 月

▶▶ CONTENTS 目录

第一章

绪　论

一、研究背景

全球变化已引起世界各国科学家的广泛重视[1]，国际科联发起并组织了关于"全球环境变化"（GEC）的四大研究计划——国际地圈生物圈计划（IGBP）、世界气候研究计划（WCRP）、全球环境变化的国际人文因素计划（IHDP）、国际生物多样性计划（DIVERSITAS）。全球变化研究旨在深入了解控制整个地球系统相互作用的重要物理、化学和生物过程，揭示支持生命的独特环境变化规律以及人类活动对这些过程的影响方式，并预测未来几十年到上百年的全球变化情况[2]。在全球变化研究中，研究的重点在于地球各要素相互交接的地带，特别是生态脆弱区[3]。我国是世界上生态脆弱区分布面积最大、生态脆弱性表现最明显的国家之一。我国生态脆弱区大多位于生态过渡区和植被交错区，处于农牧、林牧、农林等复合交错带[4]。生态脆弱区在我国主要是生态问题突出、经济相对落后和人民生活贫困的地区[5]。生态脆弱区具有全球变化敏感性、生态恢复困难性、自然灾害多样性等特征[6]。加强对生态脆弱区的结构、功能、机制的研究，及时掌握脆弱区生态环境演变动态，因地制宜，合理选择发展方向，优化产业结构，力争在发展过程中解决生态环境问题，保护好生态环境，维护生态系统的完整性，实现人与自然的和谐发展，是生态脆弱区研究的基本任务。

海南西部地区也是一个生态脆弱地区。它西临北部湾，隔北部湾与东南亚相望，和广西、越南从东、北、西三面对北部湾形成合抱之势，是中国通往东南亚最近便的通道。海南西部位于热带，且是海岛地区，但因位于海南五指山和越南长山山脉的雨影区，降水较少，属高温干旱的热带环境。吴传钧[7]指出，区域研究要"三大抓"：抓经济发展重点地区，抓贫困地区，抓辽阔的海洋、海域。海南西部既是欠发达地区，与岛内其他地区相比，在经济结构、GDP总量、工农业总产值、人均收入等方面均有一定差距[8]，也是沿海地区，现在又是海南"西部工业走廊"所在地，是海南工业发展的重点地区。海南西部地区符合区域研究的基本条件，是进行区域研究的典型地区。在国家重视海洋经济的背景下，又适逢北部湾经济区被提升到国家战略高度的时机，北部湾地区的发展过程将进入一个新的发展阶段。海南西部地区如何抓住这次机会，主动融入北部湾的开发，是海南西部地区发展过程中面临的最大机遇和挑战。

二、研究综述

边缘地是地球表面各要素相互作用的地带，是地理作用和过程最为明显的地带；边缘地也是不同区域之间的交接过渡带，是区内分异最显著的地带。边缘地的典型性使之成为各学科竞相研究的对象，既是地理学、经济学研究的重点，也是区域科学、生态学等研究的重点。地理学重在研究边缘地的属性与特征，并以之为介体进行地理学的空间研究、过程研究与综合研究，经济学、区域科学重在研究边缘地引发的各种效果，生态学重在对生态交错带（ecotone）的研究。

（一）边界（缘）、边缘地（区、带）

边界论由来已久，源于德国人文地理学家 F. 拉采尔的研究。他的巨著《政治地理学》（1897）对国界的产生、性质、特征、功能等问题作了详尽的论述，认为国界线是为保障国家集团自身利益而人为划出的一条界线[9]。现实中地理事物是经常变化的，国家的边界同样如此。边界是以固定的线来表示动态的事物的，结果常引发国家之间的矛盾。地理学中的边界并不限于国界，而是多种多样的：作为分布界限的边界，作为出入口的边界，作为屏障的边界，作为接触区的边界，作为区划的边界等[10]。这些边界和国界一样也是动态变化的。

边界虽有不同的类型，究其实质，不过是位于地物的边缘，和其他地物相接触的地带，是在空间上有一定宽度的地带。以线作为边界往往是不准确的，以边缘定义这一特殊地带则更为恰当[11]。作为地物边缘，它不仅是界限，还是接触区。边缘就是两个不同的地物接触和交流的场所。海岸地带是最大的接触区，它不仅是大陆和海洋的空间交汇场所[12]，也是被大海隔开的两个大陆的接触带。沙漠的周边地带，山地与平原的边界——山麓地带也具有接触交流功能。国界也一样是两个国家接触交流的地带。

地物是相互联系、相互影响的，从一地物到另一地物是逐渐过渡的，没有相邻地物是突然变化的，用一条线将之分开是困难的。边界线其实是占有相应的空间与作用范围的[13]，可称之为边缘区或边缘带。边缘区是相邻地域间具有一定的空间范围且直接受到边缘效应作用的边缘过渡区，尤其是自然地理单元和行政地理单元的耦合地带[14]。最早从地理角度提出边缘区（带）的是英国历史地理学家麦金德，他将世界分为三个区域：一是亚欧大陆中心的内陆区域，二是位于边缘的"内新月形地带"，三是由近海岛屿、美洲、澳大利亚构成的"外新月形地带"[15]。

麦金德从政治地理的角度，将世界划分为边缘区和"心脏"区。斯皮克曼将麦氏理论进一步发挥，认为世界上最具权力潜质的区域是亚欧大陆的边缘地区，因为这里集中了世界上主要的人口和资源，而且东半球的权力冲突向来同"心脏"地带和边缘地区的关系，以及边缘地区内的权力分布等因素有关[16]。在这里，麦金德和斯皮克曼主要从政治功能的角度描述了边缘区，边缘区在地理位置上也刚好位于亚欧大陆边缘。

边缘区有各种类型，如海陆边缘区、山地平原边缘区、洲际边缘区、国际边缘区、区际边缘区等。它们虽然位于地物的边缘位置，但它们是各种"流"的节点或汇聚地，具有变化快、抗干扰能力弱、空间迁移能力强等特点[17]，这些特点在生态边缘区表现得最为明显。

目前，地理学者对地理边缘从各种角度进行了研究，不同学者从不同的角度赋予它不

同的称谓，有边界、边缘、边缘区、边缘带、交错区、交错带、界面、交界地带、脆弱带等[14, 18]。虽然名称不同，但学者们在研究时都是指地物与地物相互接触交流的这个特殊地带。名称的不同反映了人们研究视角的不同，以及对它的理解的差异[19]，但学者们对其性质的认识是相同的[20]，并没有根本的分歧。

（二）边缘地与地理学研究

1. 边缘地与空间研究

空间是地理研究的基本概念，空间分布、空间分异、空间行为、空间结构是地理学空间研究的主要内容。区域和空间总是联系在一起的，区域是空间的填充物[21]，甚至有地理学家认为区域是地理学的研究对象[22,23,24]，没有区域就没有地理学[25]。区域是用某个或几个指标划分出来的连续而不分离的空间，这个空间是指地球表层的一定范围，它的界限由其划分指标来确定[26]。

自然地理区域划分始终是地理学中最重要的问题[26]。区域划分的焦点是区域和区域之间界线的确定，界线是某一区域隐退其显著特征同时给出另一毗邻区域显著特征的地带[27]。各种区划方案的差异主要表现为各个分区边界的不同，造成这种差异的原因之一是对边界理解的不同。边界能否是线状、带状甚至面状，自然界线是绝对的线形还是可能的过渡地带，这些问题正是地理边缘问题。分区和合并是区划工作中的重要方法，二者都是根据区划单位的相似性和差异性来划分的[28]，主要工作就是对位于边缘区的区划单位依据一定指标进行分区和合并。

2. 边缘地和过程研究

地理过程及其与相关学科的交叉、融合正在成为现代地理学发展的重要方向[29]。地理过程是地表环境（要素、综合体）随时空变化的历程[30]。地表环境的时空变化过程就是地理边缘的发生、发展和消亡过程。在地表环境系统中，不同的物质体系、能量体系、结构体系、功能体系之间形成界面[31]，界面是地表环境系统研究中的关键，界面过程的研究是地理过程研究的关键[32]。在界面过程研究中，土壤—植物—大气连续系统是三种要素相互作用的多界面组合系统，已越来越受到人们的关注，成为地理学、生物学、环境学的研究热点[33]。

城市边缘研究是地理边缘研究中较为系统的领域[34]，学者们在进行城市边缘研究时注重过程研究。科曾等人曾系统地研究过城市边缘区的演变过程[35]，发现城市边缘区有周期性变化规律，可分为三个阶段：城市快速扩张的加速期、城市扩展呈环状推进的减速期、边缘区地域范围稳定的静止期。当城市核心区向外拓展，边缘区亦相应地向外蔓延，原有边缘区发展成为核心区，而外围的影响区则演变为边缘区，从而开始新一轮的发展周期[36]。在乡村聚落，村屯边缘也呈圈层现象：村屯—围村林—闲散地—耕地[37]。边缘的空间过程依然存在。

3. 边缘地和综合研究

地理学在本质上是综合的，没有综合就没有地理学存在的价值[38]。现代地理学的发展趋势之一是加强地理学内部的综合研究[32]。地理研究必然涉及大量的要素和复杂的相互作用过程，也愈来愈揭示出地球上各要素之间是相互作用的事实[39]。地理过程的研究关键在于地理系统中界面过程的综合研究，界面过程研究实际上是系统之间接口的研究，将促进发展地理学的综合方法[32]。地理边缘是各地理系统间相互接触的界面，也是各要素相互作用的地带，适宜进行地理综合研究。自20世纪80年代以来，随着地理学和景观生态学的发展，地理界面得到了地理学界和生态学界的关注，以地理界面为核心内容的研究成果开始出现[40]。自20世纪80年代后期开始，一些地理学家和生态学家致力于自然地理界面理论的探索，把专指不同植物群落的交错带扩展为生态界面，进而发展为地理界面，特别强调对不同地理系统之间的相互作用和相互联系机制的探讨[41]，从而使地理界面研究发展成为地理学研究的一个新热点。

按传统地理学的观点，地理综合研究可分为两个层次：一是两种要素之间相互关系的中、低层次的综合研究；二是地球表面全部要素之间相互关系的高层次综合研究[42]。郑度[43]指出，自然地理学的综合研究应从类型、过程、区域三个层次展开，区域角度的综合研究是类型研究和过程研究的概括和总结。从区域角度来说，地理边缘是特色区域。特色区域研究是区域综合研究的重要方向之一，也是较易取得研究成果的领域[2]。在区域综合研究中，需要针对独特区域开展独特问题的综合研究[44]。区域研究现已从单项区位决策研究向区域总体决策研究转变[45]，人文因素和自然因素的综合为区域发展和可持续发展提供了坚实的理论基础和具有可操作性的指导[46]。

（三）典型边缘地研究

1. 农牧交错带

农牧交错带是农业区域与牧业区域相交汇的地带，也是生态环境的过渡带和生态安全的重要屏障，更是作为一种土地利用/土地覆被现状而存在[47]。农牧交错带越来越成为学者们关心的主题，关于农牧交错带的论文近30年来以年均57%的速度增长[18]。目前，学者们的研究兴趣主要集中在农牧交错带的土地利用变化[48]、生态安全评价[49]、人口容量[50]、植被变化[51]等方面。我国农牧交错带空间分布范围广大，自东北大小兴安岭到西南青藏高原东部边缘的广大地区，均是农牧交错地带，其分布的范围、面积及位置均在不断变化，交错带整体上具有向西北移动的趋势[52]。对农牧交错带的研究已从宏观角度向微观角度转变，目前学者们热衷于从农户角度对农牧交错带进行研究[53]。农牧交错带是典型的生态脆弱区，生态环境问题突出，而生态环境问题往往和经济问题、农牧业问题联系在一起。充分利用交错带的有利条件，合理发展农牧业，实现产业转型才是解决交错带生态环境问题的出路。按区划的方法与步骤划分范式小区，以范式小区为单位确定小区的农业发展方向[54]，进而可以有效选择农牧交错带的产业发展方向。

2. 城乡边缘带

城乡边缘带是城市扩展和农村发展的前沿，也是统筹城乡关系的重点地区，已引起许多专家学者的关注[55]。城乡边缘带是城市和乡村两种景观的交错地带，也是地表变化最剧烈的地带。这种剧烈变化在城乡交错带的土地利用[55]、景观格局[57]、土壤物质[58]、生态环境[59]和植物群落[60]等方面均有明显表现。顾朝林[34]对中国城乡边缘带划分、城乡边缘带功能及组成要素、城乡边缘带特性和城乡边缘区空间演化规律等问题进行了深入的研究。随着城市化进程的加快，城乡边缘带的土地开发利用强度快速提高。在土地利用变化的驱动下，城乡边缘带自然生态系统的脆弱性遭到了巨大的挑战和冲击，随之而来的是一系列的生态环境风险，如水污染、土壤污染、固体废弃物污染等[59]。城乡边缘带地域土地利用也存在不合理的现象[56]，自然景观受到较大的破坏[57]，景观类型和类型边界都受到城市化的影响[61]，而人类行为是城乡过渡景观发生变化并影响景观生态问题程度的主导性因素[62]。城乡边缘带虽按规划有序发展和密集开发，但仍保留了它原有的边缘属性[63]。在对城乡边缘带植物种群的研究过程中发现，真正值得保护的物种在边缘区比在核心保护区还要多[60]。城乡边缘带在其结构与景观上存在的差异，实际上已经成为一个客观存在的且独立的地域单元，并表现出独有的特征：过渡性、动态性、多样性、调节性和敏感性[64]。

3. 海陆边缘带

海岸带是陆海衔接的边缘地带，也是一个难以确定边界的区域[65]，受大气运动、波浪、潮汐、海流等各种应力作用，成为变化活跃的地带[12]，并且气、水、土、生物与人类活动在海岸带形成了一个有机的整体[66]。海岸带是海洋系统、陆地系统和大气系统相互作用的地带。各种内营力和外营力相互作用，控制着海岸带。这两种力量的相互作用，决定了海岸的发展，造就了千变万化的海岸类型[67]。海岸带物质与能量流动是全球变化研究的重点，海岸带是进行全球变化研究最有效的地区[68]，也是开展陆海相互作用应用研究的重点区域[69]。海岸带也是灾害多发区，各种灾害表现出不均匀性、多样性、差异性、随机性、突变性、迟缓性、重现性以及无序性等特点[70]，在时间分布（年内变化、年际变化）和空间分布上具有一定的规律[71]。海岸带是生态脆弱地区[72]，其生态安全[73]和可持续发展[74]问题一直受到学者们的关注。

4. 山地平原边缘带

山地与平原相连接的地带，称为山地平原边缘带，是丘陵与平原交错分布的过渡区[75]。中国第一、二级台阶和第二、三级台阶之间是交错带的集中分布区[6]。在交错带，强烈的内外力作用常形成地震活动，在重力作用下产生崩塌、滑坡等灾害，在坡面侵蚀和河流的冲蚀作用下水土流失严重。交错带因独特的热力、动力条件，导致暖区、暖带和暴雨中心的形成[17]。管华[41]、李克煌[75]等以秦岭黄淮平原交错带为案例区，对山地平原边缘带进行了系统的研究，内容包括秦岭黄淮交错带的范围、自然地理特征、边缘效应的表现、成因和资源意义及其灾害作用等。自然地理边缘的边缘效应有地貌作用的弱化效应、坡地暖带效应、暴雨集聚效应、相对干旱效应、降水和径流与其时间变化正相关关系效应、河流减水效应、土壤物质淋溶和累积效应等。山地平原边缘带不仅在自然地理，而且在经济、社会、文化方面都是一条明显的过渡带，它在山地与平原之间起着转换作用。山地和平原的交界地带是各种自然、社会、经济要素水平分布的突变地带，有着资源要素分布的最大梯度和物质流、能量流的最大流量[76]。祁连山、贺兰山与吕梁山的边缘农地[77]和青藏高原东部边缘区的居民生计[78]都明显受边缘区的影响。

5. 行政边缘带（国界）

国界是国家与国家的交接地带，也是国家与国家相互交往的通道，国界研究一直是政治地理学研究的重点和热点。国界具有四个主要功能：国家身份的建构与维护、军事—战略功能、国内政治功能以及种族/民族的团结与凝聚。它们在不同时期具有不同的价值[79]。近来，在国家历史形成过程中国界的作用和全球化对国家权力上的影响这两者的关系问题又回归热点[80]。对弗雷梅斯－瓦伦边界地区的研究表明[81]，就国界而言，民族成分比地理距离更有意义。对伊拉克和约旦边界地区的研究发现[82]，大多数人对格林线的空间概念和它的本质都表现出一定程度的模糊认识甚至漠视。国界也是一个最易起纷争的地带，如吉尔吉斯斯坦和乌兹别克斯坦之间的边界争端问题愈演愈烈[83]，西班牙和摩洛哥边界也处在欧盟扩张的安全需要和自由贸易的分歧之中[84]。国家和居民在边界重构中起着不同的作用[85]。在全球化的背景下，各国重视边境地区的开放、开发，新加坡、马来西亚、印度尼西亚三国力图把三国所构成的三角地区建成无国界世界的典型[86]。边境开放程度对边境地区（城市）的人员流动[87]、知识溢出[88]有显著影响。全球化和区域化力图减弱边界的影响，但即使是超国家主义、跨越边界的互联网等也不能消除地理实体之间的界限，甚至还有可能加强它[89]。

（四）边缘化与边缘效应

1. 边缘化

边缘区研究是目前地理学研究的热点之一，但学者们在研究边缘区时更多的是指边缘化地区。边缘化是美国社会学家帕克[90]在研究处于两种文化边缘上的人不被两种社会文化接受这一社会问题而提出的。20世纪60年代，拉美学者在研究第三世界内部的贫困化问题时提出了边缘化理论[91, 92]。地理学对边缘化的研究则针对欠发达地区，如弗里德曼[93]将国家分为核心区和边缘区，边缘区是经济较为落后、社会处于停滞或衰落状态的地区。

学者常从自然环境和社会经济两个方面对边缘化地区进行探讨。有学者认为[94]，边缘化是不利条件下各种因素综合作用的结果。边缘化地区就是本身具有某些弱点的地区，如海拔高、生长季节短、坡度太陡、土壤贫瘠等土地生产力低的地区[95]。边缘化地区是对土地利用可能有限制的区域，或是自然草地，或是较多无生产的荒地，而城市区域、工业用地和交通等基础设施用地则较少[96]。从社会经济看，边缘化地区是具有社会经济发展缓慢、人口减少、GDP比重下降、居民生活水平低、地方管理方式滞后于时代的发展[97]、人口外迁、生产要素外流、就业萎缩、经济地位下降[98]等特征的区域。

边缘化地区仍受中心地区的影响。在经济、政治和文化上，边缘化地区对中心城市有依附性、被动性和受控性[99]。当中心城市对其边缘圈域的聚集和扩散功能削弱时，则边缘圈域经济发展滞后，甚至形成边缘圈域衰退区[100]。

关于边缘化地区的形成机制，陈晓华等[101]认为，边缘化地区具有自我形成机制：空间过程缓慢是边缘化形成的历史基础，城镇体系发育不良是边缘化形成的空间因素，行政区划频繁变动是边缘化形成的人为因素，产业结构低级无序化是边缘化形成的经济因素。在部分资源型地区，边缘化地区的形成机制主要是：计划经济体制在市场经济条件下出现了功能性的失灵，持续、过度的开采导致资源枯竭、环境恶化、转产困难和接续产业发育不足等[102]。对东南亚少数民族的边缘化研究表明[103]，该区实行的社会与经济相分离的政策使少数民族无法改变被边缘化的命运。中国的实践表明，发展中国家应通过主动与合理地参与经济全球化，适应国际经济秩序，享受平等待遇，才能避免被进一步边缘化[104]。

2. 边缘效应

边缘效应在生态学上指两个或多个不同生物地理群落交界处，物种特别活跃，生产力也较高的现象[105]。位于不同地理单元之间的地理边缘也存在边缘效应。在山地和平原的交界带，由于山地和平原两大系统在一定条件下的相互作用，使交界带表现出既不同于山地也不同于平原的独特景观，形成某些边缘效应[75]，表现为城市分布较集中、水旱灾害偏重、大中型水库电站集中、侵蚀和沉积两种过程并存等[76]。在海岸带地区，海洋和陆

地两大系统的差异性更大。在这两大系统的影响下，海岸带地区同时兼有两大系统的优点和缺点。海岸带资源丰富，成为人类活动最活跃的地带，也是地理事象最丰富的地区。在行政边缘，同样有显著的边缘效应，表现为屏蔽效应与中介效应[106]：边界的屏蔽效应是边界阻碍跨边界交往和空间相互作用的一种现象，其中交易成本变量是屏蔽效应的主要原因；边界的中介效应是指它具有彼此接触和交流的空间中介功能，是边界双方接触和交往最频繁的地带。屏蔽效应是可以向中介效应转化的[107]，转化的根本动力来自于经济全球化和区域经济一体化。区域经济合作的关键是国家边界由屏蔽效应向中介效应转化，其动力来自于中央政府、地方政府和企业等经济行为体[106]。

边缘效应规律是自然和人类生态系统的普遍规律，经济生态学的任务是要去开拓边缘、调控边缘和搞活边缘，充分利用边缘规律为人类兴利除害[108]。边缘效应的合理调控是激活边界、促进次区域合作、保障非传统边界安全、使边界效应协调发展的有效途径，是使边界地区成为构筑中心与边缘互动体系的重要途径[109]。城市的发生和发展过程是人类自觉利用边缘效应的典型事例[108]。我国城市大都首先在黄河、长江等流域及沿海的一些河口、海湾处发展起来。它们既是水陆生态系统的交接处，也是各类自然和人工生态系统通过水陆交通及政治、经济、文化等关系连接起来的边缘地带，具有密集的人类活动和较高的生产力，且边缘效应越大，城市就越繁荣。

（五）研究述评

边缘地的特殊性使之很早就引起学者的注意，拉采尔对国界的详尽论述展现了早期地理学者对其关注的程度。边缘地的复杂性使之成为研究的难点，其在科学研究中的重要作用使之成为研究的热点。目前，边缘地研究中以对农牧边缘带、海陆边缘带与城乡边缘带的研究最为广泛。农牧边缘带是剖析草地、农田退化的切入点，学者们探讨农牧边缘带各种界面的特点、结构、格局、相邻生态系统之间的耦合过程与机理、能量和物质流通与人为活动的耦合、界面过程对环境变异与人为干扰的反馈机制等[110]。中国农牧边缘带的研究取得了较大进展，研究领域不断拓宽，研究方法和手段不断更新，遥感、地理信息系统等信息技术得到重视和应用，研究目标从定性向定量、定位发展[111]。城乡边缘带研究内容涉及过渡带范围的界定，边缘区的特征、功能，土地利用和形成机制，边缘区行政体制与规划管理；还有一些学者从不同角度对城市扩展空间、扩展原因、扩展的动力机制与模式、相关的城市用地结构等进行研究[112]。城市边缘区研究已从单纯的城市视角发展到多学科的从城市与区域两个视角进行研究，重点在城市边缘区发展过程中的规划、土地利用等一些相对具体的问题上进行研究，基本以应用研究为主[113]。尽管城乡边缘区的称谓很不一致，但城乡边缘区概念基本统一[114]。海陆边缘带有陆地、海洋、大气三个系统、三种因素共同作用的特征，是这三个系统、三种因素与人类进行质、能、信息交换最频繁、最集中、最敏感的区域，是全球的人地关系系统，是全球环境变化的一个最佳缩影，因而成为地球系统科学研究的最佳切入点[115]。

虽然边缘地已经成为研究热点，但边缘地研究仍存在诸多不足。就农牧边缘带而言，目前从自然、环境、生态、经济等领域进行的研究较多，基于多学科综合的交叉研究比较少[116]；多空间尺度、多时间尺度的研究和开展时空综合的研究比较薄弱[111]。这些研究依然难以揭示其生态学过程，甚至一些基本特点的描述也存在分歧；同时，大量文献主要集中在对农牧边缘带基本属性的探索上，尤其多是将其作为一个特殊区域用来研究全球变化、生物入侵等热点问题，没有把研究结果与农牧边缘带的功能和机理联系起来，不利于生态交错带的综合性研究，阻碍了其理论研究的发展[18]。城乡边缘带研究中，对边缘区的基本特征、主导功能、空间结构以及演化机理等仍缺乏全面深入的认识[113]。中国行政边缘带研究集中在省际边缘区，存在忽视省际边界区域的"边界效应"研究，忽视省际边界区域空间结构演变及优化研究，忽视省际边界区域的定量模型研究，忽视省际边界区域发展理论体系研究等问题[117]。而且，从不同学科出发对各种边缘带所进行的综合研究则更是少见。

总之，边缘地呈复合性，是自然要素与人文要素交叉重合与相互作用的地带，目前单个类型边缘地研究并不能很好地揭示边缘地的发展过程及运行机制。现实中边缘地多为复合型边缘地，不同类型的边缘地具有不同的功能，其对于区域的作用有异，使区域的发展与演变呈现不同特征。因此，需要综合考虑不同类型边缘地的现实情况，从多学科角度对边缘地进行系统的综合研究。

三、研究目标、内容及意义

（一）研究目标和内容

本研究以复合边缘地为研究对象，运用地理学、区域科学、生态学等学科理论，选取海南西部作为案例区进行综合研究。通过对海南西部资源环境与社会经济特征、变化的分析，揭示边缘地区域发展演变过程与机制、区域发展规律等，并构建边缘地发展的有效模式。

本研究的主要内容包括：

（1）边缘地一般理论，包括边缘地的属性特征、结构功能等。

（2）边缘地区域演变与机制，包括在不同类型要素影响下，边缘地资源环境与社会经济各组成要素的变化特征以及在此基础上形成的边缘地区域总体变化，资源环境特征及形成机制，资源环境变化动力机制，社会经济演进的特殊原因及动力机制。

（3）边缘地区域发展，包括在边缘效应作用下边缘地区域发展具有的两种潜在发展方向——边缘化与中心化，边缘地经济社会发展边缘化与中心化两大趋势的条件、过程及机制，边缘化与中心化相互转化的条件及机制。

（4）边缘地发展对策，包括从边缘地结构功能视角探析边缘地具有的截流、整流、交流三大发展能力，基于边缘地经济环境与社会经济演变特征可采取反边缘化、边缘效应、功能中心三大可持续发展模式，以及在不同发展模式下海南西部的应对策略等。

（二）研究意义

本研究的主要研究意义有三：

（1）边缘地的复合性需要多学科的交叉研究，单学科、单类型边缘地研究已不能准确揭示边缘地发展演变的真实状况，需要整合各学科优势对边缘地进行系统研究。

（2）区域发展已进入以区域协调发展乃至区域一体化为目标的更高阶段，缩小区域差距成为实现区域发展目标的必然条件，边缘地发展水平的低下状况更应引起业界、学界的广泛关注，边缘地的发展条件、发展模式等需要更深入的分析。

（3）海南省提出建设"国际旅游岛""工业强省"的目标，海南西部地区在环岛地区

具有相对落后性，实现前述发展目标，需要提升海南西部地区的发展能力。

本研究以解决边缘地区域发展过程中普遍存在的"发展能力低下"问题为出发点，从多学科视点审视边缘地这一特殊功能体在发展中所出现的相关规律。实践上，可以指导核心区与边缘区之间的互动发展，从边缘地所具有的特殊属性、功能、结构等来厘清边缘地的发展状况与发展模式，为政策制定者提供产业发展政策的指导。边缘地发展建议利于边缘地充分发挥边缘优势，加快区域发展，实现区域的协调发展或一体化目标。理论上，从多学科视角对边缘地进行交叉研究，将边缘地的功能属性作为切入点考察边缘地的区域演化与发展，将丰富边缘地区域发展理论，拓展区域研究的视角。

四、研究基本理论与方法

（一）基本理论

本书以海南西部典型的复合型边缘地为研究对象，综合运用多学科有关区域（边缘地）的基本理论，对海南西部区域的自然与人文因子及其系统进行了多视角分析。基本理论主要涉及两方面：一是边缘地结构功能、演变特征方面的基本原理，二是边缘地发展方面的基本原理。具体理论如下：

（1）地理学原理。构成地球表面的岩石、土壤、大气、水体、动植物等要素之间不断地进行着物质循环和能量流动，地理环境作为一个整体是通过各种各样的地理作用而将性质各异的地理客体紧密联系成一体的[118]；人文要素，如聚落、经济等，与地理环境通过地理作用而紧密联系。地理作用是地理客体中普遍存在的一种现象，地理作用的结果表现为地理要素的空间分异与时间节律。

（2）区域学原理。区域具有明显的资源禀赋、经济活动、范围大小等方面的特征，区域理论主要包括影响区域经济增长的因素及作用机制，区域经济增长的内在机理，区域经济增长的历史过程，区域经济增长的变化规律等方面[119]。区域发展差距的拉大使欠发达地区的发展问题日益引起全球的重视[120]，"核心—边缘"理论成为解析此类问题的有力工具，与之相关的公平与效益等理论亦成为区域发展的热点理论[121]。

（3）生态学原理。边缘效应理论指在两种不同的生物群落交错带，生物种类增多，生产力更高的现象[108]。边缘效应主要是一个正效应，群落交错带复杂的生态环境有利于不同种类生物的生长繁殖，使生物数量和种类增加。但不同种群对边缘效应的响应不同，弱势种群可因边缘效应而受损[122]，即对某些种群而言，边缘效应表现为负效应。边缘地类似于群落交错带，边缘效应在边缘地同样存在。

（4）经济学原理。可持续发展提出的既不影响子孙后代对资源环境的利用，又能满足当代人需求的发展观念[123]，是指导区域发展的基本原则。边缘化理论直面贫困化问题[124]，试图找出贫困地区和贫困人口的贫困根源，为贫困地区和贫困人口摆脱贫困提供理论指导。运用资源环境一体化理论，在追求区域资源优化配置、综合利用的同时，能够有效控制污染排放，主动修复生态环境，将资源与环境同等对待，实现资源环境化与环境资源化。

上述基本原理涉及经济学、地理学、生态学、区域学等多学科理论，研究的理论基础具有显著的多学科特征。以之为理论基础对海南西部地区的资源环境与社会经济进行系统分析，所得出的认识会更全面、更深入，有利于研究工作取得预期成果。

（二）研究思路与技术路线

本书围绕边缘地发展水平滞后的普遍问题，综合运用经济学、地理学、区域学、生态学等学科理论与方法，并选取海南西部地区进行定性、定量研究。从剖析海南西部存在的问题入手，探究边缘地资源环境与社会经济及其变化的特征，从而总结出边缘地区域演进与发展的有关规律。在横向上以提出问题—理论分析—案例实证的逻辑思路展开研究，纵向上以典型现象—问题本质—动力机制—演变规律—应对策略的逻辑统筹研究工作。通过对海南西部资源环境与社会经济要素的系统研究，形成对边缘地的内在规定性的认识。

本书以解决边缘地发展问题为目标展开研究工作，先选取典型边缘地作为案例区，再搜集研究区资源环境与社会经济等要素的数据，运用定量、定性及 GIS 技术等分析手段，从理论与实证两方面对边缘地进行全面系统分析，最后得出边缘地演进与发展的一般规律，并据此提出边缘地发展的可选模式与对策。全文按提出问题—分析问题—解决问题的逻辑展开论述，按基础理论—演变过程—形成机制—发展规律—应对策略——般结论的顺序组织内容，前后内容联系紧密，形成一个有机整体（如"技术路线图"所示）。

（三）研究方法

科学研究方法是人们为达到认识客观世界这一基本目的而采用的各种手段和途径，包括思维方法与技术方法。它们决定着研究能达到的广度与深度。边缘地是一个复杂的客体，需要综合运用各种研究方法，既要应用自然科学的一般研究方法，也要应用各学科专有的研究方法。

（1）系统论方法。将边缘地视作一个复杂系统，研究其各个组成要素及各组成要素之间、系统与环境之间的关系。海南西部是海陆边缘、山地平原边缘，也是行政边缘，因此将其作为一个系统来研究。本书的研究将具有各自特征的自然与人文要素视为统一区域系统，探讨其演变过程与演化机制及其区域发展，力求从整体上认识边缘地在多种因素影响下的变化规律。

（2）分析与综合方法。边缘地资源环境与社会经济所包含的内容庞杂，选取其中最具典型性的要素进行分析，资源环境选取地貌变化、干旱环境、生态环境与土地（资源）利用四个要素，人文环境选取人口、聚落、经济三个要素分别进行分析。在分析的基础上，综合研究边缘地的演变过程及机制，从整体上或更高层次说明边缘地的本质和运动规律。在对边缘地进行研究的过程中通过不断地采用"拆分"与"综合"的方法，达到认识边缘地内在规律的目的。

（3）野外考察法。本书所涉及的野外考察内容主要有从西部海岸线到东部山地生态环境、生产方式、土地利用方式、农村发展状况等方面变化的调查与观测，以及海岸带的环境变化与资源利用状况的调查，包括海防林建设、盐田生产、渔业生产、滩涂资源利用、海岸侵蚀与堆积等。同时收集了研究区自然、社会、经济等方面的文字资料、数据资料、统计资料及相关图件资料。通过典型调查与个别访谈，了解典型村镇、农户的实际需求及其在发展中存在的与资源环境有关的、急需解决的问题。这样取得了大量县、镇、村尺度的第一手资源，以便日后的分析研究。

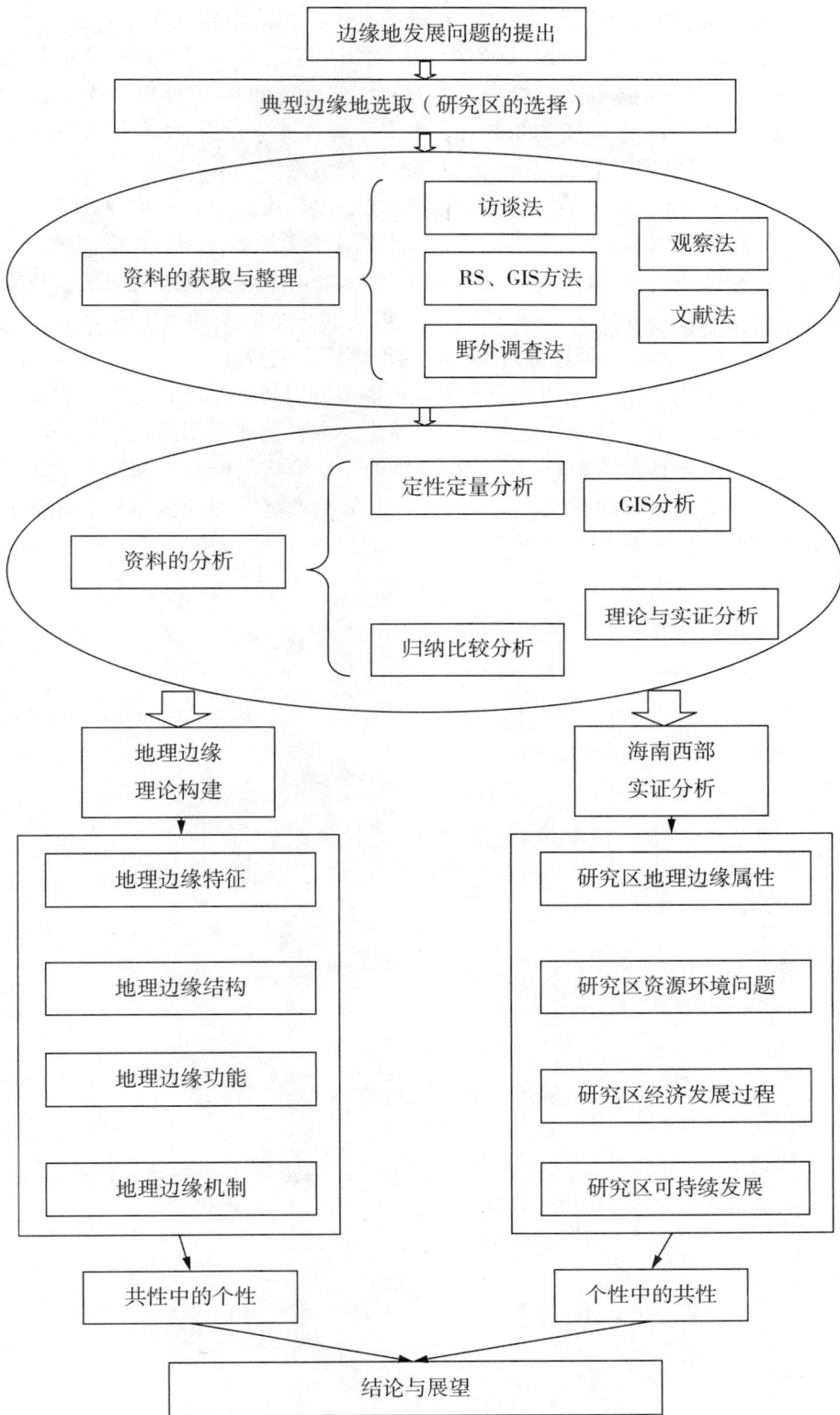

边缘地发展问题的提出

典型边缘地选取（研究区的选择）

资料的获取与整理

访谈法

RS、GIS方法

野外调查法

观察法

文献法

资料的分析

定性定量分析

归纳比较分析

GIS分析

理论与实证分析

地理边缘
理论构建

海南西部
实证分析

地理边缘特征

地理边缘结构

地理边缘功能

地理边缘机制

研究区地理边缘属性

研究区资源环境问题

研究区经济发展过程

研究区可持续发展

共性中的个性

个性中的共性

结论与展望

技术路线图

（4）定性与定量方法。综合运用定性与定量方法，在海南西部干旱特征、人口迁移、土地利用变化、经济发展、聚落变化研究中，都对第一手资料与野外调研获取的数据进行定量分析。在对各方面数据变化定量分析的基础上，用定性方法分析边缘地在人口、土地、聚落、经济、生态环境等方面的变化规律，并对各要素变化的动力机制进行定性分析，最后得出边缘地资源环境与社会经济演变的研究结论。

（5）RS 与 GIS 技术方法。在土地利用或覆被变化与聚落要素研究中综合运用 RS 与 GIS 技术进行分析。LUCC 研究中采用了三个时期的 TM 影像图，并与地形图结合，用 Arcview 软件对 TM 影像图进行解译，提取研究区近百年来六个时期土地利用现状数据；在聚落研究中提取了 20 世纪 30 年代至 20 世纪 70 年代的三个时期的研究区聚落信息。利用 GIS 的强大空间分析能力，研究边缘地 LUCC 与聚落演变的规律。

（6）理论与实证分析方法。边缘地相关理论需要在具体的边缘地研究中去验证，典型边缘地研究可以不断补充、修正、完善边缘地理论。本书选取典型边缘地——海南西部作为研究区，通过对海南西部资源环境与社会经济的发展变化的研究，探究边缘地区域演变与发展的一般规律，同时以边缘地有关理论来解释海南西部资源环境与社会经济发展中出现的问题，使理论与实践相互印证与支持。

第二章

海南西部边缘地分析

边缘地早已为学者所关注，但最初的研究往往是从某类具体边缘地着手，如陆中臣[125]从地质地貌角度剖析河流变迁带的特点，赵永国[126]研究中国生态环境脆弱带的环境突变特征，李克煌[75]分析了秦岭淮河山地平原边缘带，顾朝林[34]对大城市边缘区进行了系统的研究等。这些对具体边缘地的研究，令我们获得了对边缘地的一些认识，为全面系统地认识边缘地作了重要的基础性工作，特别是对边缘地理论的建立具有重要作用。

第一节　边缘地分析

一、边缘地概念

地表由不同地物构成，地物之间相互接触填充地表空间。地物间的接触带是其相互影响、相互侵入的地带。固相物质体内引力较大，液、气相物质体内引力较小，对外部干扰的抵抗力小，外部物质较易侵入其内部。在物体接触部位，出现物质相互混杂的交错区。在相互混杂的交错区域里，物体的组成、特征均发生了明显变化，甚至完全不同于原有物体。

边缘是普遍存在的。宏观上，地理环境中三相物质并存，以同心圈层式分离形成一定界面[127]：陆表是固态圈层与气态圈层的界面，洋面是液态圈层与气态圈层的界面，海岸带是气、液、固三态圈层的界面。微观上，地物是多样的，既有类型的区别，也有规模的差异；不同地物不是孤立的，而是互为相邻的，存在交接带。在界面与交接带，三相物质既相互分离又互相接触，发生着多种物质交换和能量转换的过程。

边缘具有不确定性[128]，它是随时间动态变化的，具有不明确的特征，不能用具体的"线"来描述。由于其不确定性，不同学者对地理边缘给出了不同的定义[14, 75, 129]，比较有代表性的观点有：

（1）相邻的不同性质的自然地理系统互相作用所形成的独具特点的交接带，又称自然地理交接带，简称交接带。界面两边自然地理系统的要素梯度相对均衡，而界面附近的自然地理要素梯度大，变化剧烈，并常产生边缘效应。界面特征是相邻自然地理系统相互作用的结果，相互作用是界面形成的充要条件。

（2）相邻地域间具有一定的空间范围且是直接受到边缘效应作用的边缘过渡区，更是自然地理单元与行政地理单元的耦合地带。自然地理单元是指山地、丘陵、平原、高原和盆地，陆地与海洋等；行政地理单元是指国家、地区等。

（3）相邻地域（自然的地质、地貌单元或人为划分的功能单元）间共有的边界线或界面称为边缘；把具有一定宽度的直接受边缘效应作用的边缘过渡地带称为边缘区。

总体上，对边缘地的论述有几个共同点：边缘地是不同地理单元之间的交界地带，是由多种因素共同作用形成的，是动态变化的，具有过渡性特征。

边缘地的复杂性使不同研究者对它的认识差异很大，目前出现的名称较多，如交界带、界面、交错带、边缘带、边缘区等。在讨论边缘地时，对边缘地的几个本质特征有必要再加以认识：①边缘地是两个或两个以上不同地理单元之间的过渡地带，在过渡带内，既受相邻地理单元的影响，也具有自身的特征；②边缘地是多因素、多应力共同作用的地带，但在多因素中有主要因素，起支配作用，如海岸带，海洋与陆地这两种因素对海岸带的性质起决定作用；③边缘地是要素的剧变地带，表现为要素的迅速增减，新要素的不断涌现；④边缘地是相对独立的区域单元，它虽然是不同区域单元的过渡带，但它与相邻区域单元有本质的区别。因此，本书认为，边缘地是位于不同地理单元（要素）之间，在自然和人文因素综合作用下所形成的过渡带，具有相对独立性。

二、相关概念比较

在相关概念中，边缘区是被广泛使用的概念。20 世纪 60 年代，弗里德曼提出"核心—边缘"理论，以之解释区际或城乡之间非均衡发展的过程，并将空间经济系统分解为不同属性的核心区、过渡区和边缘区[93]。边缘区是经济发展迟缓甚至衰退的地区，相当于广大的乡村地区。尽管对边缘区没有形成一致的看法，但越来越多的学者把边缘区理解为远离中心的落后区域，典型定义包括[130, 131]：①边缘区泛指区位偏远、交通不便、经济社会发展水平低、发展速度以及未来自我发展能力均落后于区域中心，并且在区域生态—经济综合发展上面临多种困境的特殊地域；②边缘区是在一个广域内经济发展水平低，远离经济中心，并且难以通过典型发展模式转入快速增长轨道的区域。上述定义对边缘区做了较为恰当的解释，涵盖了边缘区的空间位置、经济特征与区域联系三方面的内容，并从三方面将边缘区与其他地区加以明显区别，不同类型的边缘区都具有类似特征[132]（如表 2 - 1 所示）。

表 2 - 1   不同类型边缘区比较

类型	发展状态	发展条件	相近实例
条件贫困型	很差	缺乏各种发展手段和发展机制	贫困地区，自然条件恶劣地区
区位制约型	差	处于封闭的内陆，基础设施十分缺乏，远离市场	资源富集的未开发地区，三线地区的某些工业点
要素制约型	差或较差	缺乏资金、技术、人力资本	农业地区
机制制约型	差或较差	传统经济体制，广域竞争和外部政策环境不利	衰退的老工业基地
综合欠缺型	较差	各种主要发展手段比较欠缺，且资源十分贫乏，发展机制有所变化并作出创新，但仍未形成有利的新机制	离核心区域不太远的农业、资源工业、加工工业并举的混合型地区

资料来源：莫上心《边缘区域经济发展分析》。

边缘地与边缘区都是地域组成结构中的构成部分，均为地域组成结构中的非中（核）心区域。在地域结构中，中心区构成区域的主体部分，在区域发展中起着主导作用，决定着区域的发展方向和发展水平；边缘地和边缘区依赖于中心区而存在，甚至成为中心区的附属部分。尽管边缘地与边缘区在区域地域组成结构中具有相似性，但边缘地与边缘区也存在着多方面的差异，二者的形成因素、现状特征、演变规律均有所不同。

1. 形成因素方面

地理要素的空间分异是边缘地形成的根本原因。地理要素因空间分异而形成不同的地理单元，各个地理单元之间则为边缘地。同时，地理要素是多种多样的，每种地理要素都存在空间分异现象，因此形成边缘地的因素也是多种多样的。边缘区的形成原因则局限于发展条件的制约与发展的历史基础薄弱等方面。

2. 现状特征方面

边缘地的特征主要表现为过渡性与动态性。边缘地是地理要素的剧变区，在自然地理要素变化的基础上，人文要素也出现相应的变化，整个景观上的变化是非常明显的。边缘区的特征主要表现为一种落后状态，经济、社会、文化以及人们的观念等均与中心区有明显的差距，这种落后状态在整个边缘区是一致的。

3. 发展演变方面

边缘地的变化相对缓慢，某些自然要素的变化甚至要经过地质时期才能表现出来。一旦已经发生变化，则会对地理边缘产生巨大而持久的影响。边缘地的变化也是多方面的，既可能是有益的，也可能是有害的，不一而足。边缘区的变化则表现为落后状态的逆转，缩小与中心区的差距。在有外力作用时，边缘区可以在短时间内发生巨大变化。

与边缘地及边缘区相关的概念有地理边缘、边缘化、中心化等[130]。表2-2较清晰地列出了它们之间的关系。该表指示，边缘区主要从区域的发展状态来界定，侧重于区域的经济社会发展水平与状态，地理边缘侧重于空间位置。地理边缘既有边缘区，也有非边缘区，如海岸带地区，从曾经的边缘区变成中心区。边缘化和中心化则是相对的概念，边缘化是区域在发展过程中逐渐落后的过程，逐渐成为衰落地区的过程；中心化则是反边缘化的过程，是加速发展的过程。

表2-2 边缘区相关概念辨析

边缘	基本含义	边缘的地学含义	沿边的部分，与边界、边际相同
	扩展含义	边缘的经济学含义	经济发展水平相对较低，发展速度迟缓，创新能力和发展潜力等较弱的状态
		边缘的社会学含义	在整个社会系统中的受重视程度较低，社会地位较低，对社会各方面的影响面较小或游离于主流之外的主体、思想或事物，如边缘世界、边缘人、边缘群体、边缘散文等

（续上表）

边缘化	与"边缘"的对比	"边缘"侧重于对系统结构中不同对象所处位置及地位的描述，"边缘化"侧重于对系统结构中某类现象的产生及趋势的表达；"边缘"是静态的，是一种状态，"边缘化"则是动态的，是一种过程
	含义	凡是发展跟不上主流或在发展过程中不受重视或起不到重要作用的都可以说是"边缘化"。边缘化反映了一种从"中心"到"边缘"变化的过程或现象
边缘地区		边缘地区已不再是一个地理空间的概念，而是泛指区位偏远、交通不便、经济社会发展水平低、发展速度以及未来自我发展能力均落后于中心区域或次中心区域，在区域生态—经济综合发展上面临多种困境的特殊区域
边缘地区中心化		指边缘地区在适宜发展模式的带动下，社会和经济发展水平提高、发展速度加快、居民福利增加、生态系统平衡、与区域中心差距逐渐缩小乃至成为新的区域中心或次中心的过程或现象

资料来源：侯晓丽《边缘地区区域过程与发展模式研究》，有修改。

三、形成与变化

地物与生物一样具有生命周期，具有生长衰亡的变化规律。边缘地有一个不断产生、发展、变化的过程，地物的生长变化主要表现为边缘的时空变化。在空间位置、空间分异（土壤、植被、气候）、民族与文化、经济分异等因素的共同作用下，地物不断地发展演变，边缘地也随之不断变化。

地域分异是地理环境的基本特征之一[28]。影响地域分异的根本因素有两个：一是太阳沿纬度方向分布不均及与此相关的自然要素也沿纬度方向有规律地分化；二是决定海陆分布、地势起伏、岩浆活动现象的地球内能对各地的作用不同而使地表不沿纬线方向分异，因而空间分异成为自然环境中最普遍的现象。在自然地域分异的基础上，社会、经济等人文地理要素也发生分异。要素的空间分异使之形成不同类型的地物，与地物相伴而生的边缘地也不断形成。边缘地是在不同类型地理系统之间存在的交接地带。

地理要素的不断运动是边缘地形成的重要因素。在规模效应与引力原理作用下，地理要素产生有规律的运动。在经济、社会文化领域，经济要素、社会要素不断集聚，形成要素的集聚中心。集聚中心在空间上不断扩大，形成集聚区，在集聚区与非集聚区之间出现要素的剧变地带，形成边缘地。一般来说[132]，在城市之间、区域之间因为引力的存在而使城市、区域之间的要素按引力方向流动，最为明显的是人口、资本等经济要素的流动。在聚落之间引力作用同样存在，但城市对农村聚落的引力要大得多。在引力作用下，人口流向城市，出现城市人口急增、城市规模不断扩大等现象。经济要素中的资金、技术、人才等都有流向城市的趋势，甚至政策都向城市倾斜。因引力作用出现的要素流动同样使地理要素出现空间分异，形成不同的地理单元，如人口稠密区与人口稀疏区、城市地区与乡村地区等，不同单元间出现边缘地。

地理边缘是动态的，不仅在空间位置上是不断变化的，而且随时间的变化逐渐模糊化。边缘是相对于核心而存在的，二者之间具有相对性，特定层次的多个相邻地域相互作用，在共同的边缘形成新的区域中心，各分地域中心相对于新的上级区域中心而言则是边

缘，使边缘与核心具有相对动态演变的特征[129]。

四、类型与特征

厘清复杂边缘地并对其进行分类有利于对边缘地的准确认识，相关学者已对边缘地分类作过有益探讨。管华[41]将地理边缘分为山地平原交界带、海陆交接带、农牧交错带、河流变迁带、城乡过渡带等。牛文元[31]从宏观角度将地理边缘分为城乡交接带、干湿交接带、农牧交错带、水陆交界带、森林边缘带、沙漠边缘带、板块接触带等。李克煌[75]结合地球内外营力与人类活动三个因素，将地理边缘分为板块接触带、海陆交接带、河流变迁带、山地平原交接带、干湿交替带、森林边缘带、沙漠边缘带、农牧交错带、城乡交接带。郭荣朝综合自然与人文两方面因素将边缘地分为行政边缘、地形边缘、类型边缘与综合边缘四类[14]。

边缘地具有广泛性与复杂性，对其准确分类是必要的。鉴于地理要素及要素的空间分异在边缘地形成中的重要作用，可以从其成因角度进行分类。根据发生学原则，从因果关系出发，本书的研究采用了以主要地理要素的空间变化而形成的边缘地分类方案。它首先将边缘地分为自然地理边缘与人文地理边缘两类，然后以地、气、水、土、生五大自然地理基本要素细分自然地理边缘，以工业、农业、聚落、人口、人种、政治（行政）等人文地理要素划分人文地理边缘。表2-3列出了基于一维分类法的实际存在的主要边缘地类型。当然，地理要素又由多个次级因素构成，如气候要素又主要由气温、降水、湿度、蒸发等因素构成。次级因素同样存在空间变化，以之为标准，也可划分出不同的边缘地。因此，边缘地存在多级性、层次性，特别是人文因素有很大的能动性，空间变化也更为复杂，以人文要素为基础的边缘地则更具多级性、层次性。

表 2-3　按一维分类的主要边缘地类型

地理要素	主要边缘地类型列举
地形	山地平原边缘带、山地高原边缘带、山地盆地边缘带、高原平原边缘带
气候	亚热带（热带温带边缘带）、亚寒带（温带寒带边缘带）、半干旱半湿润带
水文	内外流区边缘带、水系边缘带
土壤	各地带性土壤带边缘带
植被	森林草原边缘带、草原沙漠边缘带、草原雪地边缘带
人口	人口稠密区与人口稀疏区边缘带、主体民族与少数民族人口边缘带、农业人口与非农业人口边缘带
行政	洲际行政边缘带、区际行政边缘带、国家行政边缘带、省级行政边缘带、县级行政边缘带
经济	农牧边缘带、林牧边缘带、工农业边缘带
聚落	城乡边缘带

上述分类实质上是基于单一要素的空间分异而进行的划分，而不同要素之间同样存在相互交接带。因此，在一维分类的基础上，可以进一步建立二维、多维分类。二维与多维

分类是以相互作用的要素作为分类依据的。许多复合型的边缘地就是多要素相互作用的，如行政边缘与自然边缘的重合带等。根据不同要素间的相互作用，边缘地可分为几种情况：①两要素间的边缘，水体—陆地、人类活动—陆地、生物—土壤；②多要素间的边缘，海洋—陆地—大气。多维划分综合考虑了多要素的协同作用，所划分的边缘地多是综合型、复合型的边缘地。

前人研究指出[20,75,126]，边缘地具有许多与一般区域不同的特征，使之明显区别于一般区域。主要包括过渡性、脆弱性、动态性等。

（1）过渡性。边缘地是两（多）个性质不同的地理单元之间相互接触的区域，在空间更替过程中，并非突然地由一种要素变为另一种要素，而是逐渐地发生转换。在转换区域内，要素的变化梯度明显大于相邻地理单元[133]。过渡性在各要素中均有表现，但各要素性质的差异使过渡性的变化呈现差异。地形因素变化相对较快，要素的增减明显，在小尺度空间都表现出很大变化，能直接判断出要素的变化。植被、气候等因素的过渡性表现就不太明显，使边缘地的过渡性不均匀。不均匀性的主要原因在于地理环境的复杂性与动态性，这使要素变化所需的条件在不断变化，要素变化的态势不断被干扰，出现增长趋势减缓、中止，甚至逆转的状态。这些变化表现在空间上即为要素的交叉分布，如海岸带出现大量的岛屿与半岛伸入海洋中，亦有海洋伸入陆地形成大量的海湾、潟湖，使海岸带陆地与海洋呈交叉分布的态势。

（2）脆弱性。边缘地的生态环境脆弱性十分显著，因其是生态环境系统中相对均衡要素之间的"突变转换"或"异常空间邻接"，因而具有界面的脆弱性特征[126]：①可被替代的概率大，竞争的程度高；②可恢复原状的概率小；③抗干扰能力弱，对外界能量、物质输入的同化和调整能力差；④变化速度快，空间移动能力强；⑤地理环境中有非线性的集中表达区，非连续性的集中显示区，突变的产生区。边缘地是多应力集中区，是物质与能量的转换区，敏感性强，要素运动快，人类活动干扰大，在自然与人类活动因素的驱动下，环境脆弱性明显[134]。环境脆弱性表现为生态敏感性、低生态承载力、易损性和低可逆性等[135]。边缘地的平衡易受多因素影响，因此引起边缘地变化的因素多，边缘地不稳定、多灾害也缘于此。

（3）动态性。边缘地结构的松散性与功能的多样性使边缘地各子系统及各组成要素不能形成稳定的功能体与紧密的有机体，使边缘地系统对各子系统与各组成要素的控制作用不强，各子系统与各组成要素均容易发生变化，进而引起整个系统的变化，系统表现出对外界作用敏感、不稳定的特征，高波动性成为该类系统的显著特征之一[136]。边缘地的动态变化是不均匀的、非线性的，在某些地方还会出现反复，甚至在局部地区还会形成某一要素的富集，因此要素在边缘地的分布也是不连续的。地理要素的多变性还表现为景观的多变性，景观变化主要表现为景观斑块的破碎性、景观镶嵌的无规律性、景观基质组成的动态性、景观廊道的弯曲性、景观组成要素的多变性等。

边缘地地理环境组成要素多，各要素性质差异大、空间分异明显，加之要素间的相干作用，致使环境整体呈现过渡性、脆弱性与动态性的特征。这也是边缘地区别于其他地理系统的主要特征。

五、结构与功能

边缘地是一个开放的系统，它频繁地、多渠道地、快速度地、多来源地与环境系统进行物质与能量交换。边缘地是一个远离平衡的动态变化系统，它所受的影响因素多，系统本身又具有脆弱性，对变化甚为敏感，因此变化是经常性的。边缘系统具有多种非线性动力学过程，通过一系列的反馈机制，使系统内各要素之间产生协调动作和相干效应，促使系统不断地演化，不断地进化到新的、更高级的阶段。

边缘地既是系统边界，也是连接系统间的桥梁，是不同系统之间物质能量流动的介体。在物质能量流动过程中，边缘地不仅提供了交流平台，而且参与到整个流动与交换过程中。参与方式有三种：①减缓要素流动的速度，使要素在地理边缘有更多机会与其他要素相互作用；②通过边缘地自身的功能作用使要素在地理边缘过滤、净化，使要素性质发生相应的改变；③参与要素沉积分异、排列组合过程，使之演变成为新的要素。在参与过程中，边缘地实现了截流、整流、交流、汇流（边缘效应）等功能。

截流功能是边缘地将滞留物质与能量为己所用的机制。在山地平原交界带，山地物质因重力作用向平原移动经此，因坡度减缓、地形趋平而使物质流动速度减小，部分物质沉积下来；大气环流携带的平原地区的水分和热能在向山地的转移过程中经交接带被截流而成云致雨，使交界带形成多雨中心并有暖坡现象，如广东的多雨中心清远、佛冈等地均是山地平原交界地带。截流作用使人才、物质、能量、信息等要素在边缘地集中，使边缘地获得更多的发展优势。因截流功能而具有的优势在经济发展过程中容易发挥出来而使自身经济发展水平高于相邻区域，如中国东部沿海地区、美国大西洋沿海地区都为此类。

整流功能是边缘地参与地理系统间物质迁移与能量交换过程的另一种重要方式。整流使边缘地物质流与能量流有减缓作用，使无序的物质流、能量流变得有序。在山地平原边缘带，水流经过边缘地后，由水流湍急、支流众多的山区型河流演变为平原型河流，水流更为平稳，流向更为稳定。在海岸带，整流表现为对物质流的导向作用。内地的各种产品向海岸带流动，特别是向港口集中，形成指向港口的物质流，在海岸带经过港口的分选，产品（物质）继续流向目标市场，形成对外的物质流。通过这种导向与分选作用，使产品（物质）流经过海岸带后变得有序。

边缘地作为相邻地理系统相互作用的平台，经常成为相邻地理系统的物质流、能量流等的通道，从而实现边缘地的交流功能。山地水体和地表物质在重力作用下向平原区迁移，山地自然资源及农副产品向平原区输送，在边缘地形成交换中心——墟镇城市，通过边缘地，山地、平原两大系统互通有无。交流还表现为要素之间的相互作用，如海岸带湿度加大、降水增加、温差减小等特征是海洋性气候要素相互交流的结果。自然要素因相互交流而发生要素性质变化的情况，使整个地理环境呈现过渡性特征。

汇流功能是促使周边区域的物质与能量流向边缘地的作用机制。边缘地是区域势能的低值区，犹如一洼地，在梯度力作用下，物质与能量向边缘地汇聚。汇流功能在一定程度上表现为边缘效应，在气候、土壤、生物、水文等自然要素上均有所体现。在山地平原交界带，往往降水增加，植物种类繁多，生物资源丰富，水资源与水力资源丰富，并有山地暖坡的增温现象等边缘效应[75]。边缘效应的实质是由于环境要素的相对富集而为地物提供较好的生存与发展条件，能为地物发展演变提供更多的物质与能量。

任何功能都具有两面性[137]，不同要素在边缘地功能作用下所导致的结果不同，甚至截然相反，如汇流功能既可使边缘地成为区域的物质流、能量流中心，并因此而发展成区域中心——城市，也可因不利因素的汇集而成为灾害多发之地。中国边境地区长期的落后状况与边境截流功能有关，强大的截流功能使之成为一个相对封闭的系统，阻碍了边缘地与周围环境正常的物质交换与能量交流，导致其功能优势的丧失。

第二节　海南西部边缘地属性

本书主要从区域角度，将边缘地作为特殊类型的区域，探讨海南西部地区资源环境与社会经济中所表现出的边缘特征。出于研究的需要，本书所称海南西部专指东方市与昌江县这两个县市。

一、研究区概况

海南岛是中国第二大岛，为南海、北部湾所环绕，北隔狭窄的琼州海峡与大陆相望，本岛面积约 33 900km²，是中国最南端的大陆岛。1988 年，海南岛由广东省辖行政区升为省级行政单位，同时成立海南经济特区，包括海南岛及南海诸岛，成为中国海洋面积最大的省份。

海南岛平面形态呈椭圆形，西部向北部湾突起，伸入海洋。东方市和昌江县就位于海南岛向西突起的部位（如图 2-1 所示），是海南岛位置最西的地区，海南岛的最西点就是东方市境内的鱼鳞角。海南西部西面和西北面濒临北部湾，隔海与越南、广西等地相望，东倚坝王岭、黎母山脉，与白沙县、五指山市接壤，北与儋州市为邻，南与乐东县相连。资料显示[138]，此二市县的地理坐标为 18°43′N～19°30′N 和 108°36′E～109°17′E。两市县总面积 3 851km²，其中东方市面积 2 248.9km²，昌江县 1 602.1km²。昌化江流经本区，两县市大部分以昌化江为界，东北部为昌江县，西南部为东方市。海南岛中部山地的隆起及西部的向海突出，使海南西部的自然环境与其他区域有显著不同。

二、边缘地界定

海南西部地区独特的区位使之成为典型的边缘地带，既是海陆边缘带、山地平原边缘带，在一定意义上也是行政边缘带。多种边缘在此交叉重合，边缘特征突出，是研究边缘地的理想地区。

海南西部是海陆边缘带。世界最大的大陆——亚欧大陆与最大的海洋——太平洋之间有广阔的海陆交界带，其中西北太平洋岛弧链是大陆与海洋接触最为复杂的地带。这一串岛屿分成北段的东亚太平洋岛弧和南段的印度洋巽他岛弧，两段岛弧在南中国海区域相接，海南西部海岸带近邻这一衔接部位。从东亚区域角度看，海南西部海岸带是南中国海与中国大陆之间的接触地带。从华南区域角度看，海南西部海岸带属于环北部湾地区，北部湾是位于中国与越南（东南亚）之间的国际海域，是连通中国与东南亚的黄金水道。

海南西部是山地平原边缘带。海南地形呈圈层结构[139]，中部为隆起的穹窿山地，由中部向外围地势逐级下降，围绕中部山地向外依次分布着丘陵带、台地带、平原带，呈环带状结构。海南西部地区的东南部是海南中部山地的一部分，地势由东南部山地向西北方

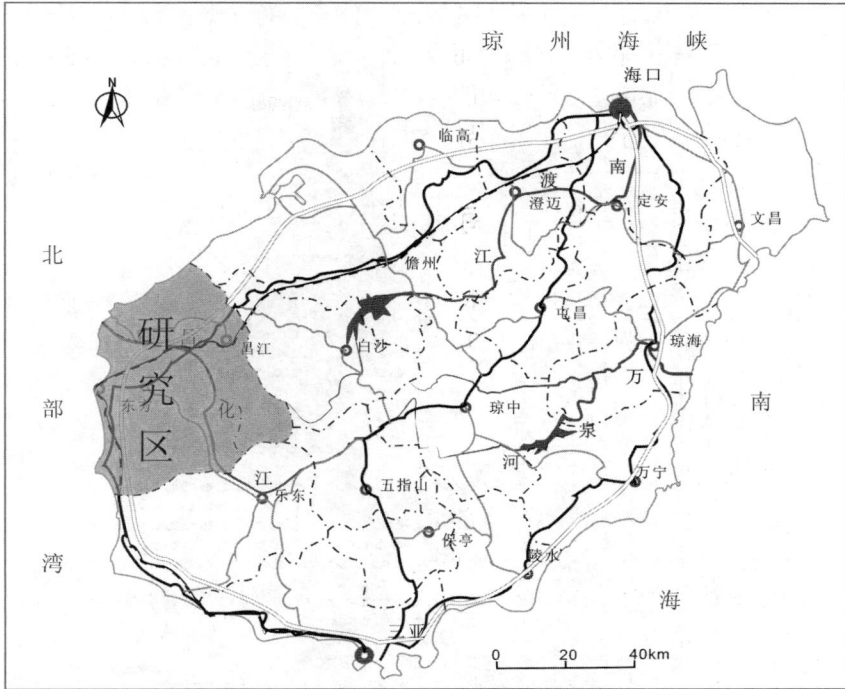

图 2－1　研究区在海南岛上的位置

倾斜，向西、北过渡为台地或平原，大致以中沙—大田—石碌为分界线，东南部为山地，西北部为平原（如图 2－2 所示）。北部形成广大的台地区，南部地区山地直逼海岸平原，使台地缺失。台地与平原连成一体，分界不甚明显。若将台地与平原归为平地类型，则平地与山地之间的过渡就非常明显。沿海平原较大的有海尾平原、昌化江三角洲平原、感恩平原等。南部感恩平原与山地直接相连，平原与山地的分界明显，二者之间形成一狭窄的过渡带。

　　海南西部是行政边缘带。海南西部是东亚与东南亚地区之间的边缘带，东亚是大陆型地区，而东南亚则是半岛与岛屿地区，东亚的日本、韩国是经济发达地区，东南亚各国则是新兴的工业化地区，两区差异性大，互补性也大。海南西部地区位于东亚地区的南端，是东亚地区通往东南亚的中转地带，是东亚与东南亚两种不同经济区的交接地带。海南西部也是中国与东盟的边缘带，中国与东南亚以横断山脉—北仑河—北部湾—南海为界，海南西部位于北部湾的东岸，隔北部湾与中南半岛相望，离越南不到 200 海里，是除广西、云南外距越南最近的地区。海南西部是海南省与外省的边缘带，海南是岛屿型省份，海岸线是陆地的实际边界，海岸带自然成为岛屿与外部地区的边缘带。因此，在不同行政尺度下，海南西部分别是不同行政区域的交接地带，构成海南西部不同的行政边缘。

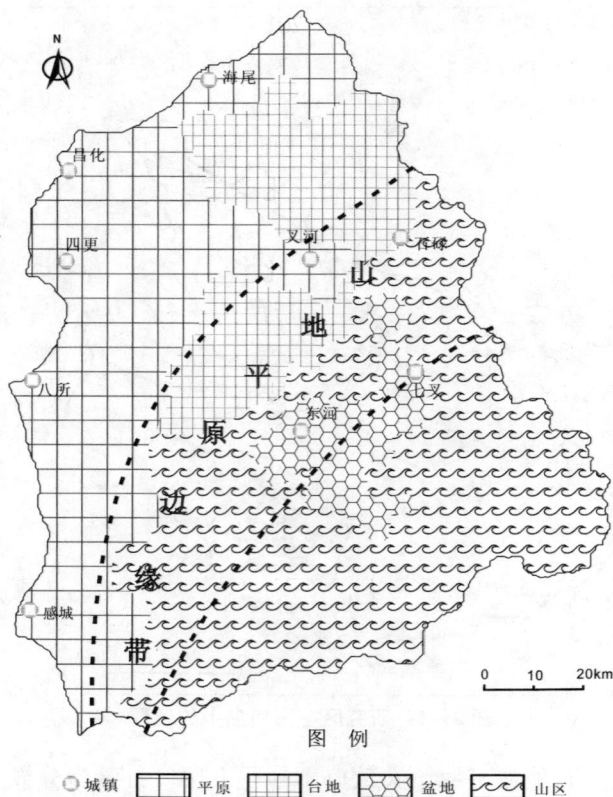

图 2-2 海南西部山地平原边缘示意图

三、边缘地对区域的影响

陆海边缘（海岸）带、山地平原边缘（交错）带、行政边缘带在海南西部重合，使海南西部地区成为典型的边缘地。边缘地在海南西部区域特征形成、区域发展中产生多种作用，使海南西部的自然环境、自然资源与人文环境等都具有明显的边缘特征。海岸带与山地平原交错带对自然环境的影响大，海南西部的地貌、气候、水文、土壤、植被、自然资源等因素均显示出边缘地的独有特征。海南西部人文环境不仅受海陆边缘与山地平原边缘的影响，也受行政边缘作用的影响，且行政边缘对社会经济发展所产生的作用更为显著。历史时期海南西部作为中国南部的边疆，远离中国的政治与经济中心，其发展并未引起中央政府的重视，因而发展缓慢，落后于中国大陆地区。至现代，国家在不同时期所实行的边疆政策、开发政策使它成为热带及矿产资源供应地、经济特区等。这些因素对海南西部的人口民族、聚落系统、工农业生产等均有重要影响。

（一）对地貌特征的影响

海南西部主要有两大自然边缘带——海洋陆地边缘带与山地平原边缘带，在两大边缘带的控制下，海南西部的地貌呈现过渡性特征。

山地平原边缘带决定了本区的地形格局，也影响着山地与平原的特征。山地主要分布在东南部，东南部山地为海南岛中部山地的一部分，地势高峻，地表崎岖。其中，海拔在

1 000 m 以上的山峰有很多①，包括黄牛岭（1 202m）、尖岭（1 160m）、禾圣堆（1 013m）、南法岭（1 106m）、禾结岭（1 061m）等，主要属于雅加达岭山脉。往西北方向，山地被盆地、河谷平原、沟谷分割，形成破碎的地表，以丘陵为主。再往西北则主要是平原，平原又可分为两大部分，北部的南罗—昌化平原和西部的东方—感恩平原。在南罗—昌化平原，山地的影响明显，遗留有多座残丘，如昌化大岭，直逼海岸，海拔虽只有418.7 m，但突兀于平原之上，显得高大雄伟。

山地平原的分布格局使本区地势东南高西北低，由东南部山地向西部、北部平原倾斜。东南部以1 000m 以上的中山构成本区地形的屋脊，向西北方向过渡为低山、丘陵、台地、平原，地势依次降低，大致呈阶梯状。交错带受平原与山地两类地形要素的影响，山地和平原犬牙交错，孤丘、山间小盆地、缓坡等微地貌广泛存在，构成复杂多样的地貌。在多样地貌的基础上，土地类型也复杂多样[142]（见表2-4）。

表2-4 海南西部土地类型构成

单位：hm²

	海滩	滨海滩地	河滩地	平地农田	坑谷地	台阶地	丘陵	山地	其他用地	总计
东方	1 978	9 075	320	21 254	7 006	10 460	16 791	59 248	6 876	133 008
昌江	2 367	4 489	413	15 291	4 960	61 514	21 121	53 007	3 794	166 956
总计	4 345	13 564	733	36 545	11 966	71 974	37 912	112 255	10 670	299 964

资料来源：海南行政区公署农业区划委员会、海南岛热带农业区划综合考察队《海南岛农业区划报告集》。

海南西部由于山地平原交界使区域地表形态过渡性特征明显，表现为地表破碎。野外考察可见，海南西部山地中夹有盆地、河谷平原、沟谷地。台地既是平地，又有众多残丘，兼有山地与平原两类地形，具有过渡带的特征。山地与平地在分异过程中的交叉分布，使过渡带范围广阔。如果将台地也作为山地平原交错带，则海南西部过渡带的面积更为巨大。交接带地形坡度减缓，地表被山溪和沟谷充分切割并分裂开来，产生不少山谷或沟谷，这些山谷多被人们开成坑田，种植水稻[139]，因而耕地较多。

海陆边缘使海南西部沿海地带沉积形成广阔的沿海平原，平原由河口三角洲、海岸平原和沙堤潟湖平原组成。平坦的地形为农业生产提供了良好的条件，海南西部沿海地区是该区主要的农业生产区。

海陆边缘也使本区形成多样的海岸地貌，其中海蚀阶地与海积地貌发育典型。据野外观察和前人研究[140]，海蚀阶地一般见于岬角和海滨部分岛屿，大致可分为两级：Ⅱ级海蚀阶地高度约为15m，大致可与Ⅱ级海积阶地对比；Ⅰ级海蚀阶地高出高潮面3~5m，多为基岩滩，高潮时为水淹没，低潮时干出，海蚀形态为海蚀洞穴、海蚀柱、海蚀崖等。海蚀地貌多发育在基岩海岸，常成为曲折的海湾。海积地貌中的海积阶地在沿岸地区普遍发育有三级：Ⅲ级海积阶地的高度为30~40m，大多由红色细沙或砂砾层组成，阶地宽度一

① 注：本段各山峰海拔数据来自中国人民解放军总参谋部测绘局1975年版1:50 000地形图。

般小于5km，八所—四更一带分布广范。Ⅱ级海积阶地高度为15～20m，主要由红壤化细沙组成。Ⅰ级海积阶地高度为3～4m，阶地面宽度不大。沙堤特别发育是海南西部海积地貌的特色。沙堤多为沙层夹较多的珊瑚碎屑或贝壳碎片组成，主要沙堤有岸堤、连岛沙堤、沙嘴、沙滩及海积平原、沙岛与水下沙坝、三角洲等。

（二）对气候水文的影响

山地平原交错带影响降水量的空间分布。山地位于东部及东南部，使西部沿海地区位于雨影区，降水减少，使降水量呈由东向西减少的态势。据统计[141]，全区年平均降水量在1 000～1 200mm之间，其中八所的年降水量仅800mm左右，是海南岛降水最少的地方。交错带由平原逐渐过渡为山地，地势增高，由于地形对气流的抬升作用，当大气中有足够的水汽时极易成云致雨，即为地形雨。因此交错带降水多，平原区降水反而少。

海洋陆地交错带对气候的影响是多方面的。海洋对海洋陆地交错带的热量、水汽含量、空气动力条件发生作用而实现对气候的影响。不同的洋流对气候产生不同的影响，影响本区的洋流主要是北部湾沿岸流，它是寒流性质的沿岸流，具有减湿、减温的作用，使本区降水量减少。由于海洋与陆地性质的巨大差异，使白天与夜晚在陆地与海洋形成不同的温度场与流场，在交错带产生海陆风。晚上，风从陆地吹向海洋，盛行偏东风；白天，风从海洋吹向陆地，盛行偏西风。再加上行星风系的影响及大型天气系统的控制，常形成大风。本区平均风速在4.6m/s左右，越靠近海岸风速越大，是全岛风速最大的地方。大风，特别是西南干热风加快了水分的蒸发，使本区蒸发量远大于降水量，蒸发量高达2 500mm左右，蒸发量为降水量的2.5倍，形成干旱区[139]。

山地平原边缘通过对地形起伏的控制影响水文特征。海南西部地区东南部为高耸的山地，地势由东南向北、向西倾斜，这决定了河流多发源于东南部山地，然后向北、向西流向海洋。这些河流都不长，多向北、向西独流入海。其中昌化江是境内最大河流，也是海南三大河流之一，由东南向西北纵贯全境，在昌化港注入北部湾。由于区内气候干旱而降水集中，年内洪枯径流量悬殊，昌化江宝桥站1963年9月8日实测的最大洪水流量为 $2 \times 10^4 m^3/s$，同年5月3日实测的最小枯水流量为3.58 m^3/s[139]，相差5 586倍。

山地平原交错带地势高差大，水力资源、水资源丰富，加之多样的地表为修建大坝提供了适宜的条件，为水库储水提供了良好的地理空间，因此，交错带有优越的水库建设条件，大小水利工程较多。在海南6座大型水库中，西部两县市就占2座。据资料记载[138, 142]，大广坝水库总库容 $1.71 \times 10^9 m^3$，年供水量 $1.39 \times 10^9 m^3$；石碌水库总库容为 $1.41 \times 10^9 m^3$，年均发电量 $3 \times 10^6 kW$。东方境内还有多座中小型水库，总库容 $19.5 \times 10^9 m^3$，实际灌溉面积10 793.3 hm^2。

（三）对土壤植被的影响

山地平原边缘与海陆边缘对海南西部的土壤均有很大影响。山地平原边缘改变了海南西部地带性土壤的分布，海陆边缘使海南西部出现沙地等非地带性土壤。海南西部地带性土壤为燥红壤与红色砖红壤。在山地平原边缘，地势渐高，改变了土壤的形成条件，打破了地带性土壤的纬向分布规律，由燥红土演化成褐色赤红壤，到山地则演化成山地黄壤与草甸土。海陆边缘对地带性土壤也有一定影响，燥红土是在海积花岗岩、变质岩基础上发育成的幼年的燥红壤，燥红土的母土主要为砂土，而砂土与海陆边缘关系更直接。海洋是

沿岸砂物质的主要来源，海南西部海岸带大部分属海相堆积松散地层，具有深厚的砂质土层。目前，海南西部砂地分布普遍，特别是在沿海地区，尚有大片裸露与半裸露砂地。砂质土质地疏松，透水性强，成岩作用差，缺乏胶结性，形成历史较短，物质组成以石英、碳酸盐类为主[143, 144]，有机质含量少。

海南西部地表由东南向西、西北方向由山地向平原与海洋逐渐变化，在三大地理系统之间存在广大的交接过渡地带。受此影响，植被的过渡带特征明显。经野外观察，典型的山地植被——森林分布面积大，森林与草原植被的过渡类型——灌木草丛分布广泛，如稀树灌丛、灌木草丛、多刺矮灌丛、稀树草地等。在沿海地区，受海洋多风灾害的影响，自然植被主要是低矮的灌木草丛，并且耐旱的沙生植物较多，如露兜、仙人掌等。自然植被的不足促使人类建设人工林抵御来自海洋的风害，防护林就成为沿海地区的主要植被。受沿海严酷的自然条件影响，一般乔木在沿海地区难以成活，而耐旱、抗风的木麻黄、桉树等生长良好，成为海岸带的主要植被。

过渡带植被的另一特征是易受人类的影响。过渡带地表起伏状况、可进入性等都有极大变化，人类很容易对其进行开发利用。在历次海南开发过程中，这一带都是开发的重点地区。野外考察可见，海南西部人工种植的橡胶、油棕、腰果、剑麻等热带经济林木以及热带水果等基本上在这一带。由于规模化的人工种植，出现了成片的单一种植被，最典型的是橡胶林与防护林。人工种植降低了植被种类的丰富度，减弱了植被系统作为生态系统调节者的作用，加剧了过渡带生态系统的脆弱性。

（四）对自然资源的影响

边缘地自然环境的多样性，既为自然资源的形成了提供了良好的条件，也为自然资源的利用创造了优越的空间。海南西部土地资源、光热资源、矿产资源等的种类、数量与分布均受边缘地影响。表2-5列出了海南西部土地资源的基本数据，从表中可见，海南西部土地资源丰富，适宜农林牧各业生产。海南西部还有一部分土地资源尚未被有效利用，是海南荒地资源最丰富的地区，土地资源利用潜力较大。

表2-5　海南西部土地资源状况

地区	项目	宜农地	宜胶地	宜热作地	宜林地	宜牧林地	水面	其他	总计
东方	面积（万 hm²）	5.79	4.70	0.93	6.73	2.34	1.07	0.87	22.43
	百分比（%）	26	21	4	30	10	5	4	100
昌江	面积（万 hm²）	2.98	1.58	0.29	7.48	2.22	0.51	0.69	15.75
	百分比（%）	19	10	2	47	14	3	4	100
全区	面积（万 hm²）	8.77	6.29	1.23	14.21	4.56	1.58	1.56	38.20
	百分比（%）	23	16	3	37	12	4	4	100

资料来源：海南行政区公署农业区划委员会、海南岛热带农业区划综合考察队《海南岛农业区划报告集》。

山地平原边缘走势与海南西部光照资源及热量资源有关，日照时数与太阳辐射量的空间分布特征是：由西部沿海向东部山地呈纵向减少。该区多晴朗少云天气，日照时间长，是全岛日照时数最长的区域，大部分地区的日照时长为 2 200～2 600h。与之相适应，太阳辐射也是全岛最大的区域，达到 5 800 兆 J/m^2[141]。沿海地区土地资源丰富，日照时间长，太阳辐射量大，如果解决了用水问题，将成为极有潜力的农业区。

边缘地自然环境的多样性，造就了多样的自然资源。一是热带动植物资源种类繁多，热带雨林、季雨林树种约有 200 多种，动物中有坡鹿、猕猴、黄猄等珍贵种类，淡水鱼类有 70 多种，海洋动物有 80 多种[138, 145]；二是矿产资源种类丰富，特别是重工业所需资源储量大；三是还有众多其他类型资源，重要的有旅游资源、渔业资源、滩涂资源等。

（五）对人口民族的影响

边缘地偏远的位置，使之成为边远落后地区，南疆国防前哨的形势又制约其工业建设，因而人口以农业人口为主。据统计资料[146]，2008 年年末，海南西部地区共有人口 6.7×10^5，其中昌江县总人口为 2.4×10^5；东方市总人口为 4.3×10^5，其中农业人口为 2.92×10^5，占人口的比重为 76.45%。

作为行政边缘，海南西部远离中国的核心地区，成为少数民族分布较集中的地区，主要是黎族人口聚居区。东方市在建市之前为黎族自治县，昌江县现在仍是黎族自治县，少数民族人口所占比重较大（见表 2 - 6），但汉族人口仍占多数。该地少数民族除黎族以外还有苗族、壮族、回族及其他民族，其中以黎族人口最多，占该地少数民族人口的 97.9%。少数民族人口主要分布在东部山区，昌江的七差乡、王下乡、保平乡、太坡镇，东方的天安乡、公爱乡、广坝乡、江边乡、大田乡等是少数民族的集中分布地。

表 2 - 6　海南西部地区少数民族人口状况

地区	汉族		少数民族						
	人数	比重（%）	黎族（人）	苗族（人）	壮族（人）	回族（人）	其他（人）	总计（人）	比重（%）
东方	336 811	80.3	80 800	1 041	300	32	366	82 539	19.7
昌江	154 777	62.7	90 296	262	789	586	331	92 264	37.3
西部	491 588	73.8	171 096	1 303	1 089	618	697	174 803	26.2

资料来源：海南省统计局《海南统计年鉴 2008》。

（六）对聚落系统的影响

城镇集中分布在边缘地，形成城镇聚落密集带。2000 年，海南西部共有 17 个建制镇，据其所处位置可以分为三类：海陆边缘城镇、山地平原边缘城镇与其他城镇。属于港口型城镇的有 8 个，在距海岸线 10km 以内的城镇有 11 个，城镇的近海分布规律明显。位于山地平原边缘的城镇有石碌、叉河、大田、东河四镇。因此，位于边缘的城镇占大部分，其中又以沿海城镇占多数。

海南西部中心城镇是凭借边缘优势发展起来的。东方与昌江两市县的首位城镇分别是石碌和八所，也是县市政府驻地。八所是沿海城镇，因八所港的兴建，由一个小渔村发展为海南西部最大的城镇。八所港曾是海南最大的货运港口，石碌的铁矿石、昌江的热带产品多由八所港输入全国各地。石碌镇位于山地平原边缘，同时也紧邻石碌铁矿。石碌不仅是山区与平原区之间农副产品交换的中心，也是典型的矿业城镇，其兴起不仅与边缘地的

位置有关，也与边缘地丰富的资源关系密切。

（七）对工农业生产的影响

边缘地，特别是海岸带，具有发展经济的良好条件，有利于区域经济的发展。海岸带具有交通便利的优势。八所利用位于海岸带的优势大力发展交通，已成为海南的航运中心之一，并有国际航线通往东南亚等地。海岸带对外交流便利的优势极易使之成为开发的重点地区，海南省将海南西部地区作为工业中心（"西部工业走廊"）进行建设，原因就在于其具有边缘地优势。海南西部工业近年发展迅速，已成为最重要的经济部门。据东方市和昌江县统计局统计，2008 年昌江县规模以上工业企业产值 42.2 亿元，占全县生产总值的 51%，东方市规模以上工业对 GDP 增长的贡献率为 69.4%，并且工业高速增长，东方市增长了 44.9%，昌江县增速为 21.14%。

边缘地地形变化多样，生产条件多样，适合多种农业生产。农业仍是海南西部经济构成中的重要部分。根据统计资料[146]，在三大产业生产总值中农业占 1/4 左右，2008 年昌江县农业总产值 17 亿元，东方市为 25.6 亿元。而且近年来农业发展的速度加快，2008 年昌江与东方农业总产值同比分别增长 9.2% 和 7.9%，远高于全国 5.5% 的增长水平。

在海南西部的发展过程中，农垦、铁矿、港口、盐场等起着特殊的作用，海陆边缘是航运与盐业发展的先决条件，而农垦与边疆位置有关。海南西部海盐资源丰富，东方盐场是海南省三大盐业生产基地之一，散布在感城至四更的沿海一带，横跨 30 多个自然村，南北相距超过 60km[147]。海南西部因边远位置开发不充分，尚有大面积荒地资源，为农垦发展提供了有利条件。海南西部农场、林场数量较多，规模较大，农场以植胶为主，均为新中国成立后建立。

第三章

资源环境演变

资源环境过程是地球系统过程中与人类关系最直接、最密切的过程，它形成人类的生存空间与发展环境。2000 年 3 月，德国研究联合会推出德国未来 15 年的大型地球科学研究计划——地球工程学（geotechnologien）。它将地球系统科学分为相互作用的过程、资源与管理三大部分[148]，从对地球系统过程的认识到地球管理成为地球科学发展的主线，对地球系统过程的认识处于基础地位，最终目标是通过地球科学的管理实现人地关系的协调。边缘地区位的特殊性使其资源环境演变背景复杂，带来更多参与因素及干扰，使其演变过程更为复杂多变。随着资源问题与环境问题的日益突出，人类必须重新审视资源与环境对人类的作用，认识到作为人类生存空间与发展条件的资源与环境的功能并无本质区别，推动人们形成资源环境一体化的认识。本章从发展与一体化的视角对边缘地资源与环境进行研究，阐释边缘地资源环境变化的有关规律，并从机制上对其形成进行理论解析。

第一节　资源环境演变过程

资源环境是不断发展变化的，特别是在边缘地，由于构成资源环境的要素多，影响因素也多，资源环境的变化频繁而剧烈。在海南西部，地质运动决定着区域海陆变迁、地势起伏、海岸进退等资源环境变化的基本态势，也决定了海南西部海陆边缘与山地平原边缘的基本格局。在此基础上，资源环境各要素也发生了与边缘地相适应的各种变化，如地貌的演变、干旱环境的形成、生态环境的变化、土地资源（利用）变化等，这些都是构成海南西部资源环境演变的重要内容。

一、地貌演变

地质学者对海南区域已做过较好的研究[139, 149]，海南岛在大地构造上属于华夏断块区南华断坳中的海南隆起，在古生代前即为遭受剥蚀的古陆，后来经过加里东和印支运动的影响，形成本岛之雏形。中生代早期，地壳较稳定，以风化剥蚀作用为主；后期运动频繁，时而剧烈，岛之西南及南部的部分地区形成了凹陷，沉积了红色砾岩、砂岩及砂页岩，局部出现了滨海相沉积；至末期，受燕山运动的影响，新地层发生轻微褶皱，老断层再度活化，并产生了许多新的断裂，岛的中部、西部及南部有大规模的花岗岩侵入。从新

生代开始，进入新构造运动阶段，喜马拉雅运动对海南的影响主要是断块活动。南海海洋研究所海洋地质研究室[150]调查表明，第四纪地质活动在海南岛表现十分活跃，在早更新世末期，雷州地洼中部产生断陷，形成琼州海峡，使海南岛与大陆分离。晚更新世末期，海面下降，海南岛重新与大陆相连。全新世早期，海面上升，海南岛再次与大陆分离。此后，海南岛一直孤悬海中，隔琼州海峡和大陆相望。

海南大陆基底是前泥盆纪砂页系变质岩，经加里东运动的褶皱作用，把地层挤压成一个较坚硬的陆块[151]。从晚泥盆纪到二叠纪，沉积了海陆交替相的碎屑岩及碳酸盐岩建造，即由砂页岩与石灰岩组成的建造。中生代印支运动和侏罗纪、白垩纪的燕山运动使陆台基底发生断裂并有大量花岗岩侵入，这使本区地势不断上升，形成穹窿构造。海南中部（研究区东南部）山地在这时已成雏形，成为海南地形中形成年代最久远的部分。由于地壳不断上升，沿海不少浅水的地方抬高出水成陆地，不断形成沿海阶地与台地，东方平原、感恩平原、南罗平原在一这阶段逐渐形成。至第三纪末期，已经奠定了本区东南为高耸山地，向西北过渡为低山、丘陵、台地、平原的地形格局[139]。

在海南西部地区，常见一些坡面很长的地形，极像一倾斜平原，它们是多级台地。根据野外观察和前人研究[139]，多级台地是围绕着穹窿台地形成的。台地在上升时，隆起的地面坡度变急，流水在坡面上流动加快，产生冲刷力，从而形成沟谷或小河。平缓的台地坡面，因小河或沟谷切割，成为台地面。沟谷或小河河谷不断向下游扩宽，形成一片平缓的小平原。台地呈穹窿上升，形成了一层层的阶地地形，小河谷内河床就时急时缓，深切处即成急流区，扩展处即为平原区或阶地台面区。台地的一部分不断上升，它的四周即会产生一级级的阶地地形，使台地表面变得破碎和崎岖不平。

海南西部沿海地带，分布着大片沙地海岸（见表3-1）。一般平坦沙岸是波浪搅起泥沙，并在靠近岸边的地方堆积下来而形成的[152]。由于海南西部是热带半干旱气候，这种环境为土地沙漠化形成、发展提供了动力、空间和物质基础。据李森[153]等人研究，该区自古以来就孕育并存在自然沙漠化过程，沙丘的发育从海滩脊开始，最后发育成典型的沙漠形态。沙岸进一步扩大，演化成沿海地区的大面积沙地。

表3-1　海南西部海岸类型构成

单位：km、hm²

总长	沙岸								岩岸
	固定沙地		半固定沙地		流动沙地		合计		长度
	长度	面积	长度	面积	长度	面积	长度	面积	
150	23	2 430	69	5 708	52	6 449	144	14 587	6

注：为当时昌感县境内数据，昌感县包括昌江县与感恩县（东方县的前身），均在今研究区的范围内。

资料来源：海南行政公署农业区划委员会、海南岛热带农业区划综合考察队《海南岛农业区划报告集》。

总结海南西部地区的地貌变化，台地分化与沙地形成是两个主要过程（如图3-1所示）。

地 貌 过 程

```
┌─────────┐      ┌─────────┐      ┌─────────┐      ┌─────────┐
│ 地质基础 │ ───> │地貌格局形成│ ───> │地理边缘形成│ ───> │典型地貌形成│
└─────────┘      └─────────┘      └─────────┘      └─────────┘

                 ┌─────────┐      ┌─────────┐      ┌─────────┐
┌─────────┐  ──> │与大陆分离│ ───> │海陆边缘形成│ ───> │ 沙岸形成 │
│ 多次隆升 │      └─────────┘      └─────────┘      └─────────┘
│ 与沉降  │
└─────────┘  ──> ┌─────────┐      ┌─────────┐      ┌─────────┐
                 │山地平原  │ ───> │山地平原  │ ───> │ 台地分化 │
                 │（台地）分异│      │边缘形成  │      └─────────┘
                 └─────────┘      └─────────┘
```

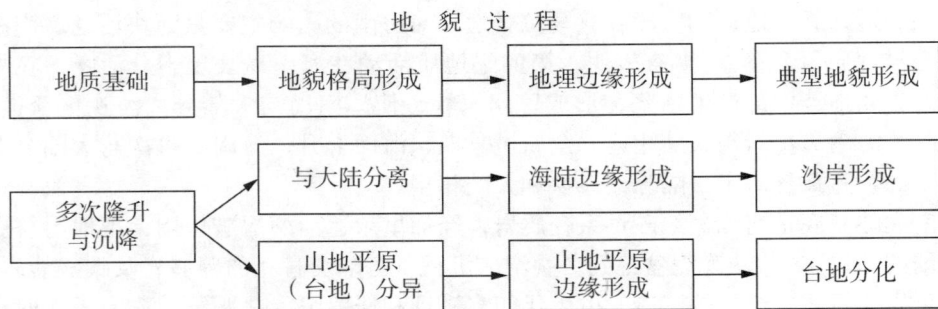

图 3-1   海南西部地貌形成过程示意图

二、干旱演变

干旱由降水与蒸发的相对状况决定。海南岛降水量的空间分布差异大，呈东多西少的趋势[141]。东部地区降水量大，形成海南的多雨中心，其中万宁是海南降水量最多的市县；而西部地区降水量小，比东部地区少 1 100mm 左右，比中部地区少 600mm，其中东方市是海南降水量最小的地区。东方与万宁纬度位置接近，而降水量仅及后者的一半。

与降水量状况相反，西部地区的气温却高于同纬度的中部地区与东部地区。气温是影响蒸发的主要因素，高温使水分蒸发加快，因此西部地区蒸发量大于其他地区。海南西部的蒸发量在 2 500mm 以上，远大于纬度接近的琼中、琼海的蒸发量，是其蒸发量的 142.32%[141]。

海南西部降水量与蒸发量的不匹配，导致气候干燥，干燥度也远大于同纬度的其他地区，东方的干燥度几乎是琼中的三倍。从时间上看，海南西部一年中有 10 个月都是蒸发量大于降雨量，即有 10 个月属于干旱状态。由于大部分降水被蒸发殆尽，使西部地区干旱严重，缺水成为工农业生产与人民生活面临的重大问题。

海南西部降水从沿海向内陆减少（如图 3-2 所示）。沿海地带降水量在 1 000mm 左右，感恩角是少雨中心，降水量在 900mm 以下；向东南方向降水逐渐增多，到东南部的中山区降水量已超过 1 600mm，形成本区的多雨中心。以昌化、八所、感城三地代表沿海，其余代表内陆，则沿海降水量仅及内陆降水量的 67.36%。从单站点比较，降水量最多的亲天峡是降水量最少的感城的近 2 倍。因此，内陆比沿海降水多，区内降水的空间差异大。

海南西部区内降水空间分异以东西向为主（如图 3-2 所示）。依降水量的空间分异可将全区分为三类：北部均匀降水区，年降水量在 1 200～1 400mm 之间，包括昌江县的海尾、南罗、昌化、昌城、十月田、叉河、乌烈、石碌等乡镇；东南部多雨区，主要为中山山区，山峰海拔在 1 000m 以上，降水量在 1 600mm 以上，是全区降水量最多的地区；西南部降水多变区，包括东方市西部平原及其附近地区，降水空间变化大，降水量从沿海的 800mm 到内陆的 1 600mm，二者差异大。从感城到亲天峡直线距离为 39km，降水变化量为 800mm，降水变化率约为 20mm/km，西南部地区降水的空间变化非常大。

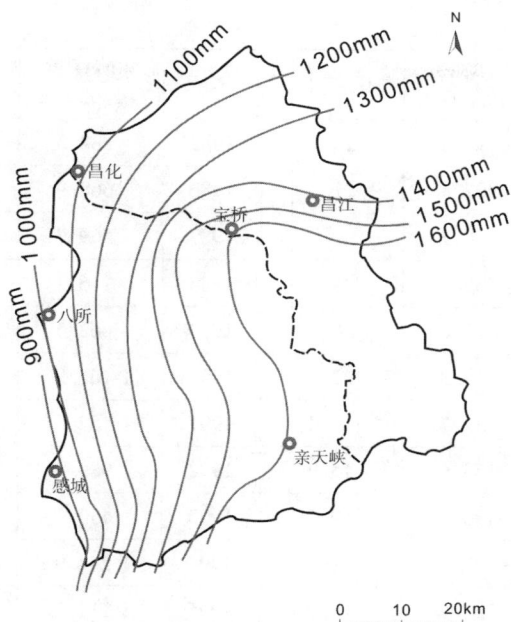

图 3-2　海南西部等降水量图

资料来源：作者据相关资料绘制。

降水的时间变化一般用降水的年内分配与年际变化来表示。海南西部降水量具有年际变化大、年内分配不均的特征。降水年际变化大，而降水偏少的年份多，因此发生干旱的概率较大。如表 3-2 的记录，各年的降水量相差悬殊，多年平均降水量为 967.5mm，最高年份有 1 456mm，而最少年份仅 275.4mm，二者相差 5 倍。如果以多年平均降水量的变化率 ±10% 作为降水正常年份，则 48 年中正常年份只有 10 年，仅占总年份数的 20.8%，其余 38 年都是降水偏少或偏多，其中有 20 年是降水偏少年，即干旱年。昌江县的情况稍好一些，但降水偏少年仍占 30.5%，而且偏少年的保证率远高于偏多年，即发生干旱的概率大。

表 3-2　海南西部（东方）1953—2000 年降水量的变化

年份	年降水量（mm）	变化量（mm）	变化率（%）	年份	年降水量（mm）	变化量（mm）	变化率（%）
1953	1 456	488.5	50.5	1978	1 352.4	384.9	39.8
1954	914.1	-53.4	-5.5	1979	385.2	-582.3	-60.2
1955	1 225.2	257.7	26.6	1980	1 528.8	561.3	58
1956	1 101.1	133.6	13.8	1981	823.9	-143.6	-14.8
1957	1 017.9	50.4	5.2	1982	615	-352.5	-36.4
1958	792.2	-175.3	-18.1	1983	1 172.7	205.2	21.2
1959	933.3	-34.2	-3.5	1984	827.7	-139.8	-14.4

（续上表）

年份	年降水量（mm）	变化量（mm）	变化率（%）	年份	年降水量（mm）	变化量（mm）	变化率（%）
1960	1 161.3	193.8	20	1985	882.3	−85.2	−8.8
1961	764.7	−202.8	−21	1986	668.9	−298.6	−30.9
1962	974.2	6.7	0.7	1987	569.7	−397.8	−41.1
1963	1 303.4	335.9	34.7	1988	716.2	−251.3	−26
1964	1 415.1	447.6	46.3	1989	663.5	−304	−31.4
1965	749.6	−217.9	−22.5	1990	1 164.8	197.3	20.4
1966	1 000.2	32.7	3.4	1991	1 152.5	185	19.1
1967	813.9	−153.6	−15.9	1992	989.3	21.8	2.3
1968	777.2	−190.3	−19.7	1993	450	−517.5	−53.5
1969	275.4	−692.1	−71.5	1994	1 244.9	277.4	28.7
1970	865.3	−102.2	−10.6	1995	1 212.2	244.7	25.3
1971	691.2	−276.3	−28.6	1996	1 363.3	395.8	40.9
1972	1 035	67.5	7	1997	838.6	−128.9	−13.3
1973	1 295.9	328.4	33.9	1998	699.1	−268.4	−27.7
1974	1 452.3	484.8	50.1	1999	1 227.1	259.6	26.8
1975	1 026.3	58.8	6.1	2000	878.9	−88.6	−9.2
1976	865.1	−102.4	−10.6	1953—2000 年多年平均值			967.5
1977	1 107.3	139.8	14.4				

注："−"表示低于平均值的变化量与变化率。

资料来源：国家气象中心《中国地面气候资料手册（1962—2000）》，国家海洋局海洋水文气象预报总站《中国沿海气候资料（1949—1975）》。

海南西部降水波动变化的特征明显[154]，在波谷时间段，连续年份的降水偏少造成长时间的干旱。图3-3是以10年为单位对各年代降水量的统计结果。该图展示整个时期降水量呈波浪式的起伏变化，5个时代呈高—低—高—低—高的变化态势。与表3-2的年际变化相比，10年的周期变化量要小，年际变化率最大的达到−692.1%，而10年周期最大变化率仅为−16.2%。因此，海南西部的干旱程度也具有以10年为周期的波状变化特征。

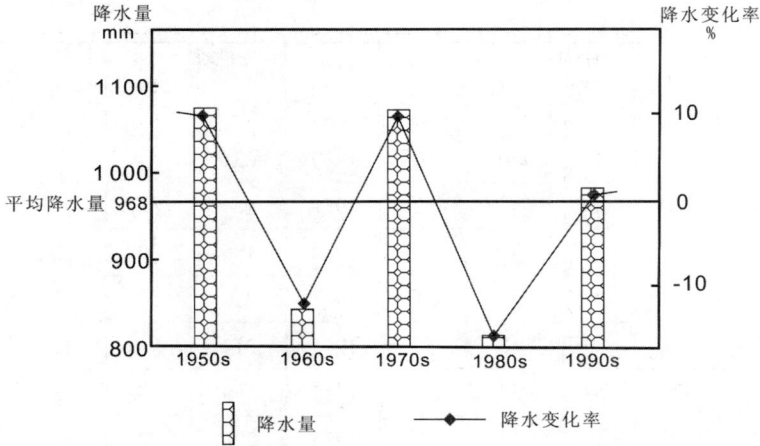

图3－3　海南西部地区各年代降水量的变化

数据来源：据表3－2计算绘制。

连续无雨日（降雨日）时间长是海南西部干旱的特征。从连续降雨日的年内分配（表3－3）来看，其分布呈波状起伏，8—10月是一个高峰，2、3月是一个小高峰，这和降水的分布规律基本一致。连续降雨日的延长使降水相对集中于一段时间内，其他时间则降水少，易形成干旱。连续无雨日在年内分布不均匀，一年中有10个月连续30天以上无降水记录，最长的有3个多月。连续无雨日的延长使干旱天数增长，昌江每年的干旱天数基本上在200天以上（见表3－4）。同时，连续降雨日的时间长，特别是暴雨，使降水集中，雨水大部分变成地面径流流失，不能利用。在降水量一定的情况下，集中降水实质是减少了可有效利用的降水，加大了干旱程度。

表3－3　海南西部（东方）最长连续降雨日与无雨日及暴雨日

单位：日

月份	1	2	3	4	5	6	7	8	9	10	11	12	全年
连续降雨日	5	7	10	4	5	8	8	13	18	10	9	5	18
连续无雨日	66	94	104	33	53	55	41	22	17	31	28	47	104
暴雨日	－	－	－	0	0.1	0.5	0.3	0.8	0.4	0.1	－	－	2.2

注：降雨日指降雨量≥0.1mm的日期，暴雨日指≥80mm的日期。

资料来源：高素华、黄增明、张统钦《海南岛气候》。

表3－4　海南西部（昌江）实际干旱日数表

年份	全年干旱日数	春旱	夏旱	秋旱	冬旱	年份	全年干旱日数	春旱	夏旱	秋旱	冬旱
1966	249	88	33	66	62	1978	170	58	17	33	62
1967	231	88	37	44	62	1979	221	75	33	58	55

（续上表）

年份	全年干旱日数	春旱	夏旱	秋旱	冬旱	年份	全年干旱日数	春旱	夏旱	秋旱	冬旱
1968	256	87	47	60	60	1980	231	104	19	46	62
1969	256	100	45	49	62	1981	184	82	22	18	62
1970	249	84	54	49	62	1982	186	80	32	22	52
1971	226	87	34	54	51	1983	226	94	31	39	62
1972	227	85	32	48	62	1984	214	94	22	36	62
1973	231	85	53	33	60	1985	159	59	15	23	62
1974	201	61	41	37	62	1986	223	77	36	59	51
1975	236	81	40	53	62	1987	266	102	51	51	62
1976	226	93	35	36	62	1988	187	90	12	23	62
1977	266	78	44	82	62						

资料来源：海南省昌江黎族自治县地方志编纂委员会《昌江县志》。

边缘地特殊的过渡属性对资源环境各要素产生各种影响。海南西部既是海陆交错带，也是山地平原交错带，山地、平原、海洋三大系统在海南西部干旱特征的形成过程中具有不同的作用（如图 3-4 所示）。海南西部降水的空间分布显示，等降水量线基本与海岸线的轮廓一致，降水量沿海岸线垂直方向增加，干旱与海陆交错带在空间上重叠。

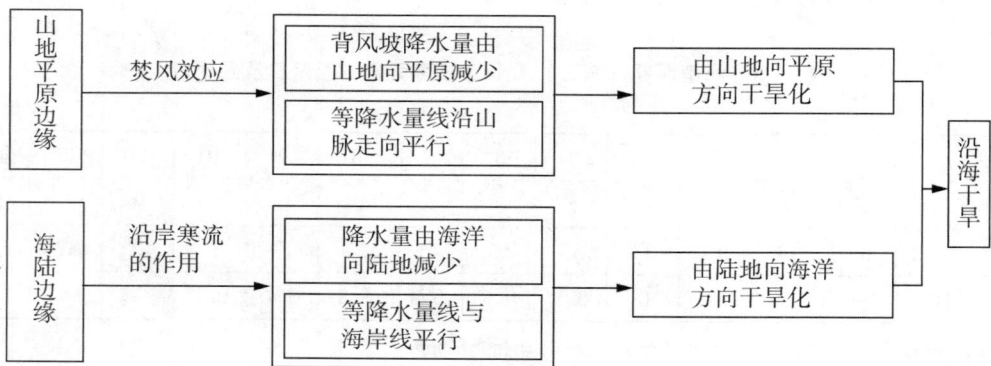

图 3-4　边缘地干旱的空间过程

感城等地是海南西部最干旱的地区，是边缘地与干旱过程相互作用的典型例证。南部的感城、板桥地区是降雨量最少的地区，也是降水变化幅度最大的地区。从边缘角度分析，这里山地离海岸近，是海陆交错带与山地平原交错带的重合地带。两大边缘在此交合，边缘作用则更为强烈，大大减少了感恩地区的降雨量，加剧了感恩地区的干旱程度。山地平原交错带、海陆交错带与降水之间的关系将在后文进行详细分析。

三、生态环境变化

热带滨海生态环境极度不稳定，具有明显的生态脆弱性。海南西部是热带海岛，气候干旱，生态环境脆弱。生态基底的脆弱加上人类不合理的开发活动，易导致土壤退化、环境污染、植被锐减等环境问题，使生态环境恶化。不同时期人类活动的规模与强度不同，其影响也各异，因而使不同时期的生态环境呈现不同特征，生态环境演化也具有一定的规律性。

（一）各期生态环境特征

海南偏于南方一隅，一直是大陆的移民地。海南西部是海南开发最早的地区之一，自汉代就有大陆移民在此垦荒[155]。后随着移民人数的增加，人类活动对生态环境影响加剧。在20世纪30年代，海南仍是地广人稀。据张维汉的调查，1934年，海南耕地面积不过2 200hm²，耕地不到5.7%，大部分是荒地，而海南西部更是人烟稀少，当时感恩县人口密度仅9人/km²。因降水稀少，植被逐渐演变为热带稀树草原，森林仅在居民点附近以及低山丘陵上有零星分布。当时西部地区非常荒凉，杂树丛生，在高台地上可见白色浮沙，但其上仍生长有耐旱之杂树[156]，没有裸露的大片沙地，更别说典型的流动沙丘。沙质土壤却是事实，居民所用竖井一年须疏浚一次，不然则淤塞成废井[157]，因沙质土壤质地疏松，所以其黏结性、直立性差。

总体来看，在20世纪30年代之前，人类对生态环境的影响小，对自然环境的开发仅限于条件较好的地区，且主要是开发土地资源用于居住和耕种。当时，一些主要的聚落已经存在，如八所、北黎、感恩、抱由、昌化、海头等，北黎是海南西部沿海地区当时最繁华的港口；耕地面积广大，多分布在河流沟谷和地势低洼的地方，旱地占绝大多数，每户平均使用土地达到0.34hm²（中大琼崖农业研究会，琼崖农村），荒草地到处都是，如那旺、十所、八所等地。除了耕地和居民点以外，草地是最主要的景观类型，是典型的热带稀树草原生态环境。

20世纪50年代，人类进入对自然环境和自然资源大规模的开发利用阶段，而沿海地区正是开发利用的重点地区。海南西部新建、扩建了许多工矿企业、港口码头，如莺歌海盐场、东方盐场等，改变了以农业为主的景观特征。农业对土地的利用也由昔日的以旱地占优势逐渐变成水田为主。对森林的破坏在这个时期最为严重，除在一些低山如昌化大岭、马岭上有一些成片的林地外，其他地方几乎看不到成片的森林，丘陵岗地和村庄附近的森林也几乎绝迹。

风沙化土地的大面积出现是本区生态环境发生巨大变化的标志[153]。风沙化土地在西部沿海地区都有分布，其中以昌化大岭地区、东方市南部沿海地区、东方八所附近地区、莺歌海以北沿海地区最为严重。风沙化土地沿海岸线向内陆延伸，宽者达数公里。沿海地区土质多沙，有不少地方为干生的有刺灌丛，多沙荒草原[158]，莺歌海和咸塘附近有流动沙丘[159]。风沙化土地以沙荒草原为主，包括刺灌丛沙地、裸露沙地等。生态环境风沙化的加剧给当地人民的生产和生活带来极大的危害。

20世纪50年代严重的风沙化到20世纪70年代已基本得到控制[160]。当地政府在八所建立岛西林场，专门种植木麻黄、桉树等防护林木，使风沙化趋于稳定。目前，沿海地区裸露沙地已很少见，沿海沙地多已生长着有刺灌丛等耐旱植物或者种植了木麻黄、桉树等防护林。实地考察昌江和东方两县市看到，在沿海地区已很少见到成片的裸沙地（如图3-5所示）。观察到的最严重的风沙化土地，一是在东方市四更镇四而村距海大约200m

处有一片面积约 0.5hm²，植被盖度小于 20% 的风沙化土地，但已种植上木麻黄幼苗且大部分已成活，并生长有耐旱的杂草，长势不错；二是在昌江县棋子湾—昌化大角地区，因有河流自上游携带来大量的泥沙，沙源物质十分丰富，所以在河流入海口处有裸露沙地，但是也已经种上了木麻黄幼苗。

图 3-5　海南西部沿海的沙地恢复

资料来源：作者拍摄于 2009 年。

20 世纪 70 年代以后，人工生态系统和人文景观逐渐增多。热带作物、沿海海防林、农田防护林等人工生态系统迅速增加，同时耕地，特别是水田也大量增加，人工生态系统成为本区最主要的生态系统。

20 世纪 90 年代以来，海南西部兴起工业基地的建设热潮，出现了许多现代化企业，如海南钢铁厂、富岛化工厂及华能东方电厂等。实地考察发现，这些企业多是重污染企业，对环境污染很大。昌化江已成为海南污染严重的河流之一。港口污染也不容忽视，随着八所港的业务增加，进出港口的船只增多，对附近水体的污染也会加重。另外，随着近海油气资源的大规模开采，油类污染也正在加重[161]。

（二）生态环境演化

据记载和前人研究[155]，海南历史上曾是一个被森林覆盖的郁郁葱葱的海岛。由于以地形起伏为基础的自然环境的分异以及人类活动的影响，生态环境不断变化。海南西部生态环境的演化可分为三类模式（如图 3-6 所示）[159]，即海滨生态演化模式、台地稀树草原与丘陵热带季雨林生态演化模式以及山地森林演化模式。理论上，海南西部各生态类型是可以互为转化的，沙荒草原可以演化为热带森林。但在干旱缺水与人类活动的制约下，生态环境演化以单向演化为主体，出现以干旱化为特征的演化趋势，由森林逐渐向草原、沙地演化。

海南西部沿海沙地的形成是环境干旱化演变的主要特征。前人研究揭示[156]，海南西部海岸带地区的风沙化问题并非近年才出现，至少在 20 世纪初期就已经存在。近一个世纪以来，生活在海南西部地区的人们就一直在和风沙化做斗争。在 20 世纪 30 年代，沙地仅在滨海地区有狭窄分布，自北往南普遍分布着林地与草地。干旱缺水、土地贫瘠、生态脆弱以及人口压力致使风沙化加剧。近百年以来，环境风沙化有两个高峰[160]，一个是 20

世纪 50 年代，另一个是 20 世纪 80 年代。自 20 世纪 50 年代开始，国家倡导在沿海种植防护林，风沙危害开始减少。但由于人为因素影响，防护林建设时有进退，风沙化土地的变化表现出不稳定的特点。自 20 世纪 80 年代以后，风沙化土地则一直呈减少的趋势，到 21 世纪初，其面积已减少到历史最低水平[162]。总之，近现代以来对森林的破坏多于防护林的种植，森林仍以减少为特征，所以海南西部的生态环境总体上处于退化阶段。

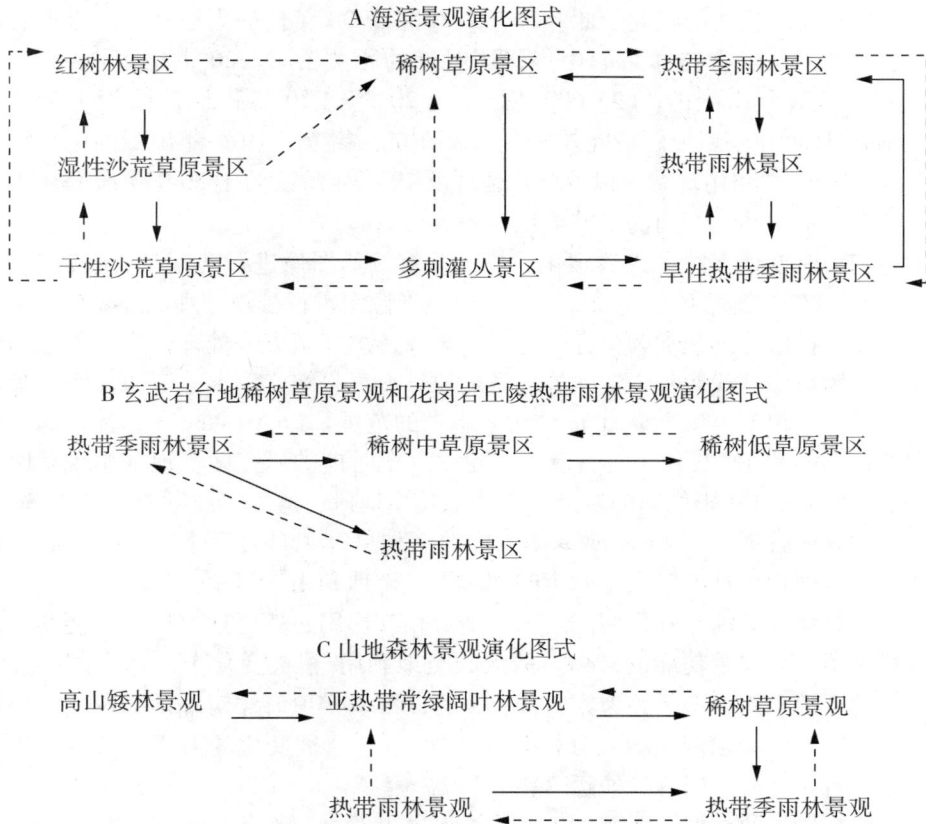

A 海滨景观演化图式

```
红树林景区            稀树草原景区  ⇄  热带季雨林景区
    ↕                      ↑              ↕
湿性沙荒草原景区                      热带雨林景区
    ↕                      ↑              ↕
干性沙荒草原景区  →  多刺灌丛景区  ⇄  旱性热带季雨林景区
```

B 玄武岩台地稀树草原景观和花岗岩丘陵热带雨林景观演化图式

```
热带季雨林景区  ⇄  稀树中草原景区  ⇄  稀树低草原景区
        ↘            ↕
            热带雨林景区
```

C 山地森林景观演化图式

```
高山矮林景观  ⇄  亚热带常绿阔叶林景观  ⇄  稀树草原景观
                      ↕                      ↕
                热带雨林景观  ⇄  热带季雨林景观
```

图 3-6　海南西部生态景观演化

资料来源：唐永鉴《海南岛景观》。

四、土地资源（利用）变化

（一）研究资料与思路

土地利用/覆被变化（LUCC）是全球变化研究的关键领域[163]，是人地关系在地表的直观表现。国际地圈生物圈（IGBP）研究计划将土地利用/覆被变化、陆地海洋相互作用作为核心项目，且涉及海岸带这个全球变化敏感地带与人类影响剧烈地带[164]。传统LUCC 研究集中在驱动机制、格局与过程、生态环境影响、土地安全等方面。基于 LUCC的综合性与复杂性，由单纯的 LUCC 研究转向土地变化科学（LCS）的综合性研究已成为趋势。将 LUCC 与海陆相互作用相结合进行综合研究，对解读复杂人地关系及全球变化来说是一个新的视角。海岸带地区海洋、陆地及大气三相物质在这里交缓，海陆相互作用强烈，这种作用必将在 LUCC 中表现出来。海岸带 LUCC 综合反映了海洋因素对其资源环境变化所起的作用，是边缘功能作用于资源环境的典型区域。

基础数据包括研究区 20 世纪 30 年代 1:50 000、50 年代 1:25 000、70 年代 1:50 000 的大比例尺地形图以及 1986 年、1996 年、2003 年的 TM 影像图。20 世纪 30 年代地形图为民国时期广东省陆地测绘局野外实地测绘，测图时间为 20 世纪 20 年代至 30 年代，1938 年制版，1951 年由中央人民政府重印，其所反映的土地利用信息，可以代表 20 世纪 20 年代末和 20 世纪 30 年代初的状况。此外，有关 20 世纪 30 年代的生态环境及土地利用方面的数据，还参考了广东省档案馆的中华民国时期的相关资料。20 世纪 20 年代地形图为 1959 年航摄，1964 年出版的 1:25 000 地形图。20 世纪 70 年代地形图为 1975 年航摄，1978 年出版的 1:50 000 地形图。此外，本书的研究还参考了 1975 年出版的中科院地理所编制的 1:10 000 土地利用现状图以及广州地理所 1985 年编制的 1:50 000 海南岛土地利用图、海南岛荒地资源图、海南岛植被类型图等。

对上述三个时期地形图进行数字化扫描，并对扫描图像进行几何校正、裁剪和拼接。以预处理后的 1975 年地形图为基准，对 TM 卫星影像图进行校正处理。经校正后的各期图像均具有相同的投影方式和地理坐标。对卫星影像还进行了去云处理，采用就近同地类替代和邻期同位置影像替代两种方法实施地类还原。海岸带宽度以国土资源部海岸带调查所规定的标准[165]，即以距海岸线 10km 作为海岸带的范围。以 ArcView 3.2 软件为工具，对六个时期的地形图和 TM 影像图进行解译，建立六个时期的研究区土地利用现状图。地形图以目视解译为主；TM 影像图的解译，先选取典型地段，通过实地勘查，建立解译标准，再以人机互动完成解译。以 ArcView 3.2 软件的面积量算工具对六个时期土地利用现状图中的各地类进行面积统计，建立了六个时期海岸带土地利用数据库。

海岸带是海洋与陆地相互作用的地带，陆海相互作用必然通过海岸带功能实现，而土地利用方式是实现海岸带功能的载体。从区域土地利用/覆被变化中遴选出海洋为实现其功能而产生的土地利用类型，并考察其变化，可以准确辨识海洋对陆地的影响，根据其变化还可定量测知其作用强度。纳入分析影响土地利用/覆被变化的海洋因素有：洋流、海陆大气环流、台风、海洋资源、航运（港口）等。

海洋影响海岸带的地形、降水，进而影响海岸带的土壤性状、地下水状况、动植物生长繁殖，因此，海洋直接影响海岸带的土地利用/覆被状况。海洋有丰富的资源，如海盐、水产、滨海砂矿、油气、旅游资源等，对其开采与利用一般也在海岸带进行，这直接改变了海岸带土地利用/覆被状况。海岸带集聚了大量的工业、聚落、人口，也显著改变了其土地利用/覆被状况。上述与海洋有关的土地利用/覆被变化信息可以提取并用之于分析海岸带土地利用/覆被变化的特征、强度、趋势。这种基于海岸带土地利用/覆被变化的信息可以从某个视角反映出边缘地的功能作用。

（二）土地利用特征

表 3-5 列出了 20 世纪 30 年代至 21 世纪初海南西部海岸带各类土地的构成情况，它展示的海南西部海岸带土地利用/覆被特征有：①分布最广的土地类型是农业用地，其中耕地与林地是面积最大的两类土地类型，而且仍然是传统利用方式，即种植业为主的方式。②土地后备资源较充足，未利用地面积较大，开发利用条件较好，具有较好的利用潜力。③与海洋直接相关的土地面积逐年增大，主要是沿海沙地与防护林地。④水源是影响

耕地分布的主要因素，水田多集中于河流两岸，离海洋越近耕地越少；离海洋越近，土地利用越充分，未利用地在距海岸线 5km 以外地区才有分布。⑤建筑用地靠海分布的特征明显，离海洋越近，比重越大。⑥园地在海岸带并不占主要地位，而且面积波动较大。

表 3 - 5　海南西部 20 世纪 30 年代至 21 世纪初海岸带各类土地构成

单位：km²

年代	1930s	1950s	1970s	1980s	1990s	2000s
后备地	153.42	212.09	163.19	173.15	131.42	129.33
未用地	103.02	110.69	94.12	129.03	87.47	97.57
沙地	50.4	101.4	69.07	44.12	43.95	31.76
总耕地	281.71	246.77	332.75	322.04	301.08	205.79
园地	58.5	10.13	37.01	12.57	23.06	12.71
耕地	223.21	236.64	295.74	309.47	278.02	193.08
旱地	152.8	0	0.69	86.28	71.51	60.68
水田	70.41	236.64	295.05	223.19	206.51	132.4
植被	496.2	453.46	395.25	393.85	456.48	550.63
草地	289.55	32.59	93.81	141.19	98.12	119.07
林地	206.65	420.87	301.44	252.66	358.36	431.56
防护林	0	3.06	80.52	78.57	119.68	126.94
林地	206.65	417.81	220.92	174.09	238.68	304.62
建筑用地	11.96	16.21	30.32	35.65	41.99	46.16
城镇	1.07	3.12	8.39	8.19	9	13.21
工业地	6.04	6.35	7.12	10.48	16.17	15.38
农村	4.85	6.74	14.81	16.98	16.82	17.57
湿地	20.07	34.82	41.89	38.67	32.43	31.49
总计	963.36	963.35	963.4	963.36	963.4	963.4

（三）土地利用变化趋势

表 3 - 6 列出了 20 世纪 30 年代至 21 世纪初海南西部海岸带各地类的变化情况，它显示，在研究时段内各类土地的数量变化可分为两种：持续增长型与波状变化型。持续增长型的土地主要是建筑用地，包括城镇用地、工业用地、农村居民点用地。建筑用地与人口、经济发展等因素直接相关，人口增长导致居住用地增加，经济发展使厂矿增多是建筑用地增长的直接动因。建筑用地具有刚性，土地一旦变为建筑用地就很难再改造成其他类型的土地（成本太高）。其他用地的变化呈波状起伏，土地被作为耕地、林地等方式利用时，对其自然属性改变不大，相互转化容易。耕地之间的转换最多，主要是水田转换成旱

地（水田面积自 20 世纪 70 年代以来持续减少）。耕地转换成林地是近年来土地变化的新特征，其中速生桉的种植最为普遍（因海南造纸业的发展，急需大量木材作为原料）。城镇扩张要占用耕地，交通设施的建设如铁路、高速公路等均要占用耕地，使耕地转变为建筑用地。由于耕地转化为其他地类，自 20 世纪 70 年代以来，耕地面积不断减少，这与前人的研究是一致的[166]。防护林与沙地之间相互转化，也出现此消彼长的波状变化。

表 3 - 6   海南西部 20 世纪 30 年代至 21 世纪初海岸带各地类的变化

时期		1930—1950	1950—1970	1970—1980	1980—1990	1990—2000
未利用地	变化量（km²）	7.67	-16.57	34.91	-41.56	10.1
	变化率（%）	7.45	-14.97	37.09	-32.21	11.55
沙地	变化量（km²）	51	-32.33	-24.95	-0.17	-12.19
	变化率（%）	101.19	-31.88	-36.12	-0.39	-27.74
园地	变化量（km²）	-48.37	26.88	-24.44	10.49	-10.35
	变化率（%）	-82.68	265.35	-66.04	83.45	-44.88
旱地	变化量（km²）	-152.8	0.69	85.59	-14.77	-10.83
	变化率（%）	-100.00	0	12 404.35	-17.12	-15.14
水田	变化量（km²）	166.23	58.41	-71.86	-16.68	-74.11
	变化率（%）	236.09	24.68	-24.36	-7.47	-35.89
草地	变化量（km²）	-256.96	61.22	47.38	-43.07	20.95
	变化率（%）	-88.74	187.85	50.51	-30.50	21.35
防护林	变化量（km²）	3.06	77.46	-1.95	41.11	7.26
	变化率（%）	0	2 531.37	-2.42	52.32	6.07
林地	变化量（km²）	211.16	-196.89	-46.83	64.59	65.94
	变化率（%）	102.18	-47.12	-21.20	37.10	27.63
城镇	变化量（km²）	2.05	5.27	-0.2	0.81	4.21
	变化率（%）	191.59	168.91	-2.38	9.89	46.78
工业用地	变化量（km²）	0.31	0.77	3.36	5.69	-0.79
	变化率（%）	5.13	12.13	47.19	54.29	-4.89
农村	变化量（km²）	1.89	8.07	2.17	-0.16	0.75
	变化率（%）	38.97	119.73	14.65	-0.94	4.46
湿地	变化量（km²）	14.75	7.07	-3.22	-6.24	-0.94
	变化率（%）	73.49	20.30	-7.69	-16.14	-2.90

在各类土地变化过程中，速度最快的是旱地，其次是防护林地。建筑用地呈增长态势，其中城镇用地面积增长最快，但农村居民点用地仍然是建筑用地中占比最大的，工业

用地也有稳定增长。后备土地资源变化较大，主要有未利用地与沿海沙地，其变化是波状起伏的，以 20 世纪 60 年代为最大，21 世纪初为最小。耕地的变化也呈波状，但基本趋势是减少，特别是旱地的变化最大，20 世纪 30 年代最多时有 152km²。植被覆盖呈 U 形变化，20 世纪 30 年代与 21 世纪初都较多，最多为 20 世纪 30 年代，有 496.2km²。沙地与防护林地是变化复杂的土地，二者具有负相关性。但防护林地基本上呈增长趋势，而沙地呈减少趋势，但其增长率与减少率并不同步，说明沙地的治理难度越来越大。

第二节　资源环境一体化过程

一体化理论的内涵是：如果将互相联系的分散个体组合成一个有机的整体，那么其发挥的作用将超出单个个体简单相加之和。因此，一体化就是寻求和制定一定的规则和方法，促使分散无序的单位形成聚合有序的系统，抵冲能量耗散，实现最佳的整体效应[167]。目前人类面临的资源与环境问题很大程度上是将资源与环境割裂的后果之一[168]。资源与环境是区域发展的基础条件，在区域发展过程中所起的作用也无本质的区别，因此应树立资源环境一体化的观点，并贯彻到实际工作中[169]，使资源与环境由分离逐渐趋向融合，即走向资源环境一体化的最终目标（如图 3 – 7 所示）。

所谓资源环境一体化，就是将资源与环境作为一个系统来对待，在自然资源开发利用的全过程中，统筹兼顾环境保护。就是说，在追求区域资源优化配置、综合利用和持续发展的同时，有效控制污染排放，消减污染物对环境的危害，主动修复生态环境和维持可再生资源的品质，实现人与自然的和谐发展，经济增长与环境保护协调发展，最终达到提高生活质量的目的[170]。如矿产资源环境一体化就是矿山的资源环境化和环境资源化，资源与环境是统一的整体[171]。

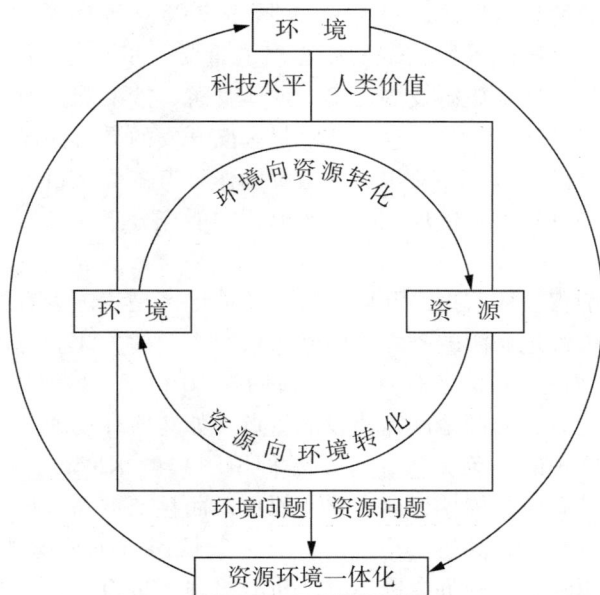

图 3 – 7　区域资源环境一体化示意图

一、沙地环境资源化

根据区域资源环境一体化理念，海南西部沙地环境可以通过旅游开发转化为服务地方经济社会发展的重要资源。

（一）沿海沙地（干旱）环境

海南西部沿海地区沙地分布广泛。西部地区属海相堆积松散地层，具有深厚的沙质土层。这种沙质土壤形成历史短，发育差，有机质含量少，保水保肥能力差，不易黏结，一般植物不易生长，而且易造成水土流失、土地退化。人踩在这种土壤上会有沙沙的响声。在滨海地区，普遍发育有两级沙垄。一级沙垄外为海滩，旅游活动主要在这一地带。一、二级沙垄之间的地区，一般已辟为耕地，多为旱地。在风力大的滨海地区，沙地发育出各种风沙地貌形态。但这里沙地含水量大，植物可以生长，甚至能种植作物，如西瓜等。在海南西部沿海一带，自儋州珠碧江流域的海头开始到南部乐东县的黄流一带都是沙地的分布区，其中以昌江境内的沙地发育最典型：沙地成片，呈热带沙漠景观。昌江棋子湾地区是热带沙地发育最好的地区，沙地广阔，裸露沙地长达 6km。东方的四更、罗带、感恩地区，也有大片裸露沙地。

海南西部呈现典型的热带干旱景观，完全不同于人们心中热带海岛的形象。根据野外实地观察，植被以灌木和草本等旱生植被为主，群落结构简单。稀疏、低矮的灌木草本植被约占自然植被的90%以上，偶尔也有一些耐旱的乔木，如桉树、木麻黄等。沙漠中常见的植物，如仙人球、仙人掌、露兜（野菠萝）等随处可见。所有植被都具有耐旱特征，如少枝叶、叶小、多根、皮角质化而呈光滑状。在耕作上，以旱地为主，种植有地瓜、西瓜等，四季播种的水田不多见。

（二）沙地资源化——沙地旅游

沙地旅游在全球已得到一定的发展。国际上，北非撒哈拉沙漠地区的旅游开发十分成功，目前已成为世界旅游热点地区之一[172]。中国于 2005 年建立第一个沙漠公园——阿拉善沙漠国家地质公园，使我国沙地旅游发展迈出了重要一步[173]。中国沙地旅游经过十年的发展，已由单一的沙漠探险旅游发展为集沙漠体育游、沙漠观光游、沙漠生态旅游等多种产品类型为一体的旅游活动。目前沙地旅游景区已开发的具有沙漠特色的滑沙、沙漠探险、骑骆驼、沙浴、沙漠露营、沙滩排球、摄影创作、考古等项目，在不同程度上都迎合了旅游者求新求异的心理特点，使他们在旅游过程中能充分感受惊喜，体会自我实现的满足感[174]。

中国沙地旅游目前仅在西北地区开展。海南西部地区是我国少有的热带干旱地区，并有大片的沙地，有发展沙地旅游的条件，但并未引起人们的关注。海南对海南沿海地区的沙地，一直是作为一种自然灾害来对待[175]。海南自 20 世纪 50 年代起就在政府的主导下进行沿海防护林工程建设，西部地区是建设的重点。如岛西林场就是因八所地区的沙地而建立的造林单位。对沙地的防治方法，主要是种植耐旱的木麻黄、桉树等，以期防风固沙。作为植物的防护林有生长周期，会老化、死亡，而且维护和管理费用也高。单纯以造林方式来治理沙地有其弊端。如棋子湾地区，有一条长 6km 的典型沙地带，从 1997 年开始，政府每年拿出近 100 万元的资金用于风沙化的治理，2000 年更是高达 200 万元。政府每年拨款建设防护林，但西部地区的沙地从未消失过。

海南于 1988 年独立建省。此后，一直在打造环岛游，并且提出建设国际旅游岛[176]的战略目标。目前，制约海南旅游业发展的因素之一是旅游业区域分布不均，旅游资源开放过于狭隘。旅客在海口或三亚登岛，沿东海岸向北或向南旅行，又在海口或三亚离岛（如图3-8所示）。而目前在海南西部地区，客流太少。未来在海南国际旅游岛的打造进程中，海南西部是不可或缺的组成部分。它具有开辟异质性旅游资源的条件。位于海南最西部的昌江、东方等县市气候干旱并有大面积的沙地，这正是海南其他地区不具备的、有巨大潜力的异质性资源。

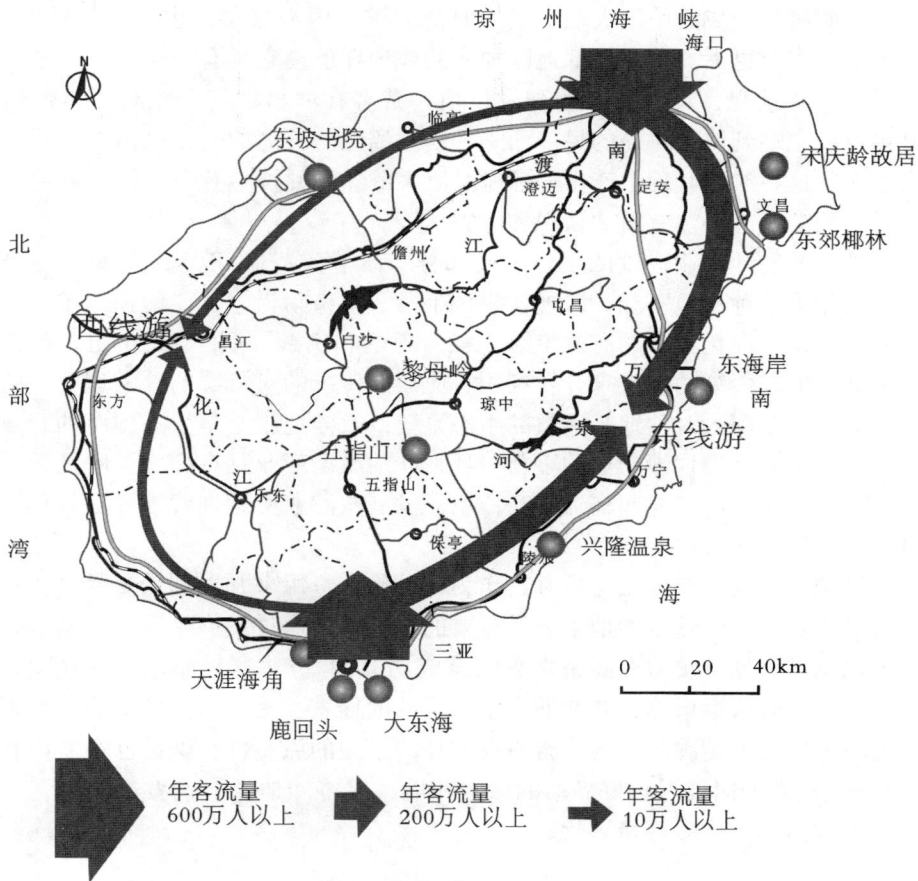

图 3-8 海南环岛游示意图

注：据海口、三亚、东方、琼海四地旅客年过夜人数绘制，

数据来自四地 2008 年国民经济与社会发展统计公报。

现在海南全岛都在发展旅游业，西部地区游离于旅游业之外是不合时宜的。对待沙地的正确态度是，把它放在全岛旅游业系统中来考察，把它作为一种旅游资源，在开发过程中实现综合治理，而不是单纯地建设防护林。旅游开发是低成本启动的开发，较适合经济欠发达地区。风沙最严重的棋子湾地区，有建设旅游区的良好条件。将防护林和旅游区建设结合起来，可以集中资金将棋子湾建成著名景点，弥补西部地区景点少的劣势。因此，海南西部沙地开发、沙地旅游，既有必要性，也具可行性。

1. 沙地旅游的必要性

前人研究表明[177]，旅游的动力是游客的求异心理，旅游活动是游客到陌生的环境中去欣赏、领略异样的风土人情、山川物产，去追求、体验非日常的娱乐运动、游玩经历的过程。旅游目的地和别处差异越大，就越有吸引力，越能吸引广大旅游者，特色旅游更是如此。

追求新、奇、特，追求与众不同的体验是特色旅游的特征[178]。沙地旅游的参与性、互动性、新颖性等特点能够满足旅游的这种内在需求。沙地造就的旱生植物有一种苗壮的美，宛如沙海中的眼睛，给沙地带来了生机和活力。沙地植物顽强的生命力，能给游客以启迪和感想。旅游日渐成为中国大众生活的时尚需求，国内旅游需求持续增长[179]，对海南旅游的需求也将会更大。海南西部地区独特的地理环境使它具有与琼北、琼东、琼南完全不同的热带沙地景观，具有重要的开发价值。游客在海口、三亚领略了热带的椰风海韵，在这里可以领略到热带海岛的另一面——沙地酷热。海岛的干旱已出人意料，茫茫沙海更使人惊奇，这在游客心理上产生的惊喜是巨大的。到此恍如置身祖国大西北，游客对热带海岛环境的多样性必然有新的认识和理解。

开发沙地旅游是沙产业建设的主要组成部分。钱学森[180]曾积极倡导创建沙产业，提出把沙漠戈壁作为一种土地资源，以现代科技手段，以植物为主体，增强太阳能的利用效率，这是开发利用荒漠化土地的有效生态途径。理论和实践证明[181]，作为一种特殊的土地资源，沙地不能按传统的模式来开发利用，应摒弃传统的对资源的狭隘理解，树立正确的沙产业观念，不断深入对沙地是完整的生态系统以及沙地旅游是生态旅游的有效形式的理论认识。沙地旅游是现代沙产业的重要一环，沙地旅游产业具有高度关联及低成本启动的经济特点，对整个沙产业能起辐射带动作用。发展旅游业可为现代沙产业筹集、吸引资金，为其产品提供市场。

热带沿海地区的大片沙地更是稀有，作为一种旅游资源来开发利用更具可行性。海南西部地区经济不发达，但热带沙地景观是重要的资源，可通过发展旅游来启动、带动区域的发展。因旅游的开发驱动海岛经济发展已有成功案例[182]，这种驱动表现在随着海岛旅游业的兴起，居民收入会增加，并伴随有带来人口的迁入、文明程度的提高、预期寿命的延长、失业率的下降等情况。海岛旅游发展和岛屿景观的原生性、保健性及其内在价值相关[183]。在发展旅游业时要保护好岛屿的原生环境，保持沙地的自然发展态势，不因旅游活动而引起风沙活动，导致环境恶化。

2. 沙地旅游的可行性

交通条件的改善为海南西部沙地旅游创造了便利条件。海南西部地区对外交通现已比较便利，水路、陆路通往岛内外都很便利。在原来只有公路海榆西线的基础上，近年修建了环岛高速公路西环线，提高了西部地区的通达性。粤海铁路的贯通使大陆游客进出西部地区更为方便。2007年，石八、岭八、三黄三段铁路连通，南达三亚，北在海口和粤海铁路相接，使西部地区和大陆地区更紧密地联系在一起。目前，三亚到广州、北京、上海等地的直达列车均经过西部地区，并设有八所和石碌两站。船运有八所港、昌化港、感城港、北黎港等。八所港是海南第二大港口，也是最大的货运港口，有航班通往广东、广西、东南亚等国内外地区。

海南西部现有的交通网络能够满足旅游对通达性的要求。在区内交通方面，初步形成

了国道、省道、县道组成的综合公路运输网络。昌化镇有省道直通石碌和八所,并接西环线连通全岛。昌化镇到棋子湾已有柏油公路相通,路况良好。东方境内沙地主要位于海榆西线公路附近,交通方便。罗带紧靠八所镇,四更离八所也不远,有省道相通。到各个沙地景区都有较为完善的交通道路,稍加整修就可作为旅游干道。

理论和实践表明[184,185],合理的旅游开发有助于风沙的治理。一般来说,沙地植被群落简单,生物生产力弱,生态环境脆弱,但海南西部地区的沙地环境承受能力远大于内陆地区。沙地地区地下水丰富,沙地含水量大,每年还有近1 000mm 的降水,在没有人为干扰的情况下,耐旱植物都能成活。沙地不但能生长植物,还能种植庄稼,现在很多耕地就是沙地改造而成的。海南西部沙地以海相沉积物为主,沙土主要来自海洋[153],旅游不会导致新的沙地形成。旅游景观廊道建设,会增加绿化树木,对现有防护林可根据旅游需要做合理优化,对其影响也不大。景区建成后环境监测成为日常管理,可有效防止风沙活动。

旅游的限制及负面影响值得重视,但尚在可控范围内。海岛旅游最大的限制是淡水缺乏。西部地区有昌化江、罗带河、感恩河等。昌化江是海南三大河流之一。棋子湾和四更属昌化江流域,离该河不远,可就近取水。旅游对当地的影响是多方面的,如土地利用可能因景区(公园)的限制和旅游活动的压力而边缘化[186],可能引起居民的不满。但居民对旅游的态度取决于他们从旅游中所得到的收益[187]。开发旅游项目,精髓在合作,即居民、政府、旅游行业和旅游公司四者通力合作[188]。只要居民参与其中,并从中受益,其影响就是正面的。

(三)沙地旅游开发

海南西部地区沙地分布广,大部分沙地都具备旅游开发的条件。综合考虑开发成本、旅游价值、用地需求、居民影响等因素,对沙地应有选择地开发。经野外考察发现,棋子湾和罗带可以作为开发的重点。昌化镇离棋子湾不远,有省道相通,且和棋子湾之间有柏油公路相连并直达海边,因而可以该镇为旅游接待中心。该区沙地分布广、沙层厚、风沙地貌发育良好;地形复杂,有海滩、沙垄、谷地、山地;沿海岸带礁石林立、险滩广布。这里旅游价值高,有山有海,风景优美,具备良好的旅游开发条件,宜建成综合沙地景区。四更、罗带、感城等地地形平坦开阔,荒地较多,用地限制不多,均有河流经过,可开发成游客参与型的旅游景区。

沙地景观可分两类:一是由自然营力作用而形成的各种景观,如风力作用形成的风蚀风积地貌——新月形沙丘、沙垄、风蚀洼地等,流水作用形成的堆积地貌;二是由人类在长期和风沙做斗争的过程中对沙地进行改造而形成的人化沙地景观,如沙地改造为耕地、流动沙地的固化、防护林的建设等。为提高其观赏性,对自然沙地景观,可在典型地区控制植被生长,使之形成各种沙地地形,或是南方少见的沙海奇观;也可让流沙湮没农田、道路、植物,显示流沙对环境的破坏和对人类的影响,使参观者深刻领会人地之间的关系。特别是棋子湾地区离海不远的山丘上,面海一侧是白白的沙地,背海一侧则是浓密的森林。山丘高有近百米,这些沙子是如何爬到这山顶上的,这给人以遐想,也使人感悟到风沙的威力。人化沙地景观主要展示人类如何和沙地做斗争,以及如何在沙地上生产生活。对沙地的利用包括将其改造为耕地,直接在沙地上种植喜沙性作物,在沙地上晒盐等。成片防护林也是人类战胜沙地的一种表现。

沙地旅游在我国还是新生事物,特别是在南方地区,沙地旅游还是空白。和我国北方相比，海南西部地区沙地面积、规模都小，对探险、赛事等活动有一些限制，观光游览还是沙地旅游的主要方式之一。海南西部地区的旅游活动要和海洋紧密结合起来，把沙地游的特色和海岛游的优势作为旅游活动突出的亮点，以观光游览和娱乐运动项目为主。观光区以棋子湾为宜，棋子湾是西部地区风沙化最严重的地区，却又是一景色优美的海湾，沙地和海洋互相补充，旅游价值高。室内观光可建设风沙博物馆，馆里可模拟风沙运动，介绍风沙危害，展示风沙治理的成就。观光活动要观赏性和知识性并重。娱乐运动项目可以开展一些人们喜闻乐见、娱乐性强的活动，如跑步、球类、骑车等。同时要考虑沙地的特点，使项目在沙地上有别样的感觉。

热带干旱景观和大片热带沙地是西部地区独特的资源，要以全新的资源观对待沿海地区的沙地。开展沙地旅游既是旅游的内在需求，也是改善生态环境、发展地区经济的内在需求。沙地旅游的开发以有效的方式将环境转化为资源，将促进区域资源环境的一体化。以旅游业作为沙产业的龙头进行开发，既可以有效控制沿海地区的风沙环境恶化，又可以带动地区经济社会的全面发展，最终使区域走上资源环境一体化的可持续发展道路。

二、山区资源环境化

海南西部山区面积广阔，自然条件复杂。起伏的地表，多样的气候，形成多样的生态环境，适合多种生物的生长，因此生物资源种类丰富。海南岛植物种类已发现的有 4 200 多种，占全国植物种类总数的 15%，其中海南特有的植物就有近 600 种。海南岛陆生脊柱动物有 516 种，其中兽类 82 种，占全国兽类总数的 19%；鸟类 344 种，占全国鸟类总数的 26%。全岛共有一、二、三级保护动物 134 种。可以说，海南岛是不可多得的热带动植物物种基因库[189]。山区还拥有丰富的药材资源，可入药的植物达 2 000 多种，占全国的40%，仅药典收载的就有 500 种，其中经过筛选的抗癌植物就有 137 种，南药 30 多种；属国家统一收购的中药材有 178 种，如沉香、草扣、天冬、良姜、胡椒、百部、木棉花、万京子等，其中槟榔、砂仁、益智、巴戟为全国著名的四大南药。山区丰富的生物资源既为山区居民提供了生活资料，也是山区居民重要的收入来源之一。

（一）资源开发现状

实地考察和资料分析显示[190]，海南西部山区目前仍是以农业生产为主的社会。种植业是海南西部山区的主要产业，也是家庭收入的主要来源。由于山区耕地资源有限，加上耕作技术不高，种植业产量不高，因此山区居民的基本生活光靠耕地是不能完全满足需要的。

根据靠山吃山的传统，从山区丰富的生物资源中获取生活资源成为最常见的手段。海南是全国森林资源最丰富的地区之一，而海南西部山区又是海南森林资源较丰富的地区。森林资源广泛分布使之成为最容易获取的资源，不管是作为生活燃料还是作为木材出售，森林都是山区的一种良好的资源。

从海南的实际情况看，森林资源确实成为山区居民主要的生活物质。实地考察发现，山区居民的燃料基本上是植物，山区房屋修建也主要用木材。大量使用木材的结果就是海南森林的大量减少。1988 年建省前，人们对海南的林业的作用认识不准确，对热带雨林进行掠夺性砍伐，使海南岛天然林的覆盖率从 1950 年的 35.3% 下降到 1986 年的 8.7%，直到 1994 年，海南才下令停止采伐热带天然雨林[189]。但当地居民对国家和省政府的有关法律法规置若罔闻，农民砍山烧山，种植经济作物，加上基层主管部门监管不严，导致乱砍滥伐林木，乱垦滥占林地，乱捕滥猎野生动物，乱采滥挖古树、风景树及野生植物等现象屡禁不止[191]。

（二）传统开发的后果

研究展示[192]，当一个区域的社会经济发展方式不能与其资源、环境相协调时，必定导致经济落后、环境破坏的双重灾难。海南西部地区为改变落后状况，当地居民加快开发资源，动植物资源的易采性与低成本，自然成为首先开采的目标。对森林资源与野生动物资源的掠夺性开采造成了水土流失、土地荒漠化、动植物物种锐减、生态环境遭受破坏等严重恶果。

传统山区资源开发模式所引起的负面影响非常大。大规模砍伐森林和猎杀野生动物使动植物种类锐减、数量急降。出现多种濒危动物，如坡鹿、长臂猿等。由于森林面积减小，植被覆盖率下降，植被的保持水土功能降低，出现严重的水土流失现象。根据统计[193]，在海南三大河流中，位于海南西部的昌化江的含沙量是最大的，昌化江三角洲的成长速度也快，说明昌化江流域水土流失问题已非常严重。森林面积的减小，导致植被水源涵养功能减弱，土地荒漠化也时有发生。可见，大规模的动植物猎捕与利用已对生态环境造成了很大的危害，自然环境平衡受到破坏、自我恢复功能受到影响，已威胁到人类的生产与生活。

（三）山区资源环境化——环境保护

以往对山区资源过度开采所造成的严重后果，促使人们重新审视山区的发展模式。理论和实践证明[194]，山区发展必须改变传统观念，保护式开发是与山区资源环境相适应的山区发展模式。林果业与高效经济作物种植业、天然药物植物种植与开发业、水能资源的开发、旅游资源的开发等产业是适宜于山区发展的。

建立自然保护区是保护山区资源最有效的方式[195]。海南省也已认识到森林对全省的重要性，正在积极建立保护区。根据统计[196]，海南省现有自然保护区68个，其中国家级的8个，省级的23个，市县级的37个。其中以陆地自然保护区为主，有56个，海洋自然保护区有12个。海南西部也已建立了一批大型自然保护区、风景名胜区（见表3-7），还有众多中小保护区，如乌烈青梅林保护区、金鼓岭天然荔枝林保护区、东六林场南亚松保护区和东二林场热带林保护区等。其中，青梅林保护区1963年由林业部批准成立，面积30 000亩；荔枝林保护区是我国目前保存最完整的荔枝林。多数保护区已经建立相应的管理机构，有一定数量的管理人员，有一定的保护资金，为当地经济发展和人民生活水平的提高作出了相应贡献[197]。

表3-7 海南西部的自然保护区

名称	所在地	保护对象	保护级别	面积（hm^2）	备注
大田	东方	海南坡鹿及其生境	国家级	1 341	1976年有26头，1996年有500头
霸王岭	东方、昌江、白沙	海南长臂猿、热带森林	国家级	6 626	有兽类40种，鸟类100多种，两栖爬行类约40种，乔灌木1 000多种

（续上表）

名称	所在地	保护对象	保护级别	面积（hm²）	备注
尖峰岭	东方、乐东	热带原始林及其生态系统	1987 年参与联合国人与生物圈保护区协作网	7 762	高等植物 191 科，816 属，1 500 种；兽类 28 种，鸟类 148 种，昆虫 400 多种
保梅岭	东方、白沙	热带雨林生态系统	省级	3 844.3	种子植物 1 219 种，其中国家重点保护植物 6 种
东方黑脸琵鹭	东方市四更镇	黑脸琵鹭	省级	1 429	黑脸琵鹭是濒危珍禽，全球仅余 2 000 余只。此地是中国除台湾曾文溪、香港米埔之外黑脸琵鹭的又一重要越冬地
斧头山	昌江	热带雨林生态系统	国家级		名贵树种，如鸡毛松、陆均松、油杉、苦梓、花梨等；名贵药，如益智、灵芝菌、凉姜、金银花、七叶一枝花等；兰花多达 70 余种

资料来源：海南百科全书编纂委员会《海南百科全书》、昌江黎族自治县《斧头山》。

伴随工业化而来的全球生态环境恶化使人类越来越认识到，生态环境工程是推进山区环境保护的主要方面[198]。国家层面提出的退耕还林工程是国家林业重点生态工程，也是目前全世界投资最大、涉及面最广的生态建设工程[199]。包括海南西部在内的海南省，同样承担着退耕还林工程任务。从 2002 年至 2008 年，国家共下达海南省退耕还林计划面积 255 万亩。截至 2008 年 6 月，全省共计完成退耕还林面积 229 万亩，完成计划任务的 89.8%，森林覆盖率提高了 4.4 个百分点[200]。封山育林工程在资源环境化中也发挥了应有的作用：1953 年，当时的昌感县政府就将保平岭、三架岭、红地岭的 5 万亩天然次生林划为保护区，禁止采伐；1955 年，海尾区、石碌区及石碌河两岸一带也被列入封山育林区、护岸林区和再生林区加以保护；1963 年，对三架岭、峨沟岭、塘坊岭面积 5 000 亩的山林实行全封闭，昌化岭、老烈岭、尼下燕窝岭等实行半封闭。至 1990 年，已实行封山育林、护林面积 157.23 万亩[138]。

（四）一体化与环境保护

海南西部山区贫困与山区资源利用方式有关。山区资源利用方式仍以农耕方式为主，与平原区相比，山区种植粮食的劣势是显而易见的。为增产粮食，不断地开垦坡地，造成水土流失，并危及其他资源与环境。近几年来，人们对山区的发展进行了许多探索与实践[201,202]。现在形成的比较一致的共识是[218]，山区应定位为区域生态功能区，主要为区域提供水土保持、净化空气、涵养水源、保护珍禽异兽等生态服务[203]。

海南西部建立自然保护区（包括森林公园、风景名胜区、地质公园、湿地公园等）的初衷是保护濒临灭绝的物种。野生动植物具有极高的经济价值，这引起人类的捕杀与掠

夺，加上生存环境的变化，使其面临灭绝的险境。海南坡鹿是我国 17 种鹿类动物中最珍贵的一种，属一级保护动物，世界上仅海南岛有少量分布，属稀世之宝。海南坡鹿全身都是宝，鹿茸、鹿胎、鹿鞭、鹿尾、鹿筋、鹿肉、鹿脯等，无一不是药材或补品。其巨大的医用与营养价值引起人类的大量捕杀，结果数量急骤减少，最少时仅有 17 只。

保护区的建立，既禁止人类的猎杀，也保护其生存环境，如大田坡鹿保护区的核心区已用铁丝网圈围起来。保护区的建立，对当地居民而言，使得坡鹿不能为他们带来利用价值；对全人类而言，在保护物种多样性方面具有巨大的生物学意义。因此，保护区的建立就是将人类以前作为资源使用的生物资源，加以限制或禁止使用，将其作为自然界的一部分而保留下来，也即作为环境的一部分。退耕还林工程也具有同样的作用，将人类作为耕地使用的土地资源还原为森林用地，实质都是资源环境化。环境保护就是资源环境化，是资源环境一体化的有机构成与核心内容。

第三节　资源环境演变机制

自然环境是指自然地理环境，也即自然地理系统[204]。前人对自然环境演变机制开展了许多有深度的研究[205,206,207]，先后有系统的自组织功能与盖亚假说等关于自然地理系统演化机制的研究。边缘地的过渡性形成梯度变化带，物质、能量的运动更为快速、多样与复杂，以生物系统为中心的内部联系也更活跃，其相互作用也更强烈，推动资源环境演变的动力系统更强大，资源环境演变机制也更为复杂。海南西部的资源环境的典型特征，如沙地形成、沿海干旱、环境退化等，是在边缘地决定的多动力系统作用下形成的。本节从边缘视角重点剖析引致海南西部资源环境典型特征形成的演变机制。

一、沙地形成机制

在海南西部地区，沿海沙地分布普遍，自北向南的沿海地区均有分布。沿海沙地是海岸带地区特有的土地覆被类型，是主要因海洋的存在而出现的土地覆被类型。海岸带、山地平原交错带与沿海沙地的形成关系密切。据研究[153]，海流、河流挟沙是海南西部沙物质来源的重要方式。近岸下层海水上涌形成上升流，携带底层沙物质，在向岸风的作用下源源不断地向海岸输送，加之岛西近南北向的弧形海岸与向岸风呈斜交，提高了海岸侵蚀频率与输沙率，加强了海流挟沙能力，加大了海流输沙量。近几十年岛西各河流水土流失加剧，河流含沙量大增，如昌化江自 20 世纪 50 年代到 80 年代含沙量就增加了 42.8%，多年输沙量达 $7.43 \times 10^5 t/a$[175]。在海岸带地区，由于地形平展，加之海水顶托，河流挟沙在此淤积。在山地平原交错带，地势相对高度变化大，加上本带人类活动频繁，使水土流失更为严重，更加大了河流的挟沙量。

沙地形成与人类活动的关系非常密切。一般来说，沿海地区的沙地在没有人类干扰的情况下，仅分布于滨海的狭窄地带。在有人类干扰的状态下，沙地的变化分两种情况。一是人类的活动是负效应的，如破坏植被的活动，使沙地向大陆推进，沙地面积扩大，甚至出现人退沙进的局面。二是人类的活动是正效应的，如种植防护林、对沙地进行改造利用等，使沙地固化，沙地面积减少。沙地与防护林成为相互影响、相互制约的因素：沙地的扩大，标志着防护林的减少；防护林的扩大，引起沙地面积的萎缩。从研究时段二者的变化来看，这一关系是成立的。海岸带与山地平原交错带都是人类密集居住带，特别是海岸带为岛西地区人口密度最大的地区。在高强度的人类活动干扰下，岛西沙地不断扩大或逆转。

二、沿海干旱机制

干旱是海南西部的自然特征之一，干旱的形成既受自然地理背景的影响，也与边缘地性质有关。海南西部的纬度位置为18°43′N～19°30′N，为副热带高气压带与东北信风带交替控制的地带。前人研究指出[208]，副热带高气压为动力因素引起的气流下沉，在其控制下，天气晴朗干燥；东北信风基本来自中国大陆，为干性气流，降水少。同海南西部纬度接近的西亚北非地区均为干燥的热带沙漠气候。海南西部所处大气环流背景易导致干旱，但亚洲东部的季风改变了大气环流的作用，使华南地区成为北回归线上的绿洲。海南西部干旱则与其边缘地属性相关，其中山地平原交错带、海岸带与干旱关系密切。

1. 山地平原交错带与干旱

山地平原交错带使海南西部背靠山地，成为少雨的雨影区。海南西部地处海南中部中低山系的五指山、黎母岭、霸王岭之西，位于海南中部山地的背风坡。在迎风坡，来自太平洋的水汽已成雨降落，大气移动到背风坡时已转变为焚风。由于海南中部山地为中低山，海拔不高，气流一般都能越过山地到达海南西部，所以海南西部的焚风效应显著。海南西部的山地平原交错带及其西部的沿海平原，正是焚风效应最强的地方，海南西部降水少与焚风效应是直接相关的。

地形雨对地表起伏的要求使海南西部沿海降水少。地形雨是因地势抬高而使大气中的水汽成云致雨的，其必要条件是地表对气流的抬升要达到一定的高度，否则大气温度不足以下降到使水汽凝结的条件[209]。海南西部沿海地区地势低平，不具备地形雨形成条件。在山地平原交错带，因其海拔不高，未达水汽凝结条件，也不易形成降水。地形雨多产生于中部山地。来自印度洋的水汽对海南西部地区的降水意义重大，偏西的印度洋气流在海南西部从沿海吹向东部山地，在沿海平原一掠而过，到中部山地受其阻隔以地形雨降落，致使海南西部山区降水多，山地平原交错带、海岸带降水少。

2. 海岸带与干旱

在海南西部地区，海岸带对沿海干旱的影响主要表现在两个方面：

一是海岸带地表覆被变化与干旱形成恶性循环。海南西部沿海地带性植被是热带草原，植被覆盖以稀树草原灌木为主，植物群落结构简单，生态系统维持平衡的能力低。在人类活动的干预下，特别是农垦及热带作物的种植，植被的单一化倾向更显著，生态系统的平衡力也更低下。植被破坏最明显的表现是沙地的出现。野外观察可见，自儋州珠碧江流域的海头开始到南部乐东县的黄流一带都是沙地的分布区，其中以东方昌江境内的沙地发育最为典型，昌江棋子湾地区裸露沙地长达6km，东方的四更、罗带、感恩地区也有大片裸露沙地。地表覆被沙地化，保水保土能力下降，干旱加重；干旱又反使沙地扩大。

二是海南西部沿岸流是自北向南流，属于寒流性质，具有降温减湿作用[209]。北部湾为半封闭的海域，独自形成一套海流系统。在北部湾沿岸，海流呈顺时针方向运动，构成一个循环系统。在沿岸寒流的作用下，沿岸地区的降水减少。

综上所述可知，在海南西部干旱环境形成过程中，自然地理背景虽然发挥着一定的作用，但边缘地特殊的功能作用才是主导因素。边缘地通过一系列机制影响降水量的分布（如图 3-9 所示），使近海地区降水量减少，导致干旱。

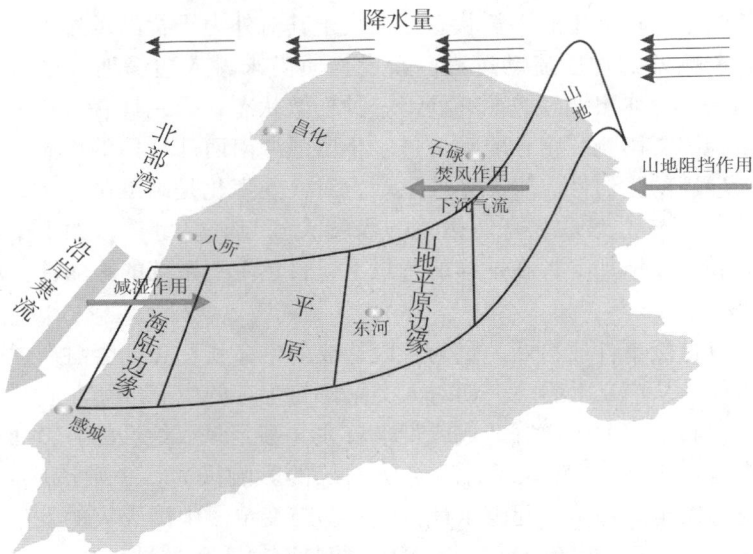

图 3-9　海南西部沿海干旱机制示意图

三、环境退化机制

海南西部生态环境自 20 世纪 30 年代以来总体上处于退化状态，表现为森林减少、沙地扩大、工农业污染出现等。生态环境演变是在环境基底脆弱性的基础上，受多发自然灾害的影响，加上人类活动的干扰等综合因素而形成的。人类活动主要为负面活动，包括工农业生产活动及居民生活活动产生的污染与生态破坏等。环境退化机制可分解为环境脆弱机制、灾害多发机制、环境污染机制与生态破坏机制。

1. 环境脆弱

边缘性是海南西部环境脆弱的根本动因。海南西部既有海岸带，也有山地平原交错带，在一定意义上还是行政边缘带。三种类型的边缘地交织在一起，各边缘地功能相互耦合，共同作用于环境，使环境缺乏稳定的结构，在有外力作用时，环境就表现出易变化、易被破坏、难以恢复的脆弱性特征。不同边缘地由不同要素构成，多类边缘叠加，既使构成环境的因素增多，也使影响环境的因素增多，在没有稳定结构将多种要素有效凝合的情形下，环境也就具有易变性。

海南西部地理要素具有明显的过渡性、动态性，直接导致环境脆弱性。在海南西部山地平原交错带，由于山地坡度大，在重力、水流等作用下，山地物质极易迁往平原区。在海岸带，陆上物质经河流带入海洋，在河口处，三角洲发育得特别快。同时海浪也将海洋物质带上陆地，如沙地形成、人类将海洋鱼类捕捞上岸等。要素的快速运动与变化是环境不稳定的主要原因。

海南西部资源环境的耗散结构既有利于系统与外界的物质与能量交换，也使系统易受外界的干扰，处于非平衡状态。在海岸带，陆地与海洋两大系统通过大气运动、流水、海水运动、生物（人类）活动不断地交换着物质与能量，海岸带不断地发生着侵蚀与堆积，海岸线不断被推进或后退，昌化江、罗带河、感恩河等三角洲的扩张速度加快，面前海的水下沙坝、连岛沙洲发展也快，使海岸带地貌变化迅速。这些变化通过反馈机制引起其他要素的变化，使整个环境处于非平衡状态，加大了其对外力干扰的敏感性。山地平原交错带、海岸带存在着频繁的物质流动过程，新增物质尚未融入边缘地，更新的物质又已抵达，边缘地结构来不及作出调整，始终处于一种松散状态，因此具有低抗干扰性。

边缘地受多种因素影响，多种驱动力进一步增强海南西部环境的敏感性，降低环境的适应能力，加大环境的脆弱性。生态系统生产力对气候变化是高度敏感的，气候变化，特别是气候变暖将导致与生态系统密切相关的极端天气与气候事件，如干旱、火灾、病虫害、高温的频率和强度增加等，在这样的背景下，自然生态系统的脆弱性会增加。

2. 灾害多发

自然灾害是以自然事件或自然力量为主因造成的生命伤亡和社会财产损失的事件[210]，而且多属突发事件。从广义上看，一切对人类繁衍与生存的生态环境、物质和精神文明建设成果与发展，尤其是生命财产等造成或带来较大（甚至是灭绝性的）危害的天然和社会事件均可称为灾害[211]。灾害对人类社会经济系统的影响极大，小则造成人类财产损失，大则威胁人类生命安全，甚至引起整个社会的动荡与变革。中国天灾的发生与历次朝代更迭关系密切[212]，表明灾害系统对社会与经济系统具有巨大破坏性。

作为边缘地，海南西部比一般地区的环境要素种类多，因而致灾因子也多。作为海岸带，既有海洋引发的灾害，也有陆地引发的灾害。作为山地平原交错带，既有山地灾害，也有平原灾害。作为行政边缘区，海南西部生产力落后，居民素质不高，特别是农村居民、少数民族地区民众观念落后，尚存在靠天吃饭、掠夺式开发的落后生产方式，也容易造成人为灾害。

边缘地脆弱的环境非常有利于灾害的孕育。海南西部环境具有敏感性强、变化性快的复杂特征。据刘希林等[213]的研究，地貌环境要素的敏感性、变化性、复杂性易导致地貌灾害的发生。敏感的地貌才可能产生地貌灾害，只有地貌的改变及其速率的变化才可能导致地貌灾害，地貌对地貌条件改变后的各种响应复杂，并可能引发更多环境要素的剧变，进而造成灾害。

灾害造成的损失与承灾体的抗灾能力有关，海南西部落后的经济发展水平减弱了其抗灾能力。作为行政边缘带，海南西部地处中国南部边陲，历史上长期作为官员谪居与犯人流放之地，经济建设没有引起中央政府的重视，致使发展缓慢[214]。新中国成立后又长期处于国防前线，错失许多发展良机，经济发展落后于其他沿海县市。2009年，东方市人均GDP为13 361元[215]，处于全国较低水平，远低于沿海地区水平。社会经济的落后，使得其抵御灾害能力小，成灾概率高。

3. 环境污染

在人类工业化进程中，海南西部亦未能幸免污染之害。在海南西部海区，可以看到各种工业污染。对生物体内成分的分析显示[216]，生物体内已有工业污染物的残留。海南西部历来是海南的重工业基地，石化工业、采矿工业、冶炼工业是主要工业部门，也是主要污染大户，工业生产产生的污染将会大量增长。近几年来，海南实施建设"西部工业走廊"工程，许多工业落户在海南西部；农业生产中化肥农药的广泛使用，面源污染也将加

剧。环境污染与人类活动是联系在一起的，环境污染的加剧也是人类活动更频繁的结果。

边缘地较好的生产生活条件吸引人类前往定居从而产生环境污染。相对内陆，海南西部有良好的港湾，便于与外界的交往，也便于外界人员的到来，所以人口相对密集，人口的增加导致生活产生的污染物质相应增多。多样的环境为各种生产活动提供场所与资源，吸引人类来此投资开发。丰富的后备资源也吸引了各类开发活动，典型的是荒地资源众多，热带作物种植、工业用地不受限制，均是吸引因素。边缘地在生产生活方面的优势是明显的，因此人口、工业、商业等向边缘地集中的过程即伴随着污染的产生过程。

4. 生态破坏

海南西部是灾害多发地区，频繁的风、水、旱、虫等灾害不仅破坏生态系统，也对人类生命财产构成威胁。灾后，人类为维持生计又更多地向大自然掠夺资源，如毁林开荒、捕杀动物，伐取林木以作薪材、建筑用料等，对生态系统构成进一步的破坏。

边缘地受多种因素的影响，其中有相当一部分因素是起破坏作用的。海洋中波浪、洋流、海啸等，陆地上地形、生物、大气、土壤等，以及人类活动等因素都对生态环境有负作用。以海岸线为例，影响海岸线的因素多达数十种[217]，有突发性的，也有持久性的，其中大部分要素都起侵蚀作用，不断地改变着海岸线及海岸生态系统。

人类活动能力的提高也加剧了对环境的破坏。近年来，海南西部典型的破坏生态环境的事件不断出现。1993年海南省已立法禁止砍伐原生林，但盗伐现象依然存在。沿海防护林是国家特殊保护林带，但防护林被破坏、被占用现象时有发生。据实地考察，目前破坏防护林的行为主要是沙地种植（西瓜）和挖筑高位虾池（养虾等）。

四、土地资源变化机制

土地利用是土地系统在自然与人文双重因素作用下所表现出的状态，海洋是影响海岸带土地系统的主要自然因素。根据压力—响应—状态原理，面对海洋强大的作用力，土地系统必然作出相应变化以应对海洋压力，应对结果是土地利用按一定规律变化，并且土地向有利于海洋功能发挥的方向变化。这种变化不仅表现为海岸带类型的变化，也表现为各类土地利用数量的变化。

由于海洋的存在，海岸带不断出现新的土地利用类型。这些土地或为利用海洋资源，或为防范海洋灾害。研究时段内新出现的土地利用类型主要有：①防护林地，由于沿海风沙的危害，人类种植耐旱、耐风沙的木麻黄、桉树等林木，逐渐在沿海地区形成海岸带特有的防护林地；②港口用地，日本人入琼后即开始建设八所港，现港口用地面积达1.1km^2；③高位虾池用地，是利用海水在海岸带建起的养殖用地，主要是20世纪90年代之后才出现的土地利用类型，它既占用沿海防护林地，又产生富营养化问题，对沿海环境影响大。上述新出现的土地利用类型反映了海洋影响的进一步加强。

在诸种土地利用类型中有两类土地虽不是新近出现的，但却与海洋的存在直接相关，一是沿海沙地，二是盐场用地。海南西部沿海地区断续分布着大片沙地，以昌江棋子湾、东方四更、感城等地最典型，在棋子湾甚至可以观察到流动沙丘。海南西部自古以来就是海盐产地，境内的东方盐场是海南三大盐场之一，最盛时盐场用地达440hm^2，年产海盐5.69万吨。

各类土地利用面积的变化反映了海洋对海岸带土地利用变化的重大影响。与海洋有关的土地利用类型变化数量较大，如防护林地与沿海沙地，前者在快速增加，后者变化较复杂。20 世纪 30 年代，沙地面积狭小，主要集中于河流入海口等泥沙来源丰富的地区，而其他地区基本为植被所覆盖。而后，沙地面积不断增加，至 50 年代达到最大，高达 101.4km²。高位虾池用地是新近出现的用地类型，20 世纪 90 年代增加较多，近年来政府严厉管制，数量得到控制。将上述用地合并，其数量增幅高达三倍。

海洋的航运便利以及海洋中丰富的资源使海岸带地区比内陆地区更适合人类的各种规模生产与生活活动，海岸带地区人类的工商业活动、居住活动等也更多，使居民点及工矿业用地增多。研究时段内，此类用地一直呈增长态势，从 20 世纪 30 年代的 1.2% 到 21 世纪初的 4.79%，比重增加了三倍。

海洋性土地利用/覆被类型的土地面积的变化一直是海南西部海岸带土地利用/覆被变化的主体。考虑到解译时港口用地与一般城镇用地，渔民村用地与一般居民点用地区分较为困难，在计算时不考虑港口用地与渔民村用地，仅将沙地、防护林地、盐场用地、高位虾池用地等类型作为海洋性用地，则各期海洋性用地的面积与比重如图 3－10 所示。海洋性用地的面积与比重总体上是不断增加的，增幅高达三倍。再加上海洋通过人类活动作用于土地而产生的相关土地类型，使由海洋主导的土地利用类型所占比重更大。

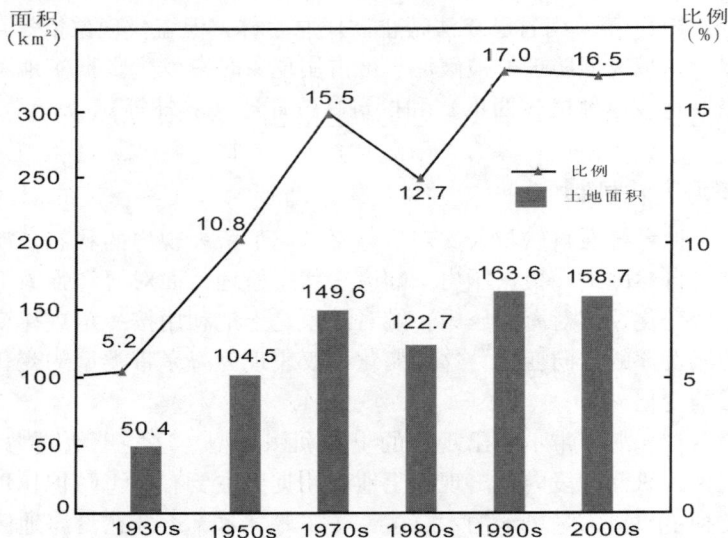

图 3－10　海南西部各期海洋性土地构成

综上所述，海洋在海岸带 LUCC 中居于主导地位，影响土地利用类型和数量。海洋通过对海岸带各种自然要素的影响、海岸带功能以及人类活动实现对海岸带 LUCC 的影响。影响机制可概括为自然机制、功能机制与人类活动机制。

1. 自然机制

海洋对海岸带地形、土壤、气候、动植物等自然要素产生影响从而导致土地利用类型变化。野外考察发现，海岸带以平原为主，平原利于耕作，因而土地利用充分，利用强度大。西部海岸带降水量不多，且多大风，加之其他因素使海岸带干旱作用明显，不利于作物生长，影响地表覆被。海岸带河流流速减缓，河面展宽，加之潟湖的形成，水库塘坝增

多，使海岸带水域增加。总之，海洋作用于海岸带的自然要素直接影响海岸带的土地利用，平坦的地形利于土地的成片开发与规模种植，所以耕地比重大。但由于干旱对需水较多的水稻种植形成制约，耕地向用水量少的旱地转变。从历年西部地区耕地变化的数据看，这种趋势一直存在。

海洋极端天气现象多，对大陆造成海洋灾害。多样性海洋灾害作用于海岸带自然环境，干预海岸带土地利用变化。海南西部受海洋灾害影响大且频繁，风沙是最主要的危害之一。由于海岸带泥沙物质来源广，在海水与河流综合作用下，泥沙在海岸地带富集，出现大片的沙地。大风、干旱、多变的自然环境，使植物在沙地不易成活，植被稀少。缺少植被保护的裸露沙地，一旦有大风，就会推动泥沙向内陆运动，甚至扬起沙子飞往内陆，形成海岸带特有的风沙灾害。风沙灾害也造就了特殊的土地覆被——海岸带沙地。防护林在防风固沙中的有效作用使防护林种植成为海岸带地区防治风沙的重要工作，防护林带也就成为海岸带地区特有的土地利用类型。海洋对土地的负面作用还包括导致海岸带的盐碱地、地下咸水等的形成。

2. 功能机制

因海洋的存在使海岸带成为陆地与海洋的交接过渡带，陆地与海洋自然属性的巨大差异使交接带具有特殊的功能，其中交流与汇流功能在土地利用变化中起重要作用。

海岸带的交流功能促使海南西部土地利用向实现该功能的方向变化。陆地物质与海洋物质的交换，陆地与外界其他地区人员的交往，都通过海岸带完成。充分发挥海岸带的交流功能是海岸带土地利用的变化方向。与此功能相适应，海南西部城镇与聚落中心在海岸带地区集聚，表现为城镇及农村居民点用地面积扩大、比重提高。城镇聚落中心的扩大又进一步强化了海岸带的交流功能。与区外人员互动及物质交流所需的设施用地也相应增加，如航道港口设施，与港口相连的公路、铁路及其他交通设施，以及仓储用地等也相应增加。海岸带的交流功能引导土地利用变化的方向。

海岸带的汇流功能使人类对海岸带土地利用广泛而强烈，因人口和经济活动向海岸带汇聚，致使土地利用发生巨大变化。人口密集区、工业区、城市等的出现深刻改变了海南西部海岸带土地利用的类型与强度。汇流功能发挥最有效的是城镇，海岸带为城镇提供良好的发展空间、发展条件，城镇也因海岸带的汇流功能而得到良好的发展。从研究时段的工业用地、农村居民点用地、城镇用地三类建筑用地的变化来看，城镇用地的增长速度最快，从 20 世纪 30 年代的 $1.07km^2$ 到 21 世纪初的 $13.21km^2$，增长了 12 倍多，而工业用地仅增长了 2 倍多，农村居民点用地增长了 3 倍多。海南西部的城镇从无到有到迅速发展是海洋对海岸带土地利用变化的结果。

3. 人类活动机制

人类活动，特别是人类对海洋资源的开发利用活动，是海岸带土地利用变化的重要介体。海南西部海洋资源丰富，主要有水产、海盐、油气等资源。海盐晒制是占地较多的活动，东方盐场在东方境内由北到南都有分布，盐场用地是工业用地中所占比重较大的地类。海洋水产一是捕捞，二是海水养殖。养殖主要集中在高位虾池，在海岸带出现较多，而且呈扩大趋势。捕捞主要是沿海地区的渔业村和渔港，渔业村在海岸带都有分布，较大渔港有昌化港、八所港、利章港等。油气资源主要为在北部湾海域发现的大型油气田，东方化工城的建设是因北部湾有丰富的油气资源。海岸带是海洋资源开发利用的基地，为海洋资源开发利用活动提供了场所，直接改变了海岸带的土地利用状况。20 世纪 30 年代，非农用地中工业用地与农村居民点用地基本相当，往后随着盐场规模的扩大、工业活动的增多，工业用地规模逐步扩大。到 21 世纪初，工业用地、城镇用地与农村居民点用地三者面积相当。此外，海洋灾害也通过人类活动改变了地表状况，如人类为预防灾害而修建的各种工程设施等用地。

第四节　资源环境一体化机制

　　资源与环境都是人地系统中地的组成部分，也即地理环境，是由岩石、气、水、土、生物五大物质组成的五大圈层，是人类赖以生存的基本条件。资源是一国或一定地区内拥有的物力、财力、人力等各种物质要素的总称，是自然资源和社会资源的总称。本书的研究所称资源专指自然资源，如阳光、空气、水、土地、森林、草原、动物、矿藏等。

　　通过人类（生产）活动，作为自然物的资源与环境不断发生变化。人类社会的发展过程就是不断扩大资源的种类与数量的过程，也就是不断地将环境转变为资源的过程。在生产过程中，资源的一部分转变成废弃物，被排入环境中，又成为环境的一部分。因此，人类的生产活动不断地改变着环境、更新着环境。同时，作为环境的废弃物可能因技术进步又被重新利用变成资源。由于人类的生产活动，自然物由环境—资源—环境不断地循环变化（如图 3 - 11 所示）。在运动变化过程中，资源环境形成一个整体。因此，人类生产活动是资源环境一体化的主要推动力。

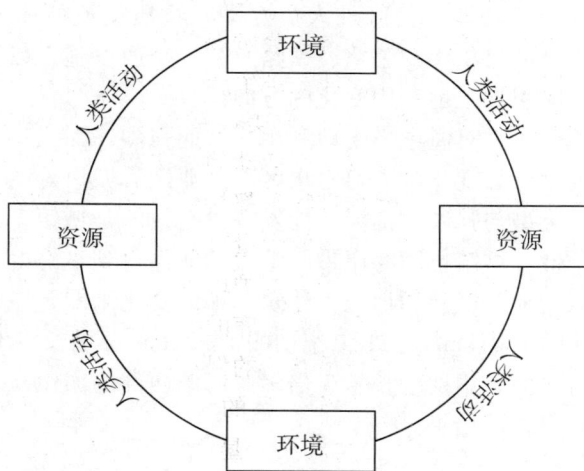

图 3 - 11　人类活动作用下的资源环境一体化

　　在以人类为中心的价值体系中，当自然要素可以为人类所用，可以满足人类某种需要时，则将其定义为资源，否则就归为环境。区别资源与环境的关键在于自然要素对人类有用性的大小，对人类价值的大小。相对于人类的自然要素，其价值大小的变化是资源与环境相互转化的根本原因。资源与环境的转化过程，实质是自然要素对人类价值的变化过程（如图 3 - 12 所示）。

具有相近的自然属性的环境与资源，在人类观念的变化、经济规律的作用、科技的进步、政策的变化以及主体的自觉行为等的促进下，不断相互转化，实现环境资源一体化。

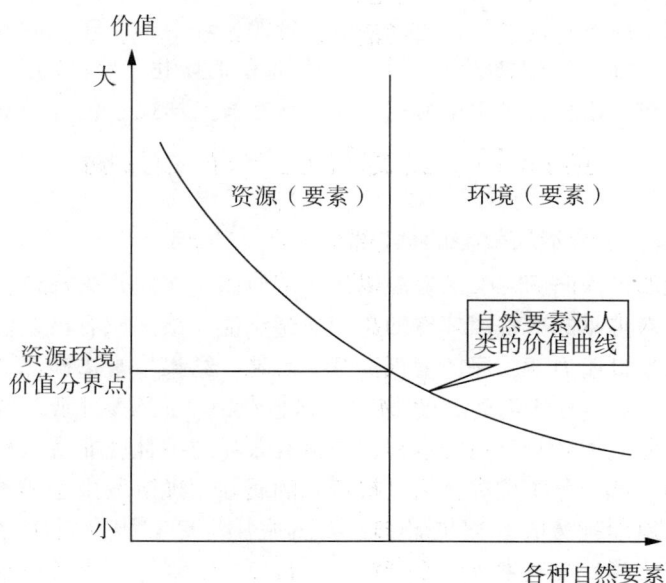

图 3 – 12　资源环境之间的转换关系

一、观念机制——环境观的变化与可持续发展思想

环境问题的严重性使人类对环境在经济社会发展中所起的作用有了更深的认识。人类环境观念的变化带来环保意识的提高，促使经济生产主体将环境因素作为生产过程中的一部分加以考虑。环保意识也带来人类需求、审美情趣、生活习惯、生活态度的变化。环保、绿色、生态、可持续等观念成为从事生产活动的主流意识。

海南西部有丰富的动物资源，许多热带物种都是稀有物种，其珍贵价值使之成为捕杀对象，是当地人增加收入的重要来源。人类的大量猎捕引发其数量的大量减少，甚至使其濒临灭绝的境地，其中以坡鹿最为典型。于是保护珍贵动物资源成为共识，国家定为保护动物的，严禁猎杀，并建立保护区。其中，对坡鹿的保护最严格，大田坡鹿自然保护区的核心区都用铁丝网圈围起来，以对其进行最有效的保护。

海南西部分布有大面积低山丘陵，还有大量的缓坡地。坡地开发是当地开发土地资源、增加耕地的主要方式之一。坡地的大规模开垦引发严重的水土流失，并造成地力下降，导致严重的环境问题。于是，政府通过退耕还林、封山育林等措施对坡地加以保护，坡地资源又转化为环境。海南西部沿海的沙地，一直作为环境要素而存在。由于人类休闲需求的变化，这种变化反映到生产中，必然改变资源的利用。把沙漠环境开发成旅游胜地成为当地的愿望，届时沙地环境又将成为旅游资源。

二、自然机制——资源环境的同源性与资源的时效性

资源与环境在本质上是一致的，这是相对于人类需求而言的。在人类需要它时，就是

资源；反之，则回归环境。当自然要素不能满足人类的需求时，其资源属性自然消失。自然要素在资源与环境之间的不断转换现象在海南西部是普遍的。该区黎族聚居区有山栏田的耕作方式，即选择一处荒地，砍伐、烧毁原有植被种上庄稼，2～3年后即弃之。这是一种粗放、原始的生产方式，也是土地要素作为资源—环境不断转化的方式。山栏田地力只能维持2～3年，过后庄稼很难生长，其作为耕地的时限也是2～3年，过后由耕地退还为环境。据笔者在东方市板桥镇田中村的考察，现在黎族居民中仍有一部分老年人从事山栏田耕作。

三、经济机制——成本与效益的博弈

资源利用引发的负面问题降低了资源的使用价值而使其回归为环境要素。海南西部沙地环境的变化是在经济驱动下资源环境转化的典型例证。该区原有植被覆盖，尚可作为耕地及提供薪柴。在人口压力下，居民大规模开发沙地，结果植被遭破坏，沙地裸露，成为环境问题。于是国家规定作为海防林建设区，禁止开发，于是沙地成为环境的一部分。作为环境，具有使用低成本性甚至无成本，于是又有人在防护林区非法从事开发活动，种植西瓜、饲养虾鱼等。这部分防护林区又具有资源的属性。现阶段由于成本问题，东方盐场的生产萎缩，盐场用地被废弃。据笔者考察，感城盐场区有相当一部分盐场用地长满荒草，工业用地已退化为环境要素了。

四、科技机制——科学的发展与技术的进步

科技的进步能够帮助人类将环境转化为资源。人类在资源勘探、开采、开发、利用等方面的科学技术有了长足的进步，许多新的资源矿藏被勘探出来，许多不能开采的资源因技术进步得以大规模开采，许多新的用途被不断开发出来，以前作为环境一部分的潜在资源成为现实资源，譬如近年几乎每年都有新矿被发现或旧矿被探明新的储量[218]，即环境要素因为科技进步转化成资源。科技进步对海南西部海洋环境的变化产生的影响也是明显的，近年在海南西部附近海域发现了大储量油气田，并有部分已建成投产，使海南西部成为油气化工的主要基地。

五、政策机制——环境政策的完善与严格

环境政策的制定，特别是污染付费政策的实施，将推动部分环境（要素）转变为资源。中国的环境政策也越来越严格，制定了多项与资源环境有关的法律法规，包括污染控制制度、自然保护区制度、基本农田保护制度、环境保护法、森林保护法等。环保政策的严格，使利用环境（如排放污染物）的成本提高，环境变得有价值，具有与资源同样的价值属性。海南省也制定了相应的环境保护法规，1994年1月海南全省在全国率先停止对原始森林的商业采伐，2006年还就沿海防护林区的高位池养殖业专门发文进行专项管理。这些环境政策的实施，使海南西部的原始森林由经济资源转变为提供生态功能的环境要素，也使具有经济利用潜力的资源得到有效保护从而产生环境支撑功能。

六、主体机制——政府与企业的推进

资源环境的转化可以通过实施主体——政府与企业来推动。

政府在节约资源、循环利用资源与保护环境方面起带动与推进作用，进而推动资源环境一体化。海南西部在节约土地资源方面是成功的。通过工业进园区，提高了土地资源的集约利用。东方的工业主要集中在东方化工城，昌江的工业主要集中在太坡与叉河两地的昌江工业园。通过循环经济建设，开展废物综合利用，减少污染物排放，进而推动资源环境一体化。昌江工业园是海南唯一的国家级循环经济工业园，在招商引资、项目设立时，就以资源的循环利用理念引进企业。东方化工城也是以发展下游产业、实现废物回收利用为发展目标。

环境的有偿使用将迫使企业采取两种对策[219]：一是企业使用自然环境（即排污）并向其法定所有者付费；二是不使用自然环境，即企业通过各种方式达到不排放污染物、不破坏环境的目的。这实际上相当于企业自己生产了自然环境的使用价值（即纳污力）。海南西部企业生产的废弃物质不是简单地投放到环境中成为环境的有害部分，而是被重新利用及循环利用，潜在的环境要素再次回归为资源。如海南矿业公司，大力发展贫铁矿、尾矿综合利用及尾矿回收工程，减少对环境的破坏；海矿矿渣作水泥企业的原材料，华盛水泥厂利用余热发电，以及水循环利用、固体废弃物综合利用等来实现资源的梯级利用以及环境空间的节约。

本章小结

作为边缘地，海南西部的海岸带、山地与平原交错带在海南西部资源环境演变过程中发挥了重要作用，海岸地貌出现、干旱形成、生态退化以及土地（资源）沙化等过程都与边缘地有关，表现出环境脆弱、灾害多发、沿海干旱、环境退化等特征。边缘地的开放耗散结构易遭外力扰动是海南西部环境脆弱的根本原因，易致灾害的多样环境及低抗灾能力是灾害多发的根源，海岸带沿岸寒流是导致干旱的主要原因，多因素构成的多变环境易致退化。环境基底脆弱、灾害因素众多、干旱气候与人类需求变化是促使海南西部资源环境演变的主要动力机制。

资源环境一体化是区域资源环境发展的趋势，海南西部同样存在资源环境化与环境资源化问题，因此要实现资源环境整体效益的最大化。海南西部资源环境一体化，主要是山区资源环境化和沿海沙地环境资源化。人类价值取向的变化，特别是人类对环境质量关注程度的提高，是资源环境一体化的重要推进机制，具体有可持续发展思想及人类对环境的重视，资源环境的同源性与资源的时效性，科学的发展与技术的进步，环境政策的完善与严格执行等，通过政府与企业的共同努力，推动资源环境一体化的发展。

第四章

社会经济演变

　　社会经济发展建立在一定的资源环境基础之上，边缘地特殊的资源环境为社会经济发展提供了特殊的发展条件与发展基础。发展条件与发展基础的特殊性使边缘地的社会经济出现自有的演变特征与规律。在社会经济系统中，人口、聚落与经济是三个关键要素，它们能真实地反映社会经济系统的变化。本章主要从人口、聚落和经济三要素着手，通过对海南西部地区人口变化、聚落过程、经济发展进行分析，探究在边缘地资源环境基础上社会经济的演变规律。

第一节　人口变化

　　海南西部由于其资源环境的特殊性，人口的某些边缘特征被强化，表现出某些海南人口总特征中不具有的特点。少数民族人口占海南西部总人口比重大，近几年人口比重都在26%以上[146]。民族人口分异现象显著，少数民族人口集中于东南部山地，汉族人口分布在沿海带。受海岸带的吸引，人口向海岸带集中，既有区内人口向海岸带迁移，也有区外人口的迁入。人口受教育年限少，接受大学教育的人口在总人口中占的比重较小，人口中文盲和半文盲的比重较大。上述人口特征的形成是人口在时间变化与空间变化上共同作用的结果。以下就以反映时空变化的人口增长与人口迁移来剖析海南西部的人口变化过程。

一、人口增长

　　由于海南西部为中国南疆、沿海地区，距离中国大陆中心遥远，受边缘影响，海南西部人口变化具有少数民族人口增长快、非农业人口增长快、人口以自然增长为主、海岸带（中心）城镇人口增长快四大特征。

　　1. 少数民族人口增长快

　　现代以来，海南人口都是少数民族人口增长快。从1964年至1990年，黎族人口增长132.98%，苗族人口增长149.86%，壮族人口增长283.12%，回族人口增长169.14%，其他少数民族人口增长623.49%，同期汉族人口增长仅80.36%[220]，少数民族人口增长明显快于汉族。近几年，海南西部少数民族人口增长仍然快于汉族人口的增长，少数民族人口比重不断增加（见表4-1）。在少数民族人口持续增长的基本趋势下，个别时期也会有波动，2007年少数民族人口不仅没有增加，反而减少了1 770人，使少数民族人口比重

下降了1个多百分点。各少数民族人口增长率也有差异，苗族与壮族人口均呈减少趋势，其余少数民族人口呈增多趋势（见表4－2）。

表4－1　海南西部地区民族人口

年份	汉族（人）	少数民族						
		小计（人）	黎族（人）	苗族（人）	壮族（人）	回族（人）	其他（人）	占总人口比重（%）
2001	436 719	160 892	158 004	1 094	980	374	440	26.9
2002	443 401	161 976	159 018	1 180	961	378	439	26.8
2003	447 599	165 989	163 037	1 246	804	403	499	27.1
2004	452 696	168 524	165 312	1 251	1 044	423	494	27.1
2005	460 373	173 915	170 511	1 215	1 112	572	505	27.4
2006	469 741	176 555	173 001	1 289	1 137	592	536	27.3
2007	491 588	174 803	171 096	1 303	1 089	618	697	26.2
2008	497 380	184 535	180 741	1 275	1 163	632	724	27.1

资料来源：海南省统计局《海南统计年鉴2008》。

表4－2　海南西部（东方）各民族人口增长率

单位:‰

年份	汉族	少数民族				
		黎族	苗族	壮族	回族	其他
2002	23	7	91	95	10	0
2003	10	12	38	478	66	67
2004	14	11	15	88	13	53
2005	16	15	30	216	122	−15
2006	27	19	82	−289	6	127
2007	58	−26	0	0	−148	649
2008	21	56	−21	68	23	39

资料来源：东方市统计局《东方市国民经济与社会发展统计提要2008》。

2. 非农业人口增长快

非农业人口自1952年以来一直呈增长趋势，且增长速度快于农业人口。非农业人口的增长不仅由人口自然增长推动，而且人口的迁入也机械推动了人口增长。经济社会的发展推动城市化水平的提高，城市的发展可以容纳更多非农业人口。近年来，海南实行工业强省战略，提出建设"西部工业走廊"，使海南西部工业化进程加快，工业发展速度提高。工业化为当地居民提供了大量非农的工作机会，使农业人口转变为非农业人口，使农村人口向城镇与工业区迁移，使非农业人口的比重逐渐加大（如图4-1所示）。

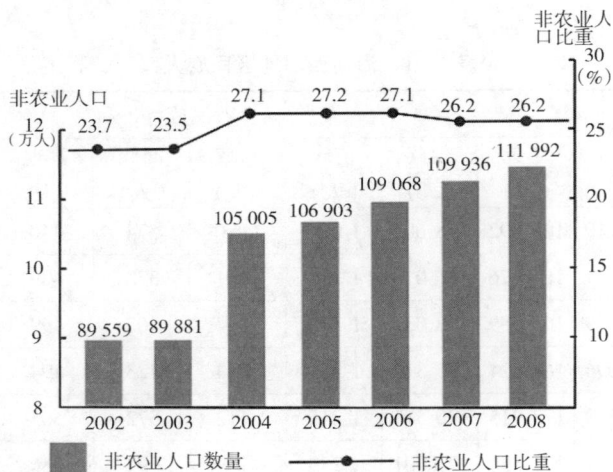

图4-1 海南西部（东方）非农业人口增长

资料来源：据东方市统计局《东方市国民经济与发展统计提要2008》绘制。

3．人口以自然增长为主

海南西部出现由农业人口向非农业人口的转变，但这种转变以区域内的人口转变为主，不影响区域内总人口的增长，人口自然增长仍然是总人口增长的主要推动力，人口自然增长拉动总人口增长的效应明显。在20世纪90年代，人口死亡率在5‰，而人口出生率则高达20‰，最高达到26.4‰，是死亡率的4倍多。人口机械增长相对缓慢，而且有反复，有时迁入人数多，有时又以迁出为主，因此，人口的机械增长对总人口的增长所产生的作用不明显。

4．海岸带（中心）城镇人口增长快

由表4-3可知，自20世纪90年代以来，海南西部沿海各乡镇人口增长迅速。人口的自然增长及外来人口的迁入是沿海地带人口增长的两大来源。人口的自然增长相对平缓，增长率基本维持在每年12‰。但人口的迁入则变化很大，以八所为例，最大人口机械增长率是最小的56倍。人口的高位增长使沿海各乡镇成为海南西部人口的密集区，特别是东方市的人口大镇（乡）多位于海岸带，其中八所镇是海南西部最大的城镇，至2008年人口规模已达15万。

表4-3 海南西部沿海乡镇人口增长

沿海乡镇	1990年人口数（人）	2000年人口数（人）	2008年人口数（人）	1990—2008年增量（人）	增长率（‰）
南罗	24 676	25 110	31 053	6 377	258.43
昌化	24 002	22 860	28 925	4 923	205.11

（续上表）

沿海乡镇	1990 年人口数（人）	2000 年人口数（人）	2008 年人口数（人）	1990—2008 年增量（人）	增长率（‰）
四更	25 918	24 140	33 954	8 036	310.05
八所	103 463	11 1456	154 809	51 346	496.27
新龙	14 811	17 280	19 132	4 321	291.74
感城	32 379	37 787	50 179	17 800	549.74
板桥	27 903	30 156	34 352	6 449	231.12

资料来源：东方市统计局《东方市国民经济与社会发展统计提要 2008》、昌江县统计局《昌江县统计年鉴 2008》、海南省第五次人口普查办公室《海南省 2000 年人口普查资料》。

二、人口迁移

海南岛是一个移民地区，历史时期一直作为大陆移民的目的地。其原住居民——黎族人也被认为是岭南百越民族的一支渡海而至。自汉朝在海南设置行政建制后，汉人移入逐渐增多，形成汉族人口为主、多民族共居的人口格局。新中国成立后，海南仍是移入地，有五次人口迁移高峰[221]，分别是 20 世纪 50 年代的"橡胶热"、60 年代的"垦荒热"、70 年代的"育种热"、80 年代的"开放热"和 1987 年开始的"建省热"。大陆人口的大量迁入，为海南开发作出了重要贡献。在历次人口移民高潮中，海南西部人口也有较大的变化。下面从人口分布格局、人口迁移格局、人口迁移指向与人口迁移空间差异四个方面分析海南西部的人口迁移特征。

1. 人口分布格局

人口密度是人口集聚分布特征的重要指标，人口密度的差异反映了人口分布态势。昌江县在沿海平原与内地山区之间有一个宽广的台地区，是平原与山区的连接部，历来是昌江县主要的农耕地区，人口稠密，是昌江人口密度最大的地区。此区以北是沿海区，人口密度大；往南是山区，人口密度显著减少。根据东方与昌江公安部门提供的资料分析，东方市人口分布是东西分异明显：西部沿海五个乡镇（八所镇、板桥镇、感城镇、新龙镇、四更镇）总人口 258 074 人，占全市总人口的 73.17%，面积 1 123.6km²，平均人口密度为 233.1 人/km²，其中八所人口密度最大，达 531.8 人/km²；东部五个乡镇（东河镇、三家镇、大田镇、江边乡、天安乡）平均人口密度为 58.1 人/km²，其中地处山区的江边乡人口密度仅为 22.7 人/km²。人口集中于沿海地区的特征非常明显（如图 4-2 所示）。

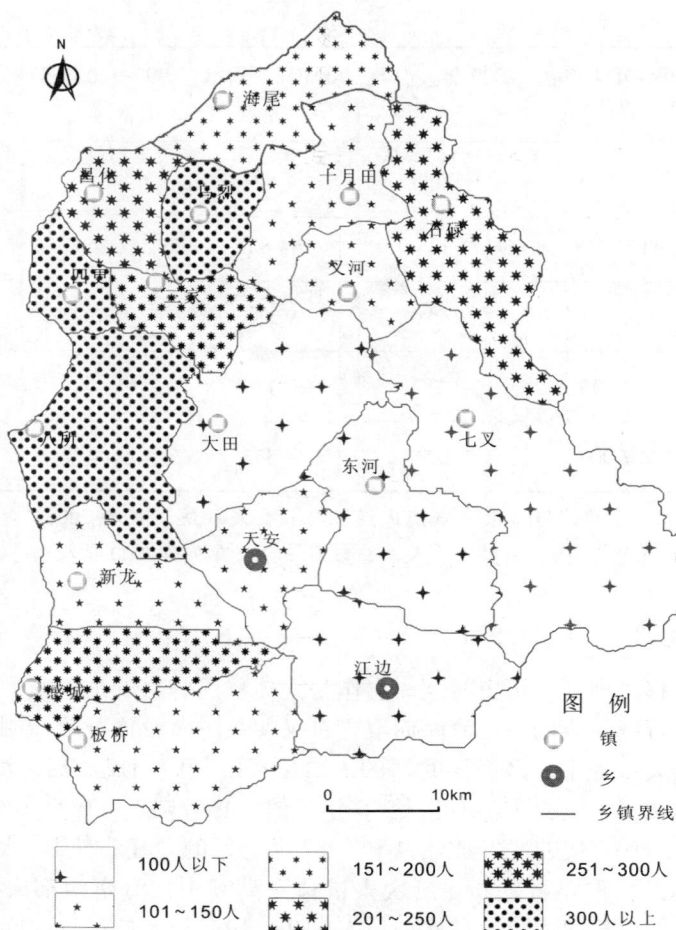

图4-2　海南西部2008年人口密度图

资料来源：据东方市统计局《东方市国民经济与社会发展统计提要2008》、昌江县统计局
《昌江县统计年鉴2008》绘制。

2.　人口迁移格局

中国的人口迁移可分两种情况：一是户口变更的人口迁移，如国有企事业单位人员工作调动，大中学生升学及就业、结婚等，可称之为正式迁移；二是户口不变的人口迁移，主要有农村剩余劳动力、城镇无业人员、企事业单位富余人口外出务工等，可称之为非正式迁移。正式迁移数据来自公安部门，非正式迁移数据来自计生部门。

公安部门的数据以县市为单位，迁入与迁出地分为省内与省外。从东方市统计局提供的数据（见表4-4）看，人口的正式迁移主要是短距离迁移，即主要限于岛内迁移。不管是迁入还是迁出，都是岛内迁移人口占绝对优势。跨省迁移人口少，跨国迁移人口更少。全市2008年人口机械增量为417人，若将此数据作为从市外迁入东方境内的净增人口，则迁入人口仅占迁移总人口数的10.2%，而近90%的人口迁移是在市域范围内进行的。因此可以认为，市内迁移是海南西部人口迁移的主要形式。从人口迁移绝对数量来看，沿海各乡镇人口的迁移量普遍大于内地人口的迁移量，即边缘是人口迁移的活跃地区。以各乡镇平均人口迁移率10.38‰为标准，将全市人口迁移分为活跃区与非活跃区，则属于活跃区的乡镇有三个——八所、四更、新龙，它们均位于沿海（如图4-3所示）。

表4-4　海南西部2008年正式（户籍）人口迁移状况

单位：人

地区	总人口	迁入			迁出			机械人口增量
		省内迁入	省外迁入	小计	省内迁出	省外迁出	小计	
八所	154 809	2 216	965	3 181	1 511	754	2 265	916
四更	33 954	108	45	153	148	93	241	−88
三家	35 467	51	16	67	197	92	289	−222
新龙	19 132	85	46	131	91	41	132	−1
感城	50 179	40	32	72	37	152	189	−117
板桥	34 352	91	19	110	101	30	131	−21
东河	22 850	61	4	65	71	13	84	−19
大田	25 849	22	3	25	67	20	87	−62
天安	13 078	11	0	11	11	0	11	0
江边	6 648	1	1	2	7	4	11	−9
石碌	63 008	208	298	506	16	339	355	151
乌烈	32 056	40	42	82	46	103	149	−67
十月田	25 025	13	26	39	35	33	68	−29
叉河	14 516	30	54	84	12	53	65	19
海尾	31 053	38	83	121	48	115	163	−42
七叉	19 799	8	14	22	12	35	47	−25
昌化	28 952	47	61	108	34	42	76	32
农场	67 968	393	197	590	694	306	1 000	−410
全区	678 695	3 463	1 906	5 369	3 138	2 225	5 363	6

资料来源：东方市统计局《东方市国民经济与社会发展统计提要2008》、昌江县统计局《昌江县统计年鉴2008》。

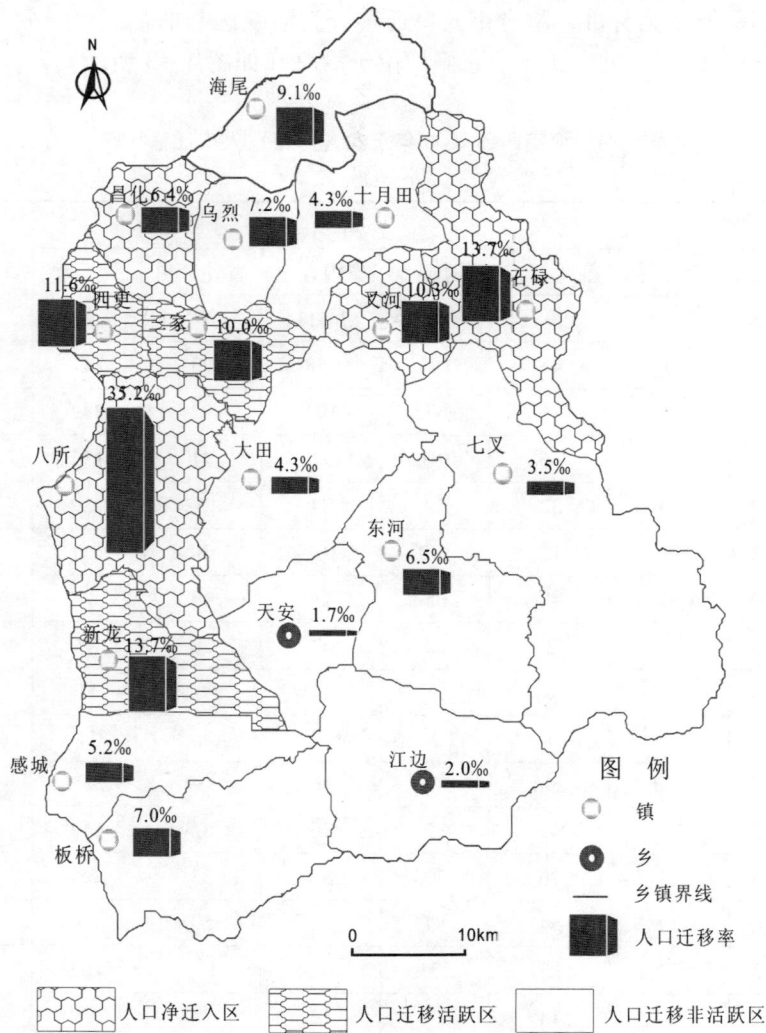

图 4 - 3　海南西部（东方）人口正式迁移空间特征及人口迁移率

资料来源：东方市统计局《东方市国民经济与社会发展统计提要 2008》、

昌江县统计局《昌江县统计年鉴 2008》。

根据计生部门数据，将人口的非正式迁移地分为市内、省内和省外三类。表 4 - 5、表 4 - 6 为东方市 2008 年的人口非正式迁移数据。人口的非正式迁移流要远大于人口的正式迁移流，即基于户籍不变的人口迁移才是目前人口迁移的主流。人口的正式迁移与非正式迁移在本质上并无区别，其表现的空间规律也基本一致，即沿海地区是人口迁移活跃区。以人口迁移的净增量作为参照指标，将市内人口迁移地划分为迁入区与迁出区，迁入区为八所、新龙、大田和江边四个乡镇，其中八所和新龙为沿海乡镇，大田为山地与平原交错带乡镇，只有江边为山区乡镇。将市外人口迁移一并考察，人口迁入区增加了沿海的感城镇。因此，边缘仍然是人口迁移的主迁入区。江边乡成为人口迁入区与它是东方人口密度最小的乡镇有关，其资源环境还可以容纳更多的人口。

3. 人口迁移指向

海南西部人口迁移具有明显的城市指向性。八所是区域内唯一的城市，也是市政府所在地，城市工业（化工城）、交通等的发展使之成长为区域中心。作为区域经济中心、文化中心以及行政中心，既要为区域提供各种服务，又要带动整个区域的发展，还要能够提供更多就业岗位，吸引农村剩余劳动力。实地调研显示，不管是市内人口迁移还是市外人口迁移，八所均是人口迁移的首选地。从全市各乡镇人口正式迁移情况（见表4-4）看，八所既有大量人口迁出，又有更多的人口迁入。

表4-5　海南西部（东方）2008年流出人口

单位：人

| | 乡镇 | | | | | | | | | | | 全市 |
	八所	板桥	感城	新龙	四更	三家	大田	东河	天安	江边	其他	
小计	3 658	175	189	313	3 527	98	481	60	50	39	1 242	9 832
本市	1 069	43	132	65	410	23	35	40	4	0	777	2 598
本省	2 293	50	34	150	2 894	18	213	15	23	12	272	5 974
省外	296	82	23	98	223	57	233	5	23	27	193	1 260

资料来源：东方市人口与计划生育局提供，2009。

表4-6　海南西部（东方）2008年流入人口

单位：人

| | 乡镇 | | | | | | | | | | | 全市 |
	八所	板桥	感城	新龙	四更	三家	大田	东河	天安	江边	其他	
小计	9 748	161	255	148	62	92	1 029	18	55	182	1 380	13 130
本市	3 769	40	56	73	46	84	402	10	0	85	396	4 961
本省	3 180	38	46	9	0	4	281	4	0	38	201	3 801
省外	2 799	83	153	66	16	4	346	4	55	59	783	4 368

资料来源：东方市人口与计划生育局提供，2009。

海南西部人口迁移边缘指向清晰。从东方集镇分布看，主要位于边缘。集镇作为农副产品的集散地和为农业生产提供化肥、农药、种子、农业机械、器具的服务点而存在，是广大农村地区进入市场的桥梁和得到科技、信息等服务的支撑点，对农业人口与非农业人口均具有吸引力。从人口非正式迁移数据（表4-5、表4-6）看，除八所镇外，感城镇也是净增区，它们均是沿海乡镇。

海南西部人口迁移距离指向不明显。在迁移人口中，主体部分是学生升学与外出务工。求学的目的既受家庭经济条件的限制（学费、交通费、生活费等），也受学习成绩、信息等影响，其迁出的目的指向性不明显。以外出务工为目的的迁移者，选择性更大，经济发达地区更多的工作机会与更好的待遇使之成为首选之地，出岛务工人员比例提高。从县内乡外、省内县外、国内省外和国外四个尺度来考察外出务工人口的就业地区分布，除出国人口很少外，其余地区的外迁人口分布较为均匀（见表4-7），以省内迁移为多。

表4-7　海南西部（东方）典型乡镇外出劳动力从业地区

就业分布	八所		东河		江边	
	数量（人）	比重（%）	数量（人）	比重（%）	数量（人）	比重（%）
县内乡外	1 395	31.3	635	40.0	32	15.2
省内县外	1 438	32.2	593	37.4	120	57.1
国内省外	1 626	36.4	358	22.6	58	27.6
国外	3	0.1	0	0	0	0
小计	4462	100	1 586	100	210	100

资料来源：东方市人口与计划生育局提供，2009。

4. 人口迁移空间差异

海南西部环境复杂，各乡镇环境分异大，生活于其中的人口也各不相同，在人口迁移中所表现的特征也不一样。选取八所、东河和江边三个乡镇分别代表海岸带地区、山地—盆地交错带地区、山区三类地区，三个乡镇纬度位置接近，都在19°N左右，自西向东分布在东方市域内。从表4-8、表4-9、表4-10中可见，三个乡镇的迁移人口在数量、性别、受专业劳动技能培训程度、文化程度等方面均有巨大差异，数量由沿海向山区减小。沿海地区迁移人口以男性为多，而其他地区却以女性人口为主。外出人口比例八所最低，东河最高，江边次之。人口素质也存在着差异，八所外出人口受教育程度最高，江边最低。

表4-8　海南西部（东方）正式迁移与非正式迁移人口

乡镇	总人口（人）	正式迁移人口（人）	正式迁移人口比重（%）	非正式迁移人口（人）	非正式迁移人口比重（%）	正式/非正式迁移（倍）
八所	154 809	5 446	3.5	13 406	8.7	1.7
四更	33 954	394	1.2	3 589	10.6	10
三家	35 467	356	1	190	0.5	1.3
新龙	19 132	263	1.4	461	2.4	2.2
感城	50 179	261	0.5	442	0.9	1.7
板桥	34 352	241	0.7	336	1	1.7

（续上表）

乡镇	总人口（人）	正式迁移人口（人）	正式迁移人口比重（%）	非正式迁移人口（人）	非正式迁移人口比重（%）	正式/非正式迁移（倍）
东河	22 850	149	0.7	78	0.3	1.4
大田	25 849	112	0.4	1 510	5.8	5.3
天安	13 078	22	0.2	105	0.8	3.3
江边	6 648	13	0.2	221	3.3	4
全市	396 318	7 257	1.8	20 338	5.1	2.3

资料来源：东方市公安局、人口与计划生育局提供，2009。

表4-9 海南西部（东方）典型乡镇外出务工人员情况

乡镇	八所	东河	江边
总人数（人）	154 809	22 850	6 648
外出人数（人）	4 462	1 586	210
外出人口占总人口的比例（%）	2.9	6.9	3.2
其中：男（人）	2 809	572	45
受专业劳动技能培训（人）	424	240	0
当年外出（人）	886	635	165

资料来源：东方市人口与计划生育局提供，2009。

表4-10 海南西部（东方）典型乡镇外出劳动力文化程度

年龄	八所		东河		江边	
	数量（人）	比重（%）	数量（人）	比重（%）	数量（人）	比重（%）
文盲	155	3.5	115	7.3	0	0
小学	536	12	396	25	131	62.4
初中	1 707	38.3	883	55.7	75	35.7
高中	1 156	25.9	120	7.6	2	1
中专	368	8.2	64	4	2	1
大专以上	540	12.1	8	0.5	0	0
小计	4 462	100	1 586	100	210	100

资料来源：东方市人口与计划生育局提供，2009。

第二节 聚落过程

聚落（settlement）是人类房屋建筑及其附带的各种营造物之集合体，是聚落地理学的研究对象，是人类活动中最具体的事物，是人文地理上最重要的内容[222]，是人类的居住场所和活动基地，是人类活动最集中的地点。聚落既是人类对环境选择的结果，也是人类对环境改造的结果，聚落综合反映了人类与环境之间的关系。聚落的分布、发展与环境的关系是地理学研究的重要内容，更是聚落地理学的永恒主题[223]。

边缘地常是聚落的主要分布地，尤其是大型聚落的分布有向边缘地集中的趋势。研究表明[224]，古代西辽河流域聚落主要分布于林地与草地两大地带的交界处，即 400～500m 高程区域内的林缘地带；历史上江汉—洞庭平原上较大聚落也多分布在平原的周缘，即平原向丘陵过渡或与丘陵交会的地带，如江陵、鄂州、潭州、鼎州（常德）等均分布在这一带[225]。至现代，聚落集中于边缘地的趋势有增无减。目前比较一致的认识是[226]，聚落的形成及分布是多种因素综合作用的结果，包括自然（矿产资源、地形、河流、风向等）、历史、经济因素等。聚落与自然环境的关系密切，受河流、地貌的影响尤其显著[227]，而人文因素在聚落发展中的作用正在加大[201]。聚落分布与边缘地在空间上重叠成为一种普遍现象。在传统研究中，学者[222]分析了各种地理要素在聚落形成与发展过程中所起的作用，将聚落集中于边缘地的现象解析为边缘地优越的自然环境、良好的区位条件、丰富的自然资源以及先前的历史基础等原因的影响。但对这一问题的研究多停留在解释阶段，缺少对边缘地与聚落之间相互作用的理论分析。本书的研究选取典型的边缘地——海南西部地区为案例区，以 GIS 为工具，提取聚落信息，分析边缘地的聚落空间格局、空间过程，以期揭示基于聚落与环境关系的人地关系的规律。

一、研究资料与方法

1. 资料来源与处理

研究的基础数据为研究区 20 世纪 30 年代、50 年代、70 年代的 1：50 000 大比例尺地形图。20 世纪 30 年代地形图为民国广东省陆地测绘局野外实地测绘，测绘时间为 20 世纪 20—30 年代，1938 年制版，1951 年由中央人民政府重印。为验证其精度，在解译时，选择主要地理要素同 20 世纪 50 年代和 70 年代的地形图进行了对比。尖岭、打石岭、阶桌岭在 30 年代地图上标示的海拔分别是 101m、70m、48m，20 世纪 50 年代和 70 年代的地形图上标示的海拔分别是 83.5m、55.5m、36.6m，将两组数据相除，结果分别是 1.21、1.26、1.31，三者相当接近，属于系统误差。将三期地形图上的罗带河单独绘出并进行叠加，也能较好吻合。解译时还参考了广东省档案馆中华民国时期的相关资料。20 世纪 50 年代地形图为 1959 年航摄，1964 年出版的 1：50 000 地形图；70 年代为 1975 年航摄，1978 年出版的 1：50 000 地形图。三期地形图所反映的聚落信息，应分别代表 20 世纪 20 年代末期至 30 年代初期的状况、50 年代末期的状况、70 年代中期的状况。将三期地形图数字化扫描后，对图像进行几何矫正、裁剪和拼接。校正后的各期图像均具有相同的投影方式和地理坐标。以 Arcview 3.2 软件为工具，解译了三期地形图，建立了三个时期研究区的聚落分布图（如图 4－4 所示）。

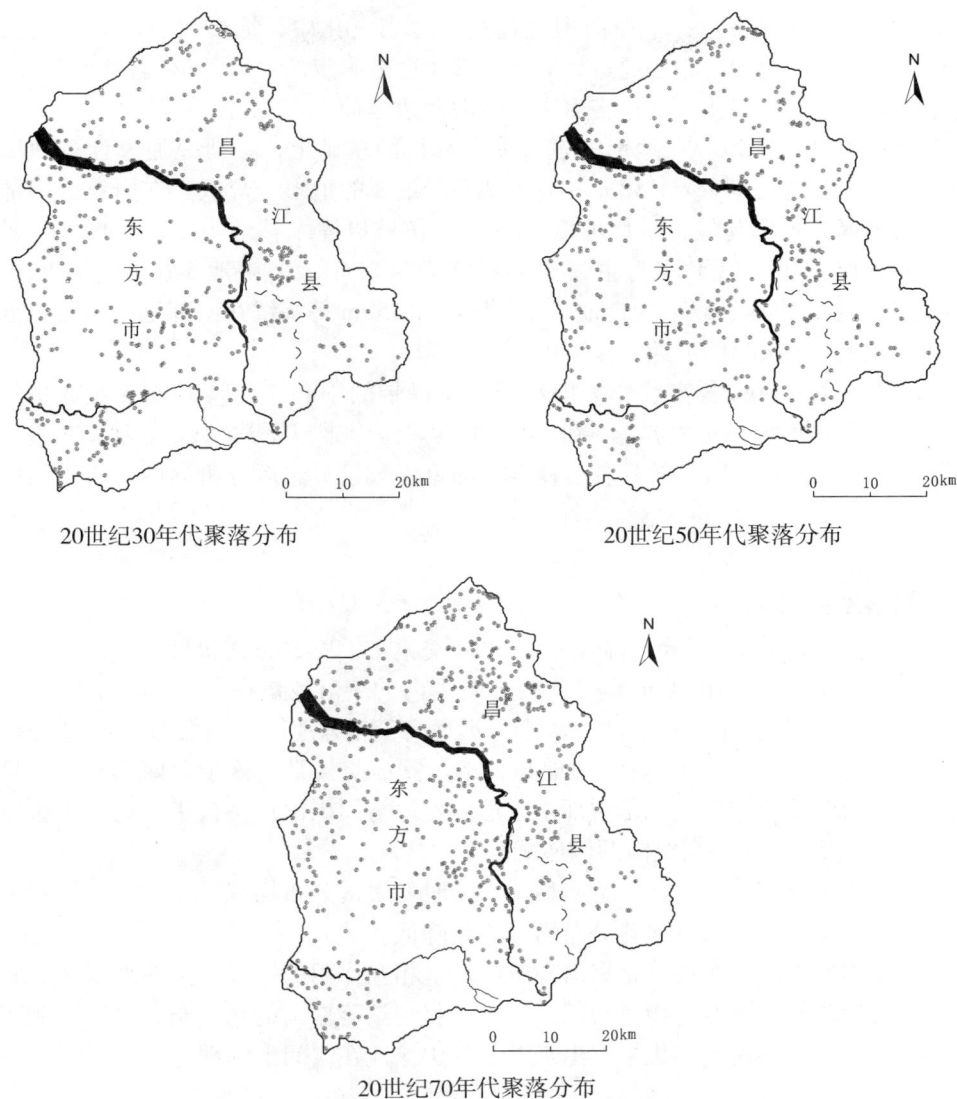

20世纪30年代聚落分布

20世纪50年代聚落分布

20世纪70年代聚落分布

图 4-4 海南西部 20 世纪三个时期的聚落分布图

对聚落信息的提取以目视解译为主，聚落计量以自然聚落为单位。文中所称自然聚落指在空间上有独立形态的建筑物（群）及其构筑物（群），与其他聚落之间有地物隔开，并且有独立的聚落名称的聚居地，不包括临时性建筑物、独立圈舍。地图上聚落分隔，但同属一名称的作为一个聚落，反之虽相连但具有不同名称的作为不同聚落。没有名称的独立建筑物（群）则予以忽略。聚落名是聚落在长期的发展过程中形成的，反映了聚落的自然成长过程，可以把它作为聚落判别的重要指标。从研究区的实际情况看，聚落主要有城镇聚落、乡村聚落、专业聚落（主要是独立企事业单位，包括农场）三种类型。

2. 研究方法

本研究选取自然特征最易区分的两类边缘——海岸带与山地平原交错带作为研究对象。海岸带是以海岸线为起点，向内陆延伸的带状区域；山地平原交错带是沿海平原向内陆山地延伸的过渡变化带。在平原向山地过渡的地表变化中，地形起伏度的变化是明显的、可计算的。边缘地的中心是通过计算地形起伏度来确定的。以地形起伏度变化最大的等高线作为边缘地的中心线，交接带由中心线向两边延伸。

在实地考察和对 1∶50 000 地形图进行综合分析的基础上，本研究通过计算地形起伏度，发现海南西部地区 50m 和 150m 等高线是两条重要的地形分界线。在研究区南部海拔大于 50m 的地区，地形陡峻，平均坡度为 20%，植被以灌木林地为主，耕地少，属于山区。海拔 50m 以下地区以平原为主，平均坡度为 3.85%，多耕地。在北部地区，高于 150m 等高线地区为山地，以下为台地平原。50m 和 150m 等高线在南部地区相距很近，不到 1km，两者之间地区为陡坡地，作为山区。

本书的研究选取 50m 等高线作为山地平原交错带的中心线，以 1km 为距离单位，划分缓冲区，然后统计每 1km 宽度缓冲区内的聚落。海岸带以平均水位线为基准线，也以 1km 为距离单位划分缓冲区，统计各缓冲区内的聚落数量。然后分析离中心线不同距离的聚落变化规律。

二、聚落空间格局

本书的研究分析显示，在海南西部山地平原交错带，以 50m 等高线为中心的地区形成一个聚落高度密集带，在距 50m 等高线 1km 范围内的聚落数量在 20 世纪 30 年代、50 年代、70 年代三个时期分别为 41、44、62 个，远远高于相邻地区（一般为 20 个以下）。

以 150m 等高线为中心的地带是山地与台地、盆地交接带。该带分两部分：一是北部昌江境内山地与台地交接带，二是中部东方境内盆地与周围山地交接带。后者单位宽度上的聚落数量也是从 150m 等高线向两侧递减。

边缘地与聚落分布在空间上重叠明显，三个时期聚落分布均有沿中心线区域形成密集分布的特征，由中心线向两侧聚落分布密度逐渐降低。

可见，聚落的空间分布格局是聚落与资源环境相互作用的结果。边缘地复杂的资源环境结构，能为聚落提供丰富的物质与能量，也能容纳聚落输出的物质与能量，有利于聚落的形成与发展，形成聚落的密集带，出现聚落与边缘地在空间上的耦合。

三、聚落空间过程

表 4-11 列举了 20 世纪 30 年代至 70 年代海南西部地区聚落的空间变化情况。它显示，在本研究时段，聚落分布的基本空间格局没有显著变化，边缘地仍然是聚落密集区。但聚落的空间变化不断，出现此消彼长的变化状态。空间变化的总体趋势是分布密度增大，但在各处的变化不尽相同，可分为三种变化模式：持续增长型、先减后增型、先增后减型。各变化类型的空间分布随机性强，规律不明显。变化幅度越靠近中心线越大，聚落的空间变化过程在边缘地表现明显。

表4-11 海南西部20世纪30年代至70年代聚落空间变化

距中心线距离（km）	1930—1950		1950—1970		1930—1970	
	变化量（个）	百分比（%）	变化量（个）	百分比（%）	变化量（个）	百分比（%）
10	2	15.38	0	0	2	15.38
9	5	55.56	0	0	5	55.56
8	−5	−38.46	5	62.5	0	0
7	4	28.57	−5	−27.78	−1	−7.14
6	2	15.38	5	33.33	7	53.85
5	1	8.33	5	38.46	6	50
4	−3	−27.27	1	12.5	−2	−18.18
3	10	100	−1	−5	9	90
2	1	7.14	7	46.67	8	57.14
1	3	7.32	18	40.91	21	51.22
−1	−6	−30	6	42.86	0	0
−2	−3	−25	13	144.44	10	83.33
−3	−1	−10	8	88.89	7	70
−4	−3	−33.33	17	283.33	16	177.78
−5	4	66.67	11	110	15	250
−6	3	37.5	2	18.18	5	62.5
−7	3	42.86	3	30	6	85.71
−8	1	7.14	1	6.67	2	14.29
−9	1	12.5	7	77.78	8	100
−10	−3	−30	0	0	−3	−30
总计	16	6.3	103	38.15	121	46.85

注：第一列的"−"表示向山地方向，其他列表示减少。

四、聚落类型演变

研究区聚落类型主要有乡村聚落、港口聚落、墟市聚落、工业聚落、集镇聚落、城市聚落、农垦聚落。工业聚落在20世纪30年代已经出现，最初是沿海地区的盐场，随后现代意义的工厂和矿山开始出现。较大的工矿企业有石碌铁矿、叉河水泥厂、海南机械厂及制糖厂等。工业生产聚集了大量人口，石碌铁矿最多时有3万多人，成为新兴的聚落类型。海盐与铁矿属资源型工业，聚落形成受产地约束，资源的边缘分布决定此类聚落的位置。

港口是海岸与河岸专有的功能，这决定了港口聚落只能是沿海分布或沿河分布。城市是区域的中心，担负对外联系的功能，是区域最高级别聚落类型，边缘地（特别是海岸带）是区域中心功能与对外联系功能发挥的理想地区。圩市是次级区域中心，多为商品集散地，同时担负为周围地区提供生产生活服务的功能，在山地平原交错带分布较多。海南西部地区是经济欠发达地区，荒地资源较多，20世纪50年代后出现了一类特殊的聚落类型——农垦聚落。农垦聚落主要分布在海拔50~150m之间的地区，也基本处于边缘位置。

边缘地有利于新型聚落的形成。随着经济社会的发展，聚落承担的经济社会功能也相应地发生变化，新的经济社会功能多由边缘聚落承担。前人研究指出[228]，在自给自足的农业经济时代，地理边缘有了生产剩余，出现手工业和商业，聚落增加了为商品的生产与交换提供场所的功能，新型的聚落——圩市形成；后来，圩市进一步发展为集镇，条件优越的集镇发展为聚落的更高级形态——城市。在工业社会，工业生产的原料多为自然资源与农业产品，工业生产最早也是出现在农业发达的地区，因此边缘地也是工业聚落最早出现的地区。经济社会功能的复杂化要求有相应的聚落为之承担不同的社会经济功能。边缘地的特殊性使其在商品生产与流通中居于有利地位，是商品生产与流通的结节地区，成为大型（中心）聚落与新型聚落的产生地。

五、中心聚落变迁

海南西部地区行政上包括东方与昌江两县市，县城是县域行政中心与经济文化中心，也是区域的聚落中心。作为中心聚落的选址要求是区位条件好、能带动区域发展、能发挥服务功能。为满足前述要求，中心聚落不断寻找最佳地点。据资料记载[138, 157]，历史上，东方与昌江县城都屡有变迁。东方县城的空间变迁轨迹为：汉元丰建城于九龙山；明正统年间，因九龙山远中和乡，在今治所（今东方感城镇）初筑土城；万历十年，知县秦中权迁大雅坡建城池官署；万历二十五年，因新城多岚距瘴，复中和乡旧址；1949年后，东方县城曾设感城镇、东方村、八所镇。昌江县城自西汉以来也数易其址（如图4-5所示）。

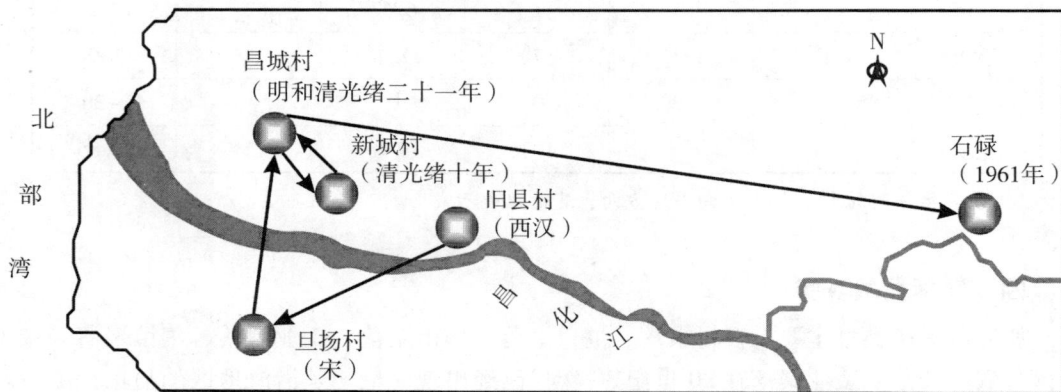

图4-5　昌江县城位置变迁

东方与昌江的变迁有两个特征：一是县城的位置变化频繁，历史时期东方与昌江的行政建制较为稳固，县域治所的变化反映了边缘环境多变的特性，是二者相互作用的结果；二是县城位置的变化始终是在边缘上变动，趋近边缘的核心部位，力图找到中心聚落功能发挥的最佳位置。

边缘核心部位有助于县城中心聚落功能的充分发挥，这以东方最为典型。东方县城迁到八所后，发展明显不同，1986年已升为县级市。现在，东方市是海南经济发展速度最快的县市，是海南最大的货运港口城市，是海南"西部工业走廊"的中心城市。可见，县城位置的变化及其发展是中心聚落与边缘耦合的结果。

第三节　经济发展

一、经济特征

海南环岛地区是海南经济发展的重点地区，特别是旅游经济集中于环岛的趋势明显。但环岛地区中的海南西部与东海岸不同，与岛北、岛南的海口、三亚地区也不同。海南西部经济发展具有游离于旅游经济之外、发展水平低、资源型工业片面发展、处于工业化阶段等特征。

海南西部经济游离于海南旅游经济之外。海南是中国旅游主要目的地，省政府也一直将旅游业作为现代服务业的"龙头"来培育和发展。近年来，国家批准海南国际旅游岛建设[229]，使海南旅游上升为国家战略，旅游业保持较快发展势头。据统计[146]，2008年海南全省接待旅游过夜人数2 060万人次，比上年增长10%，旅游总收入192.33亿元，增长9.1%。但海南西部地区的旅游收入与接待人数在海南全省17个县市中属于较低水平。据统计[146]，海南西部两县市全年共接待过夜游客21.28万人次，实现旅游收入9 416.18万元，仅占全省的10.33%和4.90%。海南一直在着力打造环岛游，但西部旅游总是热不起来。

海南西部经济发展水平较低。海南西部属欠发达地区，经济总量小，人均国内生产总值不仅低于全国水平，也低于海南全省水平。资料显示[146, 230]，2008年，全国人均国内生产总值22 640元，海南为人均17 083元，海南西部仅16 073元，仅及全国水平的70.99%，海南水平的94.09%。由于经济落后，人民收入低（见表4-12），生活贫困，仅有的收入只够维持基本生活，缺少再生产与扩大再生产的资金，因此海南西部陷入贫困的恶性循环。

表4-12　海南西部人民生活水平

单位：元

地区	全国	海南	东方	东方-全国	东方-海南	昌江	昌江-全国	昌江-海南
城镇居民人均可支配收入	15 781	12 608	10 940	-4 841	-1 668	11 393	-4 388	-1 215
农民人均纯收入	4 761	4 390	4 307	-454	-87	3 638	-1 123	-752

资料来源：海南省统计局《海南统计年鉴2008》、国家统计局《中国统计年鉴》。

海南西部总体上处于工业化快速发展阶段。在国家经济布局中过分强调海南的热带属性，重视热带作物基地的建设，特别是天然橡胶生产基地的建设，独立建省以后又过分强调旅游大省的地位，工业一直在低水平上徘徊。尔后，海南提出工业强省战略，提出建设"西部工业走廊"，这为海南西部的发展带来了转机。近年来，海南西部工业生产得到长足发展，第二产业成为发展速度最快的产业，其在三大产业中的比重也迅速提高（见表4-13），工业已经成为海南西部经济发展的火车头，是拉动经济发展的主要动力。总体上，第二产业发展水平还不高，与典型工业化社会同期水平相比，海南西部还处于工业化初期末或中期初的阶段（见表4-14），各项工业指标还较低，工业在促进区域现代化发展过程中的作用不强。

表4-13 海南西部第二产业产值及其在三大产业中的比重

年份	东方		昌江		西部地区	
	产值（万元）	比重（%）	产值（万元）	比重（%）	产值（万元）	比重（%）
2002	80 426	32	39 161	28.3	119 587	30.7
2003	97 954	35.3	58 885	35.2	156 839	35.3
2004	148 252	42.6	106 878	47	255 130	44.3
2005	181 185	45.7	132 848	50.1	314 033	47.5
2006	204 192	45.2	150 701	49.8	354 893	47
2007	306 575	53.3	187 074	53.7	493 649	53.5
2008	387 160	57.4	236 920	56.3	624 080	57

资料来源：海南省统计局《海南统计年鉴2008》。

表4-14 工业化发展阶段一般标准与海南西部所处水平

指标	工业化初期	工业化中期	工业化后期	海南西部地区	
				2007	2008
工业增加值/GDP	20~40	40~70	下降趋势	46.7	54.8
第三产业增加值/GDP	10~25	30~60	上升趋势	22.2	19.5
农业劳动力比重	80~60	30~15	下降趋势	27.1	26.2
工业劳动力比重	8~15	20~35	下降趋势	—	—
第三产业劳动力比重	8~20	20~35	上升趋势	—	—
人均GDP总值（美元）	600	2 500	上升趋势	1 527.1	2 089.8
城镇人口比重	10~35	35~50	上升趋势	27.1	26.2

注：标准见金平：《北京跨世纪经济开发战略的选择》，《思路》1994年第11期；转引自陈文《海南省与广东省经济社会基本情况的比较分析》；数据来自海南省统计局《海南统计年鉴2008》。

资源型工业在海南西部片面发展。在计划经济时期，海南西部一直作为海南重工业基地[247]，这有其历史原因与资源基础。海南西部有中国最大的富铁矿——石碌铁矿，铁矿的采选与冶炼，以及与之配套的海南机械厂落户昌江，使昌江成为海南重工业基地，也是工业产值比重最大的县市。近年来，随着海洋开发的兴起，在南海、北部湾海域均已发现并开采了大型油气田，紧邻上述海域的海南西部成为开发海洋油气资源的理想地，也因此发展了石油化工产业，建设了东方化工城。因此形成了昌江发展采矿业、东方发展石化业的产业格局，重工业居绝对优势地位（如图4-6所示）。

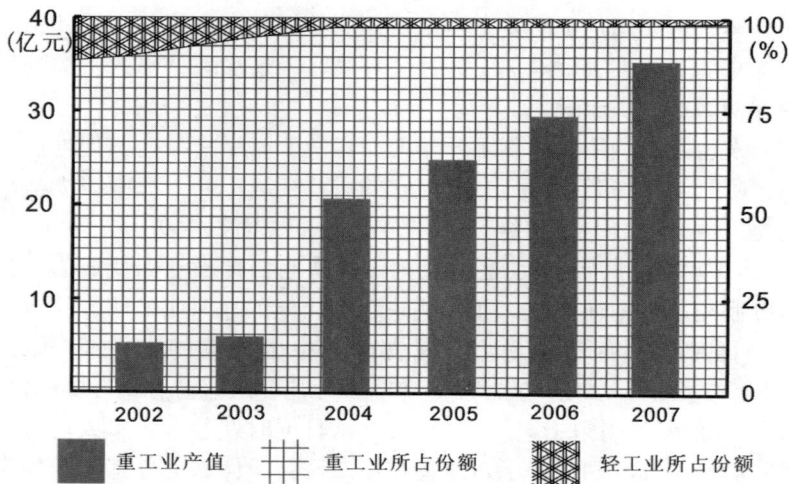

图4-6　海南西部（东方）轻重工业结构
资料来源：东方市统计局《东方市国民经济与社会发展统计提要2008》。

目前农业在海南西部经济中仍占重要地位。海南西部现代工业主要集中在八所、石碌、叉河等少数中心城镇，其他广大地区仍以农业为主。海南西部也是少数民族的聚居区，少数民族人口主要从事农业生产，特别是东南部山区一些农村仍保留着带有原始农业性质的山栏田耕作生产模式。海南西部荒地资源多，曾是农垦的重点地区，现在海南西部的农（林）场较多，成为经济发展的重要力量。根据实地考察和资料分析[232]，农业仍以附加值小的种植业为主，比重占60%以上（见表4-15），主要种粮食、蔬菜及热带经济作物等。

表4-15　海南西部农林牧渔业各业比重

地区	总产值（万元）	种植业		林业		牧业		渔业	
		产值（万元）	百分比（%）	产值（万元）	百分比（%）	产值（万元）	百分比（%）	产值（万元）	百分比（%）
东方	225 564.3	147 696.9	65.5	7 268.3	3.2	40 424.2	17.9	25 068.8	11.1
昌江	133 618.6	68 842.4	51.5	2 127.3	1.6	16 212.9	12.1	42 516.0	31.8
西部	359 182.9	216 539.3	60.3	9 395.6	2.6	56 637.1	15.8	67 584.8	18.8

资料来源：海南省统计局《海南统计年鉴2008》。

二、初级产品经济形成

中国热带地区面积狭小，仅海南、两广和云南南部地区为热带。相对两广与云南，海南西部是热量资源最丰富的地区，热带作物的生产条件远好于两广与云南[233]。针对中国对热带资源的巨大需求，国家将海南（西部）定位为中国热带物产的供应基地有其必然性：一方面，作为中国南疆的国防前哨，布局大型加工企业与国家安全的要求不相符合，只能作为原料生产基地；另一方面，海岸带有便利的海运条件，海南西部有优良的港口，不仅利于资源外运，也能满足国防安全需求，还能发挥其资源优势。因此，相当长的时期里，海南西部丰富的资源失去就地加工的社会环境，因边缘地特殊的资源环境使它成为全国经济格局中的初级产品供应地。

海南西部开发也是从利用优势资源开始的。海南西海岸与海南其他地区相比干旱最为严重，具有海盐晒制的良好条件，海盐成为它的重要初级产品。海南三大盐场均位于西海岸。东方盐场是三大盐场之一，创建于 1854 年，生产总面积 440hm²，年均产量 3.3 万吨，最高的 1969 年达 5.69 万吨，主要为粗盐生产。但海南西部没有因此成为海盐化工深加工的中心。海盐晒制完后就销往大陆，在当地缺乏海盐化工等深加工环节。

铁矿是海南西部又一优势资源。石碌铁矿是中国最大的富铁矿[140]，铁矿储量有31 427万吨，年产规模460 万吨，实际年产300 多万吨，最盛时有 8 万多人口[138]，可是海南西部并没有因此而成为中国的钢铁工业中心。从日据时期起，日本人对石碌铁矿的开发就是资源掠夺式的，为此专门修建了八所港与石八铁路，使铁矿外运更为便利，在本土建立钢铁工业的机会也随之丧失。八所港与石八铁路的建设基本奠定了海南西部作为初级产品——铁矿石输出地的地位，全区初级产品经济基本形成。目前，石碌铁矿主要供应武钢、鞍钢、湘钢等钢企。

海南西部初级产品经济模式在新中国成立前已经基本形成，新中国成立后由于国家需求及特殊国际背景，初级产品经济发展模式得到进一步强化。从国家层面来说，海南西部优质的热带资源是国内稀缺的，需要它为国内提供热带产品，海南西部种植热带作物也有它的优势。从国际形势与国防安全看，中国长期遭受西方的经济封锁，处于复杂的国际环境中，橡胶作为战略物资在没有国际市场供应的条件下需要国内的大量种植，橡胶在海南西部大规模的种植是应对国际封锁的被迫之举。国家以农垦企业模式进驻海南西部垦荒种植，使热带作物种植成为一种国家计划的刚性经济活动，巩固了海南西部作为热带作物生产基地的地位。农垦企业模式具有规模效应、技术优势及管理优势，在遭遇风险时有国家补贴，可保持强大的生产能力而得以维持初级产品生产基地的地位。海南作为国防前哨也不宜建厂加工初级产品，加之发展的路径依赖作用和自我发展能力的欠缺，海南西部很难从已有的初级产品经济模式中走出来，重新选择区域发展道路。

三、重工业经济形成

海南西部有较好的发展重工业的基础。该区东靠坝王岭、尖峰岭，向西地形由山地逐渐过渡为丘陵、台地、沿海平原，直至北部湾，地形开阔，适宜作工业用地，且两县市土地资源丰富，特别是荒地资源多，是海南荒地资源最多的县市。海南三大河流之一的昌化江纵贯全境，为区域工农业生产提供丰富的水源。昌化江还蕴藏着丰富的水力资源，水能理论蕴藏量为 19.64×10^4 kW，已建设有大广坝水利枢纽工程，不仅可以发电，还可以灌溉、防洪、养殖等。重工业所需的矿产资源（铁、铅、金等）、建材原料以及海盐资源等都较丰富。海南西部西临北部湾，渔业资源也丰富，昌化渔港是海南三大渔港之一；热带作物种植、水果蔬菜种植、重工业等先期产业也发展起来。

完整的经济区应具有起带动作用的经济中心、稳定的经济腹地和较强的经济联系[234]。海南西部在发展过程中已初步具备这三个条件，区内相关的经济活动彼此相连与依赖，表现出明显的同质性与群体性，与外部有着明确的组织边界和空间边界，成为海南西部工业走廊的主体部分。

1. 经济联系形成

初级产品经济使海南西部区内经济联系加强。海南西部生产的许多初级产品主要供应外地市场，而非满足本地居民的需求，市场关系自然成为主要经济联系。海南西部农业生产规模化程度较高，其中农垦的企业化经营，使分散各地的农场统一于农垦集团，相互之间联系增多。同时，各农林/场与当地居民之间也存在一定的联系，使海南西部整个农业系统相互联系成一个整体。海南西部是多自然灾害的地区，需要农户相互协作以抵御灾害与风险，农业系统也被动形成各种联系。总之，海南西部的农业是一种高度依赖外地市场的农业，需要按市场规律来组织生产、运输、加工、销售，以市场为基础的经济联系将区域紧密地联系为一体。

重工业的发展促进了区内的经济联系。海南西部是重工业地区，特别是采矿业较发达，采矿业又以铁矿开采最为重要。海南西部仅有采矿业，少有冶炼加工业，矿石主要输出到外地市场。其他重工业也有相似问题，如建材工业产品都需销往区外，昌江县已形成年产水泥 9.23×10^6t 的规模，产品外销运输量大。产品外销首先要解决矿山（产地）与外运港口之间的通道问题，也就是产地与海岸带之间的经济联系。石碌铁矿离海岸线有80km，大量的矿石需要有一大型港口为之提供外运服务，八所港就有铁矿专用港口。八所与石碌也因此而形成紧密的经济联系。

海南西部交通条件的改善为区内经济联系创造了有利的条件。海南西部是海南交通运输最为完善的地区之一，公路、水路、铁路构成完整的综合运输体系。石碌至八所铁路在解放以前已经建成通车，八所到黄流的铁路新中国成立后也陆续建成，直通三亚，将八所港、三亚港连为一体，之后又修通了到海口的铁路，经粤海铁路与大陆铁路网连为一体。公路有西线高速、海榆西线贯穿全境，并有省道、县道及支线公路相互连通，形成四通八达的公路交通网络。境内的昌化江是海南第二大河流，不仅有巨大的水力资源，而且有舟楫之利，古时昌化江就是木材运输的主要通道，现在叉河到入海口仍可通航。交通网络不仅是经济联系的表现，更是经济联系的推进器，交通网络的完善使内部经济联系更为紧密。

2. 经济中心产生

在海南西部的区域发展过程中，经历了无区域中心阶段和区域中心初步形成两个阶段。

1960年以前是无区域中心阶段。那时海南西部以农业经济为主，而且自然经济占很大比重，各农户分散生产与经营，市场不完善，区内经济联系不强。1938年到1960年，工业开始成为海南西部区域经济的重要成分，经历了日寇为掠夺资源而进行的大规模开发活动以及新中国成立后的经济恢复与调整两个时期的发展。日据时期，日本人在海南西部进行了大规模的基础设施建设，公路、铁路、港口等均是在这一时期开始建设的，基础设施建设构建了资源（初级产品）输出的经济运行模式，也奠定了东方、昌江两地经济联系的基础，客观上推动了海南西部的发展，但仍然没能形成能够带动区域发展的经济中心，20

世纪 50 年代历次行政区划调整及行政中心的变更可以印证之。从经济角度来说，行政区划与行政中心的变更则是试图找到合理的经济区的范围和能带动区域经济发展的经济中心，显然，八所与石碌在当时尚不具备作为经济中心的条件。

1960 年以后是区域经济中心形成阶段，八所与石碌作为两地行政中心的地位被固定下来。在行政中心的影响下，区域经济要素与经济资源逐渐向这里集聚，八所与石碌两镇的发展速度要快于其他地区，特别是工商业发展较快，在区域经济中的地位不断提高。随着经济的发展，工业取代农业成为经济中的主导产业，八所与石碌工业中心的优势更为明显，基本确立了其作为区域中心的地位。

八所凭借优越的区位正成长为区域中心。从地理位置分析，八所位于海南西部海岸线的中间位置，也是海南西海岸线的中心，离海南南北两大中心城市海口与三亚都有 200km 左右的距离。按城市空间结构理论，这里最有可能发展为区域性中心。八所濒海，又有海南最大的货运港口，与区外交往，特别是与大陆及国际交往时，八所具有石碌无法相比的优势。八所到海南西部各地的距离都在 100km 之内，是联系海南西部各地的最佳地点，也是海南西部各地最近便的出海口。现在是蓝色经济（海洋经济）时代，八所沿海市镇的优势将更为突出。1986 年经国务院批准，原东方黎族自治县升为县级东方市，八所成为海南西部唯一的市镇，作为区域中心的地位更为稳固。目前，八所人口规模已达 15 万，城市功能逐步完善。在八所之下，有石碌、叉河、感城三个次级区域中心，基本形成一个以城镇为骨架的区域发展体系。

3. 重工业的强大

海南西部重工业走了一条由单一向多样化转变的道路，重工业已由采矿一业拓展为采矿、石化、建材、能源四业并举的发展格局。资料显示[235]，海南西部最早的重工业是石碌的铁矿采选，为大陆钢铁厂提供优质矿石。后来又发展了钴铜冶炼。但直到现代，采矿仍然是海南西部重工业的支柱。20 世纪 90 年代开始，海南西部以南海及北部湾的油气资源为依托，发展了石油化工和天然气工业。60 万吨甲醇项目已建成投产[236]，东方—洋浦—海口的天然气管道网已实现通气。建材工业也得以同步发展，据笔者在昌江县工信局调查，昌江境内有国投、华盛、叉河、农垦四大水泥厂，年生产能力 923 万吨，并计划新增产能 500 万吨，占全省水泥总产量的 96% 以上，成为全省最大的建材生产基地。此后重工业又新增能源项目，水电有大广坝电站，火电有华能东方电厂（设计 2 台 $6.5 \times 10^5 kW$ 机组）、昌江核电站（设计产能 $2.7 \times 10^6 kW$），$1 \times 10^5 kW$ 风力电站也在筹建，海南西部届时将形成能源基地。

工业园区成为重工业发展的主要载体，保证了重工业的快速发展。目前已形成两大工业园——东方化工城与昌江循环经济工业园。昌江循环经济工业园于 2007 年 11 月通过国家批准成为海南省五大工业园区当中唯一的国家级循环经济工业示范区[237]。该园区位于石碌镇和叉河镇境内，规划总面积 54.86km²，分叉河和太坡两个分区。叉河园区以钢铁、冶炼、橡胶加工、石英砂加工、水泥生产、建材加工等产业为主，太坡园区以农产品加工、高新技术、物流、商住等产业为主。东方化工城规划面积 13.5km²，分为重化工业区、精细化工区、能源工业区和配套工业区四大功能区，已有尿素、复合肥、甲醇、塑料、火力发电等十多个项目进驻园区。

第四节　演变机制

人口、聚落和经济是构成社会经济系统的三个重要因素，它们的发展演变过程具有明显的边缘烙印。社会经济的边缘特征在形成过程中受边缘地制约，边缘地通过对影响社会经济的各种因素的直接、间接作用，使之具有边缘特征。本节主要从人文因素角度探讨影响边缘地社会经济演变的机制。从海南西部社会经济发展过程看，文化、民族、政策、区位等因素对其影响最为明显。本节先对历史时期社会经济演变机制进行一般分析，再对人口、聚落与经济三要素的演变机制进行具体分析。

一、历史时期社会经济演变机制

海南西部最早的居民是黎族先民[155]，后随着中央政权在海南行政建制的设立，大陆迁入海南西部的人员渐多，逐渐形成多民族杂居的现状。现在，海南西部的主要民族有汉、黎、苗三个，另外还有壮、京、瑶、侗、回、藏、畲、高山、满、白等族。海南西部的人口迁移过程，既是各民族相互融合的过程，也是大陆人将先进的大陆文化传播到该区的过程。在区域社会经济发展过程中，民族融合以及文化传播与扩散都起着重要的作用。

1. 文化传播与扩散

中国地域广阔，各地自然环境差异大，在5 000多年的历史发展过程中，逐渐形成以汉族为主，55个少数民族共处的多民族相互杂居的格局。不同地域不仅形成了各具特色的地域文化，也形成了不同生活习俗的民族。56个民族各有自己的文化，形成了56种文化。民族文化和地域文化形成后，随着人员的流动与交往，它们会以各种形式相互渗透，相互融合，但以汉文化的扩张为主要特征。汉文化不断向边缘地区、少数民族地区传播与扩散，影响当地社会经济演变。

海南西部地理位置的偏远在历史时期对文化发展起阻碍作用，使其文化落后。海南西部是中国疆域的最南部，对于中原地区而言，其地理位置是十分偏远的，再加上海洋的阻隔以及古代交通的落后，前往海南西部相当困难，其位置更显偏远。因远离中原等经济文化发达区，中华古文明对其影响很弱，海南西部的文化处于一种相对封闭状态[238]。历史时期，海南交通不发达，与外界交流存在天然障碍，文化交流不多。在缺少与先进文化交流的背景下，海南西部文化发展缓慢，处于落后状态。

海南西部文化落后，与中原汉文化的差距大，巨大的差距使二者之间产生势差、形成引力，致使先进文化以各种方式传入海南西部。先进文化的传播与扩散，使海南西部社会经济获得发展的智力与动力，快速提高了经济社会发展水平。从海南西部的发展历史看，大陆先进文化的传播与扩散在促进其经济社会发展过程中发挥了巨大作用[239]。大陆文化通过谪官、移民、戍边屯田等多种形式传播与扩散到海南西部，影响区域经济社会发展。

谪官在海南十分常见，尤其在古代，它其实也是文化传播与扩散的主要形式之一。海南因偏于南方一隅，远离统治中心，自隋以来就是朝廷流放官员之地。据历史记载[240]，朝廷流放官员中，唐代有李德裕、李纲、韦执谊，宋代有苏轼、赵鼎、李光等。他们来琼后开学堂、办私塾，大兴教育，使当地文化在短时间内有了很大的发展。海南首位贬臣王义方于贞观末年（627）被贬到儋州吉安（现昌江县）后，为了传扬中原文明，针对"吉安介蛮夷，梗悍不驯"的情况，"召首领，稍选生徒，为开陈经书，行释奠礼"（见《新唐书·卷一百一十二·列传第三十七·王义方》）。这些带有其出生地优势文化印迹的人，必以其强势背景文化为依托，将各种文化因素通过适当途径播扬到他所担当重任的地方，从而对当地的文化发展起到开拓、带动作用[241]。

移民在海南非常普遍，也是促进文化传播与扩散的主要方式。海南是移民社会，汉族人口都是从大陆移民而来，其最早居民黎族人也是从大陆移居而来的。研究证实[242]，移民多从先进地区移往落后地区，他们不仅带去先进的生产技术、生产工艺，同时也传播先进的文化。每一次大的移民潮，不仅极大地促进了当地生产力的发展，也极大地促进了文化的发展。移民文化在黎族文化基底的基础上，经历史时期汉、苗、回等民族文化，以及近代华侨文化、农垦文化等多种文化长期影响，并经过相互碰撞、彼此融合等错综复杂的相互作用后，在海南这一地域环境下整合生成一种海岛文化[243]。尤其是在明清两代，大陆文化在海南岛各个方面及各层次的传播和扩散，使海南岛基本上摆脱了过去落后蒙昧的状态，与广东全省一起迎来了文化发展的兴旺局面[239]。

戍边屯田是海南西部文化传播与扩散机制之一。为巩固边防，各朝在边疆地区都实行戍边屯田政策。据朱竑[244]等研究，秦始皇时，中央曾派50万大军戍守岭南；汉武帝开郡海南之初，中央王朝就开始在海南有实质性驻兵；唐代海南有大量"戍卒"驻扎；宋代从简单的守卫、看护到有针对性的开发和建设；元时在海南屯兵落籍的就有1.3万人，屯户0.65万人；明清时期实行全面戍边屯田政策。人是文化最直接的携带者，来自文化发达地区的军人，在戍边的同时，也实现了文化的引入和传播，对当地文化的发展起到启迪作用。现代农垦是历朝戍边屯田政策在新时期的延续和拓展，加强了民族间的相互学习和交流，促进了海南经济社会的全面发展。

行政建制也是文化传播扩散的一种主要形式，在历史时期对海南社会文化的发展起到了重要作用。行政建制在海南的建立为推动本岛经济发展和接受外来文化营造了必要的氛围，提供了基础条件。海南岛历史时期行政建制的不断完善、行政级别的日益提高，促进了海南岛的开发。行政建制区的扩大，加强了先进汉文化的传播和影响，推动了民族的融合、社会文化的兴盛和整体生产力水平的提高，特别是海南建省及特区设立，更是从发展政策的倾斜、发展空间的拓展、发展机遇的提供等方面创设了前所未有的平台，全方位促进了海南物质文化、制度文化和精神文化的均衡发展[245]。

边缘地独特的文化传播与扩散机制对社会经济发展既有促进作用，也有阻碍作用。文化的传播与扩散在人口演变过程中能够促进人口的流动，有益于人口素质的提高。人口素质的提高，特别是人口劳动技能的提高，对经济发展的促进作用显著。边缘地的文化滞后机制也导致了当地居民思想观念的保守，表现为安土重迁的乡土观浓重，人们安于现状。思想守旧对经济社会发展产生负面作用，特别是在改革开放和市场经济的背景下，观念守旧对经济发展的制约作用更为突出。海南在建省办特区以来，经济虽有较大发展，但与其他经济特区相比，其发展速度、建设成就是不显著的，这虽是由多种原因造成，但居民观念落后也是其重要原因之一。

2. 民族融合

民族融合是民族间经济、文化以及生活习惯密切联系的结果。《辞海》对民族融合的定义是：①在共产主义基础上，民族差别逐渐消失，世界各民族差别逐渐消失，世界各民

族形成一个共同的整体；②指历史上的一些民族（或其一部分）自然成为一体的现象。可见，不断进化是民族融合的内核，各民族在相互交往中，先进文化被接受、保留，使民族得以发展，社会经济得到提高。在几千年来的发展中，汉族同化了大量的其他民族而最终发展、壮大起来，实现全民族的共同繁荣。

海南西部作为边缘地，是一个多民族人口聚居区。资料分析显示[238]，历史上海南西部由于位置偏远、交通不便，自然环境脆弱，人口较为稀少，成为海南的人口迁入区，来自大陆各地的各族人口定居于此。海南西部海岸带地区作为汉族移民最早落脚点之一，海岸带平原良好的环境，使定居于此的汉民族不断发展壮大，形成今天汉族人口集中于沿海平原地带的人口分布特征。随着移民的不断迁入，新移民与老移民、汉族人口与少数民族人口在海南西部相聚，在相互交往中达到和谐共处。

海南西部各民族在长期的发展中达到民族融合。海岸带是外来人口与本地人口杂居之地，山地平原交错带是汉族人口与黎族及其他少数民族的交汇地。边缘地各民族杂居分布有利于民族之间的交流，对海南西部社会经济发展产生有利的影响。通过民族之间的交流，各民族互相学习，融合成具有共同意识的中华民族，加强了中华民族的向心力，有利于民族团结与国家稳定。对少数民族的作用更为有利，通过与汉族居民的交流与学习，汉族人先进的生产技术为黎族人所用，汉族文化为其他民族所接受，从而提高了少数民族的人口素质、劳动技能，改变了他们落后的观念，达到全社会的共同提高。

民族融合重在消除民族落后观念的影响。边缘地负面影响造成了民族的隔离，因边缘地位置偏远，与国家经济文化中心空间距离大，使少数民族地区受先进经济文化的辐射影响减弱，因此少数民族人口中存在诸多落后意识，如严重的重农轻商的生产观、平均主义的分配观、非生产性的消费观、多子多福的生育观、听天由命的生活观、人治为上的"法律"观等。这些阻碍着少数多民族地区社会经济发展的落后观念，在各民族的交往过程中，通过主动与被动适应、接受先进文化，逐渐得以淡化与消除。

民族融合促进了海南西部社会经济的发展。民族融合机制有利于民族人口素质的提高、多民族地区的稳定、民族的进步与团结。对地区经济社会发展而言，造就了稳定的经济发展条件，有利于集中各民族智慧发展社会生产力，也为少数民族地区提供了利用汉族先进生产技术快速发展经济的机遇。通过民族融合机制，帮助少数民族在落后的生产方式下直接进入更高级的社会形态，从而大大提高了生产力水平。有资料记载[235]，新中国成立前，在黎母岭山区的很多地方还是"合亩制"社会组织形态，属于原始农业的生产组织形式。但新中国成立后，通过汉族的帮助，直接建立了社会主义生产关系，使其经济社会制度提高到一个新的水平。

二、人口变化机制

边缘地对人口迁移起着指引、拉动作用。复杂而多样的环境形成良好的生产条件，吸引人口向边缘地集中。良好的区位以及便利的交通又使人口较易到达边缘地，使人口迁移具有边缘指向性。人口的迁入使边缘地成为人口高密度区，这也是昌江县山地平原边缘、东方海陆边缘人口密集的原因。同时，边缘地区位及交通优势也使区内居民较易迁往外地，使边缘地成为人口迁移的活跃区。

海南西部人口增长具有少数民族人口、非农业人口、海岸带（中心）城镇人口增长快的特征，上述人口增长特征是边缘地影响的结果。作为中国的南部边缘，海南西部是少数民族聚居的地区，国家对少数民族的生育政策相对宽松，人口自然增长较快。边缘地的区位优势及资源优势，使之成为第二、第三产业的理想生产地，加之中国快速城市化的大背景，非农业人口迅速增长。区位优势与资源优势在海岸带尤为突出，海岸带不仅集中了大量的第二、第三产业，也形成了一批中心城镇，并提供了较多就业机会，吸引外地人口迁入，加之本身人口的自然增长，因此人口增长较快。

边缘地通过影响区域政策进而影响人口的变化。区域政策的变化，特别是边疆政策的变化，使人口出现流失与增长的变化。海南西部由国防前哨变为开放前沿，国家政策也由维护国家安全变为发展边疆经济。在国防前哨时期，紧张的国际局势使边缘地环境不安定，甚至有发生战争的风险，如20世纪70年代的中越战争。该时期人口向外迁移成为边缘地人口变化特征，造成人口流失、人才外流。由于与邻国的敌对关系，双方对边疆地区实行封锁政策，人为地切断了边疆地区的人员交往与流动，使边疆地区社会封闭，经济落后，人口流动减少，整个地区发展缓慢甚至停止。在开放前沿阶段，边疆地区不仅双方正常的人员交往与流动得到恢复，还制定优惠政策吸引对方人员过境从事经济活动，促进边缘地人口流动，同时也吸引其他地区人口向边疆地区流动，使人口增长、人才流入，改变了人口的数量与素质。

三、聚落演变机制

边缘地自然环境组成要素多，各要素性质差异大、空间分异明显，加之要素间的相干作用，构成环境的复杂多变性。边缘地环境的多样性为工农业生产提供了多样的生产条件，工农业的发展带动工农业聚落的兴起。乡村聚落的形成和发展主要受农业生产条件的制约，多样的生产条件使农业种植品种增多，产量提高，为聚落提供更多的粮食及其他物质，促使聚落的涌现与发展。环境的脆弱性，使其抵抗外力干扰的能力减弱，外力易使环境要素发生变化，环境功能也随之发生改变，进而影响到环境对聚落的物质供给、能量流动、信息交流。聚落失去环境保障，逐渐走向衰落，最后出现迁移或者灭亡。环境脆弱也易发生自然灾害，灾害破坏力大甚至导致聚落毁灭。环境脆弱是边缘聚落分布空间变化大的原因，这也是新中国成立前本区废村较多（见表4-16）的原因。

表4-16 海南西部（感恩）民国时乡村统计表

乡别	村	废村	比例（%）
中和乡	29	11	37.93
南丰乡	13	7	53.85
北富乡	38	5	13.16
总计	80	23	28.75

资料来源：周文海、卢宗棠《广东省感恩县志》。

　　交流功能使聚落与边缘地成为一个有机功能体。不同地理单元间要素性质差异巨大，形成梯度力，促使要素向相邻单元流动。聚落是人类活动中心，是人类社会与自然界交换物质、能量、信息的载体。聚落的形成发展过程就是与自然界不断交换物质、能量与信息以满足人类的各种需要的过程。最早的城市聚落就是在有利于交换与交通的地点形成的[246]。边缘地的交流功能与聚落的交流功能是相互促进的。边缘地是自然界物质与能量交换最活跃的地区，强大的交流功能为聚落提供了充足的物质、能量与信息来源，为聚落交流功能的发挥提供了良好条件，并强化了聚落的交流功能。边缘地是自然界物质、能量丰富的地区，是聚落从自然环境中获得物质、能量与信息的最佳地点。聚落的发展壮大，人类活动的频度与强度亦加大，扩展了边缘地交流的渠道与方式，加速了边缘地物质、能量与信息的交流。

　　边缘与聚落通过截流功能耦合为一体（如图4-7所示）。聚落的形成也是一个截流过程[210]。通过截流，聚落从环境中获取生存发展所需的物质、能量与信息，不断成长壮大。反之，截流功能丧失，聚落缺少必要物质以及能量补充与更新，则会走向衰落，甚至灭亡。物质流、能量流速度适中是截流成功的必要条件，速度过快，聚落未能及时作出反应，截流难以成功，反而成为灾害，如洪峰、台风等；速度过慢，则截流部分不足以维持聚落自身运转所需的物质、能量要求。边缘地不仅本身具有截流功能，还为聚落的截流提供良好条件，使聚落能成功截流所需物质、能量与信息，满足自身生存发展的需要。聚落通过自身结构与功能的完善，加强其截流功能，能获取更多的物质与能量，发展为更高级别的聚落类型，甚至成为区域聚落中心。

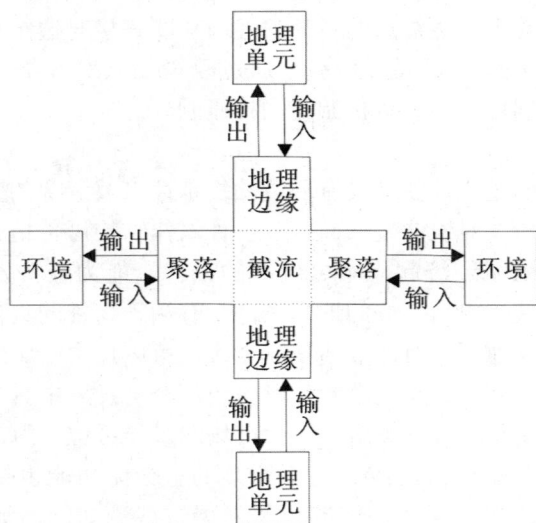

图4-7　地理边缘与聚落的截流耦合示意图

　　边缘地的边缘效应对聚落的影响大。边缘效应在生物学上是指在两个或多个不同生物群落交界处，因不同生境的种类共生，群落结构复杂，某些物种特别活跃，生产力也较高[105]。边缘效应强化了边缘地资源环境与相邻地理系统的差异，使之成为资源环境要素分布的大梯度区和物质流与能量流的大流量区，大规模的物质流与能量流既有利于聚落从环境中得到物质、能量，也便于聚落产生的废弃物质快速输入环境，形成通达的物质流、能量流系统。快速流通系统也有利于废弃物质在环境中得到分解与净化，为聚落提供一个平衡与稳定的生态环境。边缘效应使边缘地地理要素具有多样性、高生产力、物质生产与更新快的特点，为聚落提供充裕的物质供给（尤其是食物来源与生产原料来源）。聚落系统的发展壮大需要与环境有更多、更快的物质能量交换，边缘效应加快了环境中的物质生产速度，满足了聚落对物质快速转换的要求。边缘地因边缘效应促使聚落发展速度更快，规模更大，并发展为中心聚落与城市，边缘地也就成为城市聚落较为集中分布的地带[76]。聚落的形成，特别是中心聚落的形成，使边缘地与相邻地理单元之间的差异加大，边缘特征更为显著，边缘效应更为明显，增强了边缘地优势。

边缘地对区域政策产生影响，区域政策又对聚落产生影响。其中，边疆政策影响着聚落的产生与发展，这在海南西部都有深刻的烙印。聚落是人口居住的场所，聚落与人口的关系最为密切。边疆政策通过对人口的影响进而影响聚落的发展。国家政策也可直接影响聚落的产生，如军事聚落的形成是基于国家安全的需要，是完全由国家决定的。不同时期的边疆政策对聚落的影响不同。当边缘地作为国防前哨时，国家会限制大型聚落的发展，同时由于人口增长缓慢，聚落自身也缺少增长动力，聚落发展缓慢。当边缘地作为开放的前沿阵地时，为适应对外交流与对外贸易的需要，会新建一些中心聚落，或者将条件较好的聚落提升为更高行政级别的聚落。

四、经济发展机制

边缘地具有不同的属性，如过渡性、层次性，也具有多种功能，如交流、截流、整流功能，还具有区位优越性等。边缘地的各种属性与功能直接对边缘地的经济产生影响，通过作用于其他要素而影响经济发展，特别是通过政策因素对经济发展产生显著作用。因此，边缘地经济发展机制可分为直接机制与间接机制。

1. 直接机制

海南西部地理边缘的过渡性使其具有环境的复杂性以及资源的多样性，这为经济发展提供多种多样的发展环境。对农业生产而言，各种农作物均可种植，可以丰富农产品种类及数量。丰富的资源是区域经济起飞不可或缺的条件，能为经济发展提供多种多样的原料、材料。环境的复杂性还包括良好的地理条件，有利于物资的集散与流通，以及区域中心的形成。海南西部边缘地所具有的上述正向效应，可以加快区域经济的发展。

边缘地具有的交流、截流、整流功能在海南西部经济发展中具有不同的作用。交流功能使海南西部成为商品交易的最佳场所，成为市场的最佳区位。海南西部许多乡镇驻地就是因边缘地的位置利于商品交易而成为集市墟镇的。交流功能也使地理边缘成为交通中心，边缘地因便利的交通而使得经济能够更快发展。截流功能使海南西部具有良好的机制，使其能够在物质与能量的流动中获取物质与能量，从而使经济得到更好发展。整流功能表现为海南西部地区物质流动与能量流动的有序化，使某些物质在海南西部可以移动与转换，而另一些却受阻，如过滤作用，将有益成分纳入经济系统之中，将人类不能直接利用的物质转换为可以利用的物质。海南西部地区的整流功能对海南西部经济发展的意义是强化生产，促使其生产出更多的物质产品，并可节省成本，提高效率。

边缘的层次性在行政边缘最为突出，海南西部在洲际、国际不同尺度上均为边缘，在

不同区域层次上，边缘发挥的作用截然不同。

在洲际层次，海南西部地理位置是区域的潜在中心，具有发展经济的诸多有利条件。从亚洲东部地区层次看，海南西部位于东亚与东南亚的接壤地带，是亚洲东部地区的中心部位。香港的兴起和繁荣与其处于亚洲东部地区中心的有利位置是分不开的，海南西部同样具有这种潜在优势。发挥边缘地具有的发展经济的潜在优势需要一定的条件，就是区域间经济联系的加强。当前，东盟处于区域一体化进程中，其与中国、东亚诸国的经济联系日益紧密。东盟是一个快速发展的工业化地区，中国与东盟自由贸易区于 2010 年 1 月 1 日正式成立[247]。亚洲东部地区正在崛起成为世界重要经济区，处于亚洲东部中心部位的海南西部在良好区域大环境中，有可能使潜能得以发挥，获得经济的迅速发展。

在国家层次，海南西部位于中国南缘，属于边远地区。作为边缘地的海南西部不具有发展经济的优势，反而有诸多劣势。边缘地带使海南西部远离经济中心，受经济中心的带动与辐射作用微小。相反，海南西部的资源、资金、人才向经济中心集聚，海南西部成为矿产输出地、农产品输出地正是作为国家边疆地区的必然结果。边缘地带远离消费市场，出现产品难卖的窘境，这是海南西部虽有良好的生产条件与高生产能力而农村却陷入贫困的原因之一。边缘地带常为国防前线，使经济建设常被置于次要地位。在中国，国有经济占主导地位，国家投资是区域经济发展的决定性力量之一[248]，缺少国家投资是区域发展滞后的主因之一，海南西部经济发展水平与其良好的经济发展条件不相称，即根源于此。

边缘地具有区位优势，区位优势是经济发展的有利条件。区位条件是区位主体所具有的属性，区位优劣是由区位条件决定的，区位条件良好，则具有区位优势。经济区位条件一般包括劳动力、资本、原料、能源、运输、市场等。在海南西部的区位条件中，原料、能源、运输、市场相对其他区位具有优势。海南西部生产原料丰富，矿产、建材、海盐等储量大，能够满足大型企业生产需要。能源则更具优势，油气、水力、风力资源丰富，已建有大广坝水电站、华能东方电厂、昌江核电站等大型能源企业；交通条件在海南仅次于海口与三亚地区，有铁路、港口、公路联系区内外。交通和区位相互作用，良好的区位有助于交通的发展，交通的改善又优化了区位条件，使区位更优。海南西部有两个巨大的市场，一个是中国大陆市场，一个是东南亚及其他海外市场，便利的海运将上述市场与海南西部紧密联系在一起。

经济区位优势可以促进经济的发展。经济活动的空间演变实质是经济活动在不断寻找最佳区位的过程。在成本最小、利益最大的目标约束下，经济活动通过选择有利区位来实现上述目标。区位优势地区也就成为经济活动主体选择目标。海南西部的区位优势在海南经济发展过程中吸引着经济活动主体来海南西部从事经济活动。海南西部自新中国成立以来就一直是海南的重工业基地，在工业强省战略实施过程中，海南西部被选为工业走廊建设地，这都是其经济区位优势作用的结果。工业走廊的建设有力地促进了海南西部经济社会的发展。

海南西部的区位优势利于交通中心的形成。边缘地有发展交通的有利条件，特别是海岸带有众多港湾，海南西部的港湾中有许多可建成深水良港，八所港就是其中的典型代表。八所港年通过能力为 4.15×10^6 t，有生产性泊位 8 个，其中万吨级泊位 6 个。自 20 世纪 60 年代复建投产以来，八所港曾长期雄居海南第一大港的位置，曾被列为全国八大港口之一，1987 年吞吐量为 4.05×10^6 t，占全省的 52%[249]。边缘地有丰富的资源，对资源的开发要求有配套交通与之相适应。海南西部是海南岛最早开通铁路的地区。现在由海榆西线、西线高速以及西环铁路、八所港等构成四通八达的水陆交通网。八所已初步成为港口、铁路、公路互相衔接的海南西部交通枢纽。

2. 间接机制

边缘地对于地理系统而言是一个相对较小的区域，也是一个对变化较为敏感的区域。由于其特殊的区位以及多样的环境，实行特殊的政策与制度往往会有良好的效果，因而边缘地往往成为经济社会制度进行改革试验的先行场所。这些特殊的政策与制度反作用于边缘地经济，使边缘地经济的发展不同于一般地区。在前期的国家政策中，边疆政策对其影响大；改革开放以后，国家的开发政策、特区政策均对其有重要影响。

边疆政策随国际形势的不同而不同，与邻国的睦邻关系决定了国家边疆政策的取向。

作为边缘地的海南西部地区，位于中国国土的最南部，紧邻东南亚，隔北部湾与越南相望。在"二战"后的国际政治经济格局中，海南西部处于一个相当不利的地位[79]。战后形成以美苏为首的两大阵营，在冷战期间越南和台湾是两个热点，海南正夹在两个热点之间，成为中国的国防前哨。在国家安全这个大局下，海南西部的资源开发、经济发展必须服务于国家整体利益。国家没有在这里布局大型企事业，境内资源被运往其他地区加工，海南西部为此付出了沉重的代价，经济一直蹒跚不前。

20 世纪 70 年代末以后，中国进入改革开放的新阶段，与周边国家的关系逐步得到改善，国际形势也有所缓和，特别是 90 年代以来，中国与东南亚地区的关系日益密切，双方倡导建立了中国—东盟自由贸易区[250]。海南西部所处的国际环境日趋稳定，在中国与东盟的关系进入历史最好时期的国际背景下，与东南亚隔海相望的海南西部也就由国防前哨成为开放前沿，地位的转换喻示海南西部迎来了历史上最好的发展时期。

不同时期的边疆政策对经济有积极、消极作用。作为国防前哨，当地政府与公众所关注的是安全问题，对发展经济的关注较少，投资者也是担心资金安全，因此整个社会都缺少发展经济的动力，致使经济发展缓慢。长期的缓慢发展，使海南西部的经济严重滞后于全国平均水平。在紧张局势下，只有一些优势资源得到开发，如海南西部的富铁矿，而具有高附加值的冶炼加工业则没有，使其经济具有初级产品经济特征。农业生产的分散性，使之不像工业那样集中、易受攻击，因此得到重视，特别是粮食生产得到高度重视。转变为开放前沿后，海南西部市场明显变得活跃起来，外商投资增长，国内投资亦有增加，带来经济的快速发展，出现社会经济的繁荣。随着经济规模的增大，基础条件较好的城镇成为区域发展中心，带动与引导区域经济的发展，实现了整个区域的快速发展。

特区政策将海南边缘地的优势充分发挥出来，包括海南西部在内的海南省是中国最大的特区，特区政策的实质在于强化边缘地的边缘效应，即利用特区这种边缘对外联系方便且与外界联系紧密的优势，从而能够吸引更多的资金、人才与技术来特区，使特区成为资金、人才与技术的"高地"，形成边缘效应，以特区"高地"优势来促进区域经济发展。实践证明，中国四个特区自成立以来，经济社会的快速发展确实得益于从海外与内地吸引到的大量的人才、资金、技术等经济资源。

特区政策是把边缘效应制度化、具体化，使边缘地的各个功能具体化为一种可见的制度。不同区域之间的资源环境与人文制度的差异，使之在经济发展中具有很大的互补性，其经济合作的空间广阔。边缘地位于不同地理区的接触带，是不同地理区经济合作的理想

区域。实行特区政策后，以前被人为压抑的边缘效应被释放出来，并将边缘地本身的特征强化，使其功能作用更强烈，边缘效应更明显。特区政策是边缘地的强化机制，特区政策放大了边缘地的边缘效应，并成为边缘地作用于社会经济的机制之一。

作为海南特区的一部分，海南西部实行特区政策以来，成效显著。一是一批体现边缘地优势的项目被建设起来，如东方化工城、昌江循环经济工业园等。二是边境贸易得到发展。八所是国家一类开放口岸，也是海南仅有的两个边贸口岸之一。2007年东方市贸易总额为3 964.7万美元，同比增长21%。东方市还专门建设了集边贸产品加工、批发、转口贸易于一体的"东方边贸城"，以发展边境贸易。三是资金、人才流向海南西部。2001年中国第三大石油公司——中国海洋石油公司收购了海南最大企业——富岛化工厂[251]，拉开了大型企业投资海南西部的序幕，化工产业由工厂发展为化工城，成为海南西部最重要的产业。随后华能公司、中国核电集团等能源大企业也纷纷在海南西部投资建厂，掀起海南西部投资热潮。

国家在不同时期根据各地发展的实际实行不同的开发政策，由点轴开发、三大地带到主体功能区的开发表明国家开发政策是在不断调整的。不同的开发政策对边缘地经济发展影响各异，总体上边缘地处于有利地位。

改革开放后，国家将沿海地区作为开发的重点地区，地处南部沿海的海南也因此由海南行政区上升为省级建制，并设立为经济特区，八所也被列为国家一类开放口岸，这标志着国家对海南进行大规模开发的开始。把旅游业作为支柱产业，实施工业强省战略，建立"西部工业走廊"等，都是国家决定对海南进行大规模开发后提出来的[252]。国家对海南的开发实践表明，目前的开发政策仍然是倾斜式开发，是对优势地区、优势资源的开发，效益优先是开发的基本原则。

倾斜式开发遵循效益优先原则，这对海南西部来说是一个难得的发展机遇。作为边缘地的海南西部具有多种优势，资源丰富，特别是矿产资源、油气资源、荒地资源众多，海洋资源也多种多样，这是发展工业的良好条件。同时，海南西部基础设施较完善，有海南最大的货运港口，有铁路直通大陆市场，境内有高速公路、国道、省道及县乡的公路网络。在效益优先的开发政策导向下，边缘地的资源优势、区位优势易使其成为开发的首选地区，海南"工业走廊"选择在西部地区建设并非偶然。

在效益优先开发政策导向下，海南西部的社会经济获得了优先发展。"西部工业走廊"建设以来，海南西部的经济得到了快速发展，近年来东方和昌江的工业发展速度在全省居先进水平[253]。2008年，东方市工业增长了29.1%，昌江增长了17%，而海南全省仅7%。东方化工城、昌江循环经济工业园等工业园区的建成，有力地推动了海南西部的工业化进程。一条新型的、现代化的、以石化工业为主体的工业带正在海南西部崛起。随着工业化的推进，人口由单纯的自然增长变为人口的机械增长，人才外流的局面开始扭转。工业的发展与人口的增长使聚落得到发展，中心聚落八所的城区面积不断扩大，主城区与北面的墩头镇、新街镇几乎连成一体。海南西部的人口增长、聚落扩张与经济发展是在开发政策下取得的成果。

本章小结

  海南西部区域演变过程中，人文要素发生了很大变化，这些变化深受边缘地特有的自然环境的影响。在人文要素变化中，人口、聚落与经济三大要素变化最具边缘特征。海南西部人口分布向海岸带集中，人口迁移与人口增长在海岸带特别活跃。边缘复杂而多样的环境形成良好的生产条件、良好的区位以及便利的交通，吸引人口在此集中。聚落变化与边缘的互动更明显，在边缘出现聚落剧变区，表现为聚落密集带；中心聚落也成长于边缘，原因在于边缘与聚落出现功能耦合，耦合的动力源于边缘特殊的性质与功能，过渡属性、交流功能、截流功能、边缘效应与聚落的成长机制相互作用，使聚落系统不断发展变化。海南西部经济是建立在区域资源环境基础之上的初级产品经济与重化工经济。在初级产品经济与重化工经济的形成与发展过程中，既有带动区域开发的有利方面，也在某些方面制约了区域的全面发展。边缘地的资源优势、交通便利、特殊政策等是上述经济特征形成的重要原因。

第五章

潜力与挑战——边缘地的边缘效应

资源环境是社会经济发展的基础条件，资源环境的优劣对社会经济发展影响重大且长久。边缘地资源环境具有复杂性，对社会经济发展既是有利条件，也是不利因素，使社会经济发展具有多变性。边缘地资源环境对社会经济的影响集中表现为边缘地边缘效应的发挥。边缘地区域发展出现两种截然不同的趋势，一种为发展滞后的边远地区、欠发达地区，另一种为发展良好的前沿地区、发达地区。两种发展趋势均是边缘效应发挥的结果，是边缘地优势与劣势的反映。边缘效应对边缘地的作用是明显的，但作用效果却不同，因此，边缘效应对社会经济发展而言既是潜力，也是阻碍。

第一节　边缘效应——优势与劣势并存

边缘效应是一个生态学概念，指在两种不同的生物群落交错带，生物种类增多，生产力更高的现象[108]。在生态学中，边缘效应主要是正效应，使群落交错带生物种类、数量增加。但不同种群对边缘效应的响应不同，弱势种群可因边缘效应而受损[122]，即对某些种群而言，边缘效应表现为负效应。因此，生物界的边缘效应其实是双向的，既可利于生物种群的生长、繁殖，也可对弱势种群产生抑制作用。

边缘效应在自然界中是一种普遍现象[254]，在非生物的环境中也有边缘效应[255]，边缘地同样存在边缘效应[41]。边缘效应使边缘地某些地理要素富集。然而，要素的富集并非越多越好。如降水，适量的降水有利于农作物生长繁殖，但过量的降水则会抑制作物的正常生长，甚至变成洪涝灾害。地理要素本身有正、负之分，如干旱、冷冻、台风等要素就是具有危害性的地理要素。正的地理要素富集，有利于边缘地生态环境改善、经济社会发展；负的要素富集，则起相反作用。同是边缘地，沿海地带和陆地边境地带的边缘效应所起的作用是完全不同的，这将直接导致两类地区在经济发展上的巨大差异（见表5-1）。

表 5 - 1 沿海开放县、陆地边境县农村经济对比

指标	2000 年		2004 年		2006 年		2007 年	
	沿海县	边境县	沿海县	边境县	沿海县	边境县	沿海县	边境县
县数（个）	198	129	198	129	198	129	198	129
年末总人口（万人）	14 261	1 931	14 161	1 965	14 298	2 014	14 470	2 046
行政区域土地面积（万 km²）							32	192
第一产业增加值（亿元）	2 806	293	3 454	408	3 894	498	4 283.8	596
农作物播种面积（千 hm²）	15 028	3 992	14 296	3 910	14 000	4 367	14 000	4 367
粮食播种面积（千 hm²）	9 876	2 674	8 472	2 652	8 735	2 998	8 735	2 998
肉类总产量（万 t）	794	102	982	133	1 062	148	991	157.4
奶总产量（万 t）	77	52	211	96	258	133		133
地方财政一般收入（亿元）	529	45	1 059	60	1 806	102	2 359	137.3

资料来源：国家统计局农村社会经济调查司《中国农村统计年鉴》。

一、边缘正效应——功能中心

区域功能中心可分经济中心、政治中心、文化中心、交通中心等。不同的区域功能中心在区域发展中负有不同的使命，承担不同的功能，发挥不同的作用。不同区域功能中心的形成需要不同的条件，边缘地由于边缘效应而具备了各种区域功能中心形成所需的条件，易成为不同的功能中心。研究表明，区域功能中心正是在地理要素的流动与集聚中使得边缘地加大了对相邻地理单元的影响与作用的结果，在资源环境发展过程中，边缘地逐渐起支配作用。区域功能中心与边缘地存在一定的重合性，这种重合性因边缘效应而将二者联系在一起。换言之，边缘地通过边缘效应的发挥使自身成为区域功能中心。

边缘效应是边缘地重要的功能之一[41]，是认识地理系统中的互相作用、互相渗透的一个窗口。由于边缘效应，地理要素在边缘地发生较大变化，成为发生地理梯度最为显著的空间。边缘地各类能量流和物质流远大于相邻地理单元，形成地理要素向边缘地集聚的趋势，物质、能量与信息在边缘地交流、转换。因此，边缘地的边缘效应包括边缘地特殊的功能与属性而引发的各种现象与作用，是一般区域所不具有的功能，具体包括通道、中转、支持功能，以及资源、环境、区位、交通、政策优势等。

边缘地是不同区域之间物质、能量与信息交换的渠道。区域系统并非孤立存在，而是与相邻系统发生着各种联系与作用，通过相互之间的作用实现系统之间的物质、能量交换，实现系统的新陈代谢，维持系统结构的稳定，实现系统的各种功能。边缘地介于不同区域单元的连接处，是相邻区域单元间物质、能量流动最近便的联系通道。边缘地地理梯度大，是物质交换、能量流动和信息传播的理想场所，性质各异的区域单元在边缘地进行频繁的物质交换、能量流动和信息传播。边缘地成为区域系统主要功能作用的活跃场所。

边缘地是探索未知空间的桥头堡。人类文明之所以能够不断发展，就在于人类能够不断探索未知的自然，开发未知空间并为人类所用是人类前进的动力，对异质地理环境的探索与开发在人类发展进程中具有特殊的意义。边缘地处于离异质地理单元最近的区域，探

索与开发往往从边缘地开始。边缘地不仅是探索与开发活动的必经之地，也是探索与开发活动的后勤供应与保障基地。目前方兴未艾的海洋开发，使海陆交错带成为天然的开发基地。在海外贸易拓展过程中，沿海地区成为贸易基地，如历史上广州、泉州等成为对外口岸，就在于它们边缘地的位置。

边缘地是物质流和能量流的中转站。物质流与能量流在不同的地理环境中需要不同的介质，在全球尺度的空间，一种介质不能完成物质的长距离输送，需要适当的地点来转化。在全球化背景下，物质与能量流动量大增，必须有一个对物质与能量有导向与分配作用的机制，可以有效连接物流的各种通道与载体，此类区域即为节点地区。边缘地就是这种节点地区，它在地理单元间的物质和能量的流动中起着中转站的作用，使地理单元间的物质流和能量流高效而快速，维持着地理系统的整体功能。

边缘地在区域系统之间发挥着通道、中转、支持三大作用，使各个地理区域之间实现有效的物质交换、能量流动与信息传播。在此过程中，边缘地成为各种地理区域功能发挥的关键区，边缘地的这种区位优势是其他地理系统所不具备的，一旦边缘地的区位优势得到发挥，必然会在地理系统的发展中处于核心地位，成为功能中心。

边缘地资源环境优势转化为经济优势使边缘地成为经济中心。边缘地量大而快速的物质流、能量流是社会生产所需的基本条件，加之边缘地具有区位优势，使其生产条件优于其他地区，逐渐吸引人口在此开发并定居下来，社会经济发展快于其他地区。良好的生产条件与快速的经济发展会进一步吸引各种生产要素在此汇聚，促使边缘地成长为区域的增长中心，并将影响扩大到相邻区域，成为带动相邻地区发展的发展中心。在边缘地经济社会发展过程中，边缘效应加强了边缘地的各种功能，使边缘地作为区域功能中心的地位更为巩固。

边缘地丰富的资源与多样的环境为工农业生产提供了良好的条件，使之发展为工农业中心地区。边缘地光、热、水、土资源丰富，梯度变化大，各资源组合多样，为农业活动提供了多样的生产条件与良好的物质基础，适合各种农业生产，使农业得以快速发展。农业是基础部门，农业的发展是工业、服务业等发展的前提条件，也为工商业提供原料与市场，促进工商业的发展。边缘地多样的自然环境，成就了多样资源的形成条件，储存了诸多发展工业所需的资源，发展工业生产的条件明显优于其他地区。

边缘地良好的区位有助于其功能中心的形成。区位是人类活动所占有的场所，人类活动是不断变化的，因此区位也是不断变化的。区位条件是区位主体所具有的属性，区位条件良好，则具有区位优势。经济活动的空间演变实质上是经济活动在不断寻找最佳区位的过程。在成本最小、利益最大的目标约束下，经济活动通过选择有利区位来实现上述目标，区位优势地区也就成为经济活动主体选择的目标地区。经济区位条件一般包括劳动力、资本、原料、能源、运输、市场等。边缘地的经济区位条件较好，可以促进边缘地经济的发展。

交通在社会发展与人类文明史中起着重要作用，是联系地理空间中社会经济活动的纽带，是社会化分工成立的根本保证。区域在不同发展阶段，交通可达性对经济发展具有不同的响应关系。各地单位经济增长量所耗费的成本与交通可达性相关：交通可达性差，经济基础薄弱的地区耗费的成本高；交通可达性好，经济基础好的地区耗费的成本小。因此，大力提高交通可达性，有利于区域经济协调发展[257]。交通建设也可以完善城市枢纽功能，增强辐射与集聚功能，提升城市服务能力，有利于区域产业布局调整和可持续发展。

边缘地良好的区位条件使其在区域的地域结构中起着天然的桥梁作用，担负着区域间物质、能量与信息流动的重大任务。在边缘地经济系统中，交通成为边缘地实现功能的有形载体。边缘地的特殊性使其具有发展交通的有利条件，容易建成快捷的交通系统，满足功能中心对交通的需求。边缘地发展交通的有利条件体现在交通方式、交通建设、交通需求及重要交通中心等方面。

可供利用的交通方式多。边缘地具有多样的传送介质，形成诸多联系方式。相互联系的自然介质有水体、风力、陆地、畜力等，这些交通介质在边缘地均可广泛利用，还有一些是只有边缘地才有的，如海洋，只有海岸带才可利用海洋运输，因此边缘地的交通介质明显多于一般地区。在诸种交通方式中，水体是最为重要的，也是人类利用最为广泛的交通介质。滨水地区交通方式多于一般内陆地区，海洋舟楫之利使海陆交错带交通优于其他地区。

交通建设条件良好。在自然条件良好的地区建设交通设施成本低、工期短、易施工，地理边缘的工程建设条件良好。边缘地标志物多，可作为交通设施建设的指引。地表相对和缓，海陆交错带多为平原，易于施工。山地平原交错带虽然地表起伏，但也有低平的台地与和缓的丘陵等可作建设用地。边缘地多为人口密集区，道路建设已有一定基础，对原有设施加以改造就可以提高其运输能力。

边缘地交通需求旺盛。边缘地两端区域的自然环境差别与经济社会差异使两端区域的相互交往成为必然。在经济活动过程中，边缘地就成为两端区域商品相互交往的理想区域，也是贸易中心形成的理想区域。在商品贸易的驱动下，商品、人员的移动在边缘地会不断增多，这要求不断改善交通条件以满足贸易发展的需求。

边缘地在区位、交通方面具有明显的优势，也是对外交往的前沿阵地，在国家经济发展中具有特殊的地位与作用，国家对边缘地往往实行特殊的政策。在不同时代背景下，国家政策也不尽相同。改革开放以前，国家对边缘地，特别是国境地区实行封闭政策，人为割裂国家之间的联系，使边缘地成为区域终点，丧失了国境作为边缘地的优势。改革开放以后，边缘地的优势被高度重视，边缘地成为改革开放前沿，先是沿海地区的开放，再到沿边地区的开放，使边缘地在全国改革开放中走在最前沿。沿海、沿边一批城市的开放，使边缘地成为国家经济重心。

特区是政策的产物，特区的优势在于政策的支持。从实践看，由于特区政策的实行，中国的特区都取得了经济快速发展的奇迹，特别是深圳特区，短时间内从一个滨海渔村发展为特大城市，其发展成就举世公认，成为特区政策在边缘地成功的典范。特区政策的实质是释放边缘地的边缘优势，从政策上保证边缘优势的充分发挥，从而吸引各种经济要素向边缘地集中，使边缘地获得经济的快速发展，成为经济中心。

聚落，特别是城市在边缘地的集中强化了其区域功能中心的作用。聚落是人类活动最集中、最频繁的地区，人类活动已经成为地理要素之间相互作用的重要方式。聚落（城市）是区域功能中心作用的载体，城市的分布指示着区域中心的分布格局。城市集中于边缘地成为聚落分布的一个典型特征，特别是海陆交错带更为突出。新中国成立之初，中国沿海地区有城市 69 个，占城市总数的 51.3%[258]。全球城市分布也具有集中于海岸带的规律，全球主要城市带，如北美的波士顿—华盛顿都市连绵带、欧洲的伦敦—伯明翰—利物

浦—曼彻斯特都市带、日本的东京—名古屋—大阪都市带等都集中于沿海地区。

城市集中于山地平原交错带的特征也很明显，是边缘地作为区域功能中心的另一佐证。在两湖平原，城市最早是沿平原的边缘分布，越往平原外缘地区，城市形成的时代越早，越往平原腹心地区，城市形成的时代越晚，而且平原外缘还是 2 000 多年来高级中心城市汇聚的地带。如果将外缘城市江陵—公安—澧县—常德—益阳—长沙—汨罗—岳阳—临湘—蒲圻—咸宁—武汉—邾县（黄州）—新洲—孝感—云梦—安陆—京山—若县（今钟祥）—荆门等连成一线，我们会发现，从古到今，两湖平原的地级以上中心城市几乎全分布在这一线上[259]，即两湖平原的边缘地带。

城市与边缘地是一个相互促进的系统。边缘地特殊的资源环境为聚落提供了强大的物质基础，也为城市与周围环境间的物质能量输入、输出提供了良好的交换平台，使城市发展演变快，形成大型城市，甚至城市群。城市是区域功能中心的载体，具有强大的集聚、辐射、带动作用，能强化边缘地作为区域功能中心的地位。

二、边缘负效应——边缘化

边缘化是一个普遍存在的问题，是事物在其发生发展过程中组成要素逐渐分异的过程。"边缘化"（marginality）一词首先是由美国社会学家帕克[90]在研究因通婚或移民而处于两种文化边缘上的人不被两种社会文化接受而产生心理上的失落感这一社会问题时于20世纪 20 年代提出来的。边缘化理论则是拉美学者在研究第三世界内部的贫困化问题时于20 世纪 60 年代提出来的。现在，边缘化这一概念已应用于各个领域[260]。随着应用的拓展，各学科对边缘化的理解不尽相同，目前边缘化仍是一个模糊的概念[261]。边缘化理论被应用于研究落后地区[101, 102, 262]、地区发展[98, 263, 264]、城市发展[97, 265]、农村地区[266]以及移民问题[267]等。

边缘化是边缘负效应。边缘化是边缘效应中不利因素在边缘的叠加，使边缘地的资源环境具有更多不适于人类生产与生活的因素，从而限制边缘地经济社会的发展。边缘地具有诸多发展不利因素，如多变的环境、多发的灾害、脆弱的生态等。在人类适应能力不强的情况下必然规避边缘地，寻求更稳定的生活条件与生产环境。由于缺乏人类的开发利用，特别是缺少具有高劳动技能与技术的人类的开发，边缘地的经济社会发展滞后于相邻地区，成为落后区域，即被边缘化。

边缘化是边缘地资源环境中不利因素与社会经济相互作用的结果。边缘化地区通常是土地利用可能受到限制或者土地生产力低的区域[95]。边缘地存在环境脆弱与灾害多发的特征。环境脆弱，则抗干扰能力弱，受到外力特别是人类活动的干扰容易受损，从而不能对社会经济系统提供强大而稳定的支持，甚至还会造成损害，制约社会经济的发展。灾害则直接对社会与经济系统造成损失，甚至造成社会经济的倒退。上述地理边缘的自然特性都是社会经济发展的不利因素，会影响、制约、阻碍甚至摧毁社会经济系统，造成边缘地社会经济的落后，成为边缘化地区。

边缘地偏远的位置使之不易被纳入主流发展区而成为边缘化地区。区域之间的经济联系与经济影响力遵循距离衰减规律，边缘区与中心区空间距离越大，它们之间的空间相互作用就越小。区域经济空间相互作用能促成区域统一市场的逐步形成，能够诱发资源与经济要素的充分合理利用，能够促使区域之间形成发展上的互动关系[268]。长距离产生空间隔离作用，使地理边缘区与地理中心的联系力减弱，中心区对边缘区的影响力减小，经济带动力变弱；长距离也使边缘区的商品到达市场的成本加大，使其产品缺乏市场竞争力，甚至游离于市场之外，因而使边缘区偏离主流发展路径，出现边缘化现象。

边缘地的通道作用被人为堵塞而造成区域发展水平低下以致成为边缘化地区。区域是具有稳定结构的开放系统，系统之间存在物质、能量、信息、人员的流动与交换，从而维持系统结构稳定、实现系统功能。区域之间通过物质交换、能量流动、信息转换而成为一个有机整体，通道是实现上述功能的重要载体与途径。边缘区处于通道的位置上，其优势不能发挥，则使区域间物质交换减缓、能量流动受阻，区域之间的联系减弱，使之成为孤立系统、半封闭系统，甚至封闭系统。通道作用的丧失使海南西部地区与地理中心——中国内陆联系减弱，拥有广大市场潜力的热带产品不能及时输送到内陆。同时，海南西部紧邻东南亚，适宜与东南亚国家开展国际经济合作的优势也得不到发挥。在国际国内两区域层次上，海南西部边缘区均不能发挥其联系功能，致使区域发展滞后。

行政边界使边缘地市场被分割，制约边缘地经济发展而出现边缘化。市场在经济发展中对资源配置起基础性作用，市场的发育程度、成熟程度对经济的影响越来越大。完善的市场可以使经济要素发挥最大效用，并提高整个区域的资源利用效率。海南西部地处中国南部，从陆地角度看，既是海南省的边界，也是中国的边界，加之海洋又强化了边界的隔离作用，结果统一市场因边界而被分割，使环南海区域、环北部湾区域不能形成统一的大市场。这种因行政边缘的存在而人为割裂市场的情况，在中国历史上已有先例，如曾经出现的"山西人饿死不吃河南粮，河南人冻死不烧山西煤"的情况。正因为如此，市场不能将资源配置到最能发挥效用的地方，造成各经济主体的利益受损。

人才流失严重，使人才成为边缘地经济发展的短板，并制约经济发展使之边缘化。海南西部边缘地潜在的区位优势和资源优势尚未充分发挥，使区域的经济发展处于不利地位，成为落后地区。与其他欠发达地区一样存在严重的人才短缺[269]与人才外流现象。人才外流包括潜在人才外流和本地人才外流。潜在人才外流是本地青年通过升学途径离开本地，学成后不再回来为家乡服务。东方每年有上千初高中学生升入大中专院校学习，毕业后回乡的不到10%。本地人才外流是本区已有的专业技术人才和管理人才以及具有一定文化素质的劳动力以外出务工形式离开本地。从八所镇的情况看，外出劳动力以初中毕业生为主，初中以上文化程度人口比重均远高于全市平均水平，特别是大专以上的人口比重是全市水平的6.4倍（见表5-2）。由此可知，外出务工造成本地人才严重流失。

表5-2　东方市八所镇外出劳动力文化程度

文化程度	文盲	小学	初中	高中	中专	大专以上
外出劳动力各文化程度人口数（人）	155	536	1 707	1 156	368	540
外出劳动力各文化程度人口比重（%）	3.5	12.0	38.3	25.9	8.2	12.1
全市各文化程度人口比重（%）	17.7	42.1	28.1	7.7	2.5	1.9
外出劳动力各文化程度人口比重比全市平均水平高出百分点	-14.2	-30.1	10.2	18.2	5.7	11.2

资料来源：东方市人口与计划生育局提供。

　　传统小农思想、缺乏商品观念制约经济活动的开展，使边缘地游离于市场经济之外，成为边缘化地区。边缘地长期受楚汉文化、孔孟文化等传统文化思想的影响，小农意识很重，观念相对落后，没有现代市场经济观念；商品意识比较淡薄，没有主动积极投入市场经济浪潮的主观愿望；缺乏创新精神，接受新事物的能力很差，与之相应就出现了劳动力素质普遍低下的现象。有的地区缺乏公仆、服务意识，面对外来投资或旅游人员不是为他们提供周到便捷的服务，想方设法留住他们，而是只顾"眼前利益"和"一次性利益"，采取"杀鸡取卵"的过火行为，如对外来企业征收各种费用，对外地游客漫天要价等，使外地人产生"下次再也不来"的念头[270]。

　　地理边缘区有各种类型[271]，不同类型的边缘区在经济发展过程中所面临的边缘化情况各不相同。海南西部是行政边缘区、海陆边缘区、山地平原边缘区的叠加区。其中，行政边缘区的作用突出，海陆边缘区的优势得不到发挥。行政边缘区因经济和政治体制的地域分割，人为地为边界地区的经济联系和发展制造了许多障碍，使行政边缘区的经济得不到正常的发展机会与条件[272]。

　　边缘地资源环境多变致使环境脆弱、灾害多发是边缘地边缘化的自然根源，海南西部同样存在自然环境脆弱以及灾害多发的问题，影响海南西部经济社会发展。受此影响，海南西部长期处于较为落后的状态，现在仍然没有摆脱贫困的局面。由于环境动荡，海南西部生产力水平不高，农业生产波动性大，农民则主要种植低效的作物，如地瓜、西瓜、南瓜等（东方被称为"三瓜县"）。低效的生产造成海南西部的贫困与落后，与其他地区发展差距拉大，成为边缘化地区。海南西部的边缘化是在不利的自然因素影响下，在长期的历史发展过程中逐渐形成的，海南西部在历史上的边缘化更为显著。

三、正负边缘效应的关系

　　边缘地既具优势也有劣势[273]。边缘地优势有区位优势、资源优势和功能优势等，劣势主要有位置偏远、环境脆弱、灾害频繁等。区位优势是边缘地最大的优势，地处不同区域的交接过渡地带，起着连接不同区域的纽带作用。中国沿海地带、沿边地带经济的快速发展已证明边缘地的区位优势在区域发展中的重要作用。资源优势在于资源的种类多，能满足各种生产活动的需要，资源的后备能力强，有多种潜在资源可供开发利用。功能优势在于边缘地承担着不同地理系统间物质、能量和信息的交换、转化，因此边缘地的更新转换功能强，物质的自然再生产能力、物质与能量的转化能力强，环境的吸收与排泄能力强，可以支撑区域的开发活动。位置偏远使边缘地远离中心、远离市场，使边缘地在市场竞争中处于不利地位，不利于吸引投资。环境脆弱使环境对经济开发活动的支撑能力受限，灾害多发则直接破坏工农业生产。边缘地的优势与劣势并非截然分开，大部分时候是并存的。

　　边缘地的优势与劣势均表现为边缘效应。在优势与劣势并存的状况下，何者占主导地位，则视边缘地所处环境与背景而定。地理环境与发展背景是复杂多变的，随着时间的推移与环境的变迁，优劣势的主导地位不断变化，则边缘效应也随之变化，正、负边缘效应有时甚至互相转换[274]。在农业社会时期，人类生产技术低，对自然的改造能力有限，边缘效应导致的多变环境成为人类生产生活的不利因素，甚至成为生存的障碍，人类由此而远离边缘地。世界四大古文明均发源于大陆腹地或平原地区，除了河流平原地区良好的自然条件利于人类文明的产生外，还与非地理边缘且具有较为稳定的地理环境有一定关系的。随着人类文明的进步与生产技术的提高，人类对自然环境的认识加深，对自然的改造能力提高，作为面积最广的边缘地的沿海地区也就成为人类主要的居住地[222]。研究显示，现在全球人口仍然在向边缘地集中，边缘地人口增长率大于全球增长率，也高于发展中地区的增长率。这说明边缘效应已为人类所用，为人类服务。海岸带由农业文明时期的劣势地区转变为工业文明时期的优势地区，是海岸带边缘效应为人类正确认识并有效利用的结果。

正负边缘效应的转换是由边缘地所处环境与背景的变化而决定的，其中国际、国内政治环境是重要变量，国际环境影响国家的经济布局，经济布局主要是区位问题，边缘地既是边缘也是前沿的区位，使之在不同国际环境中的作用不同。在和平共处环境下，各国以发展为目标，合作为主题，相互之间双边活动频繁，边境地区成为主要经济活动区，边缘地则为经济开发的重点地区，各种经济特区、自由贸易区等均是在此环境与背景下产生与发展起来的。中国情况与此类似，先是沿海地区的开放开发，再是沿边地区的开放开发，均是在边缘地区。反之，在相互敌对状态下，各国以遏制对方为目标，以保护己方实力为主调，相互之间的双边活动，特别是经贸活动减少，边境地区成为易受对方破坏的目标，边缘地成为国防的重点地区，而非经济建设的重点地区。受严峻的国际形势影响，人口向内地迁移，重要工厂也向内地转移，边缘地经济下滑。此时，边缘地的隔离作用占优势，边缘地通道阻塞、市场分割，负效应居于主导地位。

国家政策变化是边缘效应转换的促进因素。在不同国际形势下，国家的开发政策、开放政策、经济政策均有所不同。特别是在行政边缘带，国家政策甚至截然相反。国家政策对区域发展的影响是不可低估的，国家政策通过财政、金融、税收等手段作用于区域经济发展、社会民生改善等领域，也通过公共基础设施建设、公共产品生产等影响区域经济社会。当国家政策支持边缘地发展，财政、金融、税收等向边缘地倾斜，在边缘地修建更多以道路为代表的交通设施，为边缘地居民提供更多医疗、养老等福利，则边缘地经济社会得到良好发展，边缘正向效应得到释放，边缘地发挥正边缘效应；反之，边缘地成为边缘化地区，边缘地发挥负效应。

科技和居民观念也会使正负边缘效应发生转换，主要是促使负效应转化为正效应。在科技水平低的情况下，环境脆弱、灾害多发的边缘地成为生产活动的不利因素，甚至严重影响工农业生产与人们的生活，使边缘地生产落后，成为边缘化地区。随着科技的进步，人类抵抗自然灾害的能力提高，生产生活对环境产生的负面影响减弱，边缘地的不利因素成为可控因素，不再是严重影响人类生产生活的制约因素，边缘地的劣势得到有效控制，优势则逐渐显现，科技进步使边缘地负效应转为正效应。居民观念的改变对边缘效应转换的作用在于居民对边缘优势的充分认识而加以合理利用。在劣势占主导地位时，边缘地处于边缘化状态，则经济落后、社会贫困，人们也只片面认识到边缘地的不利条件。当人们突破既有认识，全面认识到边缘地的优劣势，特别是边缘优势，并将之充分发挥，为区域发展服务时，必将逆转边缘地的边缘化状态，使边缘正效应得到展现，使正负边缘效应反转。

海南西部地区作为边缘地的边缘效应同样表现出上述优势与劣势并存的特征。从行政边缘角度，在国家尺度下，海南西部是中国的南缘，远离中国的经济中心，边缘效应表现

为负效应，制约了经济的发展。东方市经济发展水平在全国居中下水平，仍是省级贫困市[276]。在省域尺度，海南西部是海南省与其他省份的交接带，是内陆地区进入海南的先行地之一，边缘效应的正向作用力使海南西部受内陆先进经济文化影响大，因而发展较快，发展水平也高于岛内地区。因此，边缘地的正负效应同时作用于海南西部，如何挖掘边缘正效应、防止负效应是海南西部今后发展中要着力解决的问题。

第二节　功能中心——海南西部的潜力

边缘地具有潜在的资源优势与区位优势，这是区域经济发展的有利条件。作为边缘地的海南西部地区，资源方面的优势也很突出，资源种类多、储量大，常规资源丰富，特色资源也不少。区位方面的优势也逐渐凸显，作为南海前沿，与东盟地区紧邻，在区域合作渐成主流的现今时代，其区位优势明显。但海南西部的上述优势并未充分发挥，使该区的发展水平并未尽如人意，该区在全国属于西部地带，既在全国处于中下游水平，在海南亦不理想，不仅低于琼北的海口与琼南的三亚地区，与琼东地区相比也有差距。琼西与其他地区的差距表明其优势并未得到有效发挥，尚有较大潜力。资源与区位优势仅是潜在优势，但潜在优势是经济获得快速发展的可能性条件，将潜在的边缘优势转化为现实的经济优势，才能使经济走上快速发展道路，这也是边缘地发展中必须要解决的问题。

一、功能中心形成的有利条件

边缘地作为一种特殊的地域类型，其前沿与过渡的属性是其他地域所不具备的，也是边缘地的优势。前沿与过渡属性作用于边缘地的各个方面，在自然资源、区位、交通等方面表现最为明显，使边缘地在这三方面的优势也最为显著。

1. 资源优势

海南西部既是海洋与陆地的交错带，也是山地与平原的交错带，两大交错带的自然特征决定了海南西部资源丰富，不仅陆地资源储存量大，海洋资源也极其丰富；不仅拥有平原地区的常规资源，也具备山区的多样资源。因此，边缘地资源种类多、数量大。目前，海南西部资源在海南占重要地位的有铁矿资源、水力资源、盐业资源、渔业资源、土地资源、石灰岩资源、油气资源等。北部湾海域发现油气田 7 个，其中涠 12 - 1、涠 12 - 8 这两个油气田储量就达 $6.022 \times 10^{7} t$[277]，东方市已成为油气资源开发的基地；矿产资源主要类型有黄金、磷、锌、铁、铜、钨、钛、铅、银、水晶、云母等，其中石碌铁矿以储量大、品位高而著称，经探明的铁矿石总储量为 $3.14 \times 10^{8} t$，铁矿石平均品位 51.15%[138]，矿产资源主要以输出为主，石碌铁矿供应国内十多家钢铁企业。

2. 区位优势

海南西部西临北部湾，紧邻广袤的南中国海域，是中国的南疆地区，离东南亚近，是中国与东盟的邻近地区，是东亚与东南亚的邻近地区。海南西部区位优势表现在两个方面：地处亚洲与太平洋的边缘带，地处中国与东盟的边缘带。21 世纪是太平洋的世纪，也是亚洲的世纪，随着太平洋周边地区的复苏与崛起，世界事务向太平洋倾斜，其在世界事务中将发挥越来越重要的作用，太平洋必将取代大西洋成为世界的中心；亚洲是全球面积最大、人口最多的大洲，随着中国与印度两个大国经济的快速发展，亚洲经济正成为全球经济的引擎，其最大洲的地位将更为巩固；既为亚洲地区，又属太平洋地区的海南西部有优越的条件。中国与东盟是两大新兴经济体，中国是全球第二大经济体，东盟是新兴经济体，二者合作空间广阔，海南西部与东盟经济差异大、互补性强，在中国—东盟合作中处于有利地位，能发挥更大作用。

3. 交通优势

边缘地在交通方面具有天然优势，海南西部作为沿海地区，海洋的舟楫之利是其最大的交通优势，有利于建设港口，加强与其他地区的联系，海南西部有航线通向许多地区。边缘地的区位优势，使交通优势更为显著。地处亚洲与太平洋、中国与东盟的边缘带使海南成为东亚通往印度洋周边地区以及非洲、欧洲的海上航线，成为上述地区经贸往来的必经之地。交通天然优势还表现为江海联运、海陆河联运优势。海南第二大河昌化江贯穿西部全境，由昌化港入海。海南西部可以通过海港、河港、铁路、公路等的一体化建设，形成一体化综合交通网络体系。

二、功能中心的形成过程

边缘地具有潜在的资源优势、区位优势与交通优势，是区域经济发展的有利条件。进入现代以来，特别是改革开放以来，海南西部地区的潜在优势逐渐发挥，经济社会发展加快，在海南发展中地位得到提高，正逐渐成长为区域功能中心。

边缘地的边缘正效应在海南西部发展中已有一定表现，使海南西部具有了发展成为区域功能中心的趋势。这种趋势表现在三个方面：一是交通中心，边缘地对外联系的便利及货源丰富的需求，刺激交通的发展，其中八所港一直是海南物资输出的主要基地，现在又有铁路、公路等联系区内外，其交通中心的功能更为明显；二是工业中心，边缘地有发展工业的有利条件，东方、昌江已经成为海南"西部工业走廊"的重要部分，工业中心的功能将进一步强化；三是聚落中心，边缘效应使聚落规模不断扩大，聚落功能日趋完善，发展为聚落中心，1997年东方撤县设市，表明其作为聚落中心地位的确立。因此，作为区域功能中心的雏形已经显现。

1. 交通中心的形成

边缘地既有交通建设的良好条件，也有发展交通的强大需求，交通的发展也就成为必然。从海南西部的交通发展情况看，交通建设得比较早，新中国成立前就修建了海榆西线公路、石八铁路、八所港等。新中国成立后，将石八铁路与榆林港铁路连通，使西部地区与琼南的联系更为便捷，现在已有铁路经粤海铁路并入大陆铁路网。八所港也不断地扩大规模，可与国内12个港口以及世界17个国家和地区通航，年通过能力为 $4.15 \times 10^6 t$，有生产性泊位8个，其中万吨级泊位6个。自20世纪60年代复建投产以来，八所港曾长期雄居海南第一大港的地位，曾被列为全国八大港口之一，1987年吞吐量为 $4.05 \times 10^6 t$，占全省的52%[249]。公路系统中有国道225线，西线高速于1999年正式通车，目前区内已经形成高速公路、国道为主干的公路运输网络。海榆西线、西线高速以及西环铁路、八所港等构成四通八达的水陆交通网，八所已初步成为港口、铁路、公路互相衔接的海南西部交通枢纽，作为交通中心的地位初步奠定。

2. 工业中心的形成

海南西部的资源优势成为工业发展的有利条件，新中国成立前采矿业有一定发展，新

中国成立后海南西部成为海南的重工业区，采矿、钢铁、制盐工业较为重要。20 世纪 90 年代海南提出工业强省战略，提出建设"西部工业走廊"，东方和昌江成为"西部工业走廊"的重要部分，工业中心的功能进一步强化。昌江初步形成了钢铁、水泥制造、农产品加工、核电四大支柱产业，其中水泥占全省水泥总产量的 96% 以上，成为全省最大的水泥生产基地。东方市有大型的化肥、塑料及电力企业，富岛化肥年生产能力 8×10^5t，华能东方电厂一、二期设计能力 1.4×10^6kW。能源工业也具优势，已建有大广坝水电站、华能东方电厂、昌江核电站等大型能源企业。海南西部作为重工业基地的地位更为巩固。八所交通中心的形成对区域发展，特别是重化工业的发展起着基础性的支持作用，使海南西部成为海南省最重要的工业区之一。

3. 聚落中心的形成

对海南西部发展优势的充分利用，发展潜力的充分释放，目的在于使之成为功能中心。只有充分发挥边缘优势，极大地促进边缘地经济社会的发展，才能使边缘在区域发展中居于中心地位，引领与带动区域发展，并在区域发展中承担区域功能中心应承担的责任。区域功能中心一定是以城市为载体的，发展城市是功能中心作用发挥的前提条件。所以，海南西部必须发展城市，以城市带动区域发展，通过城市的壮大，城市体系的形成完成功能中心的嬗变。海南西部具有城市形成的有利条件。

三、功能中心的形成机制

1. 区位机制

区域中心功能的加强巩固了海南西部边缘地的地位。随着边缘地在区域结构中地位的上升，其对周边地区的影响日益强大。在生产过程中，各种生产要素向边缘地集聚。大量生产要素的集聚，不但使边缘地的生产功能进一步强大，也使边缘地的流通功能日益完善，为经济的进一步发展提供了更为有利的条件。生产功能的加强，强化了市场的供给能力；流通功能的加强，繁荣了市场，使经济活动更为活跃；经济的增长使边缘地各种经济功能得以提升，边缘地作为经济中心的功能得到巩固；交通和区位相互作用，良好区位有助于交通的发展，交通的改善又优化了区位条件，使区位更优。海南西部有两个巨大的市场，一个是中国内地市场，一个是东南亚及其他海外市场，便利的海运将上述两个市场与海南西部紧密联系在一起。

海南西部的区位优势在海南经济发展过程中吸引了经济活动主体来海南西部从事经济活动。新中国成立以来，海南西部就一直是海南的重工业基地，在工业强省战略实施过程中，海南西部被选为"工业走廊"建设地，这都是其经济区位优势作用的结果。"工业走廊"的建设有力地促进了海南西部经济社会的发展。

2. 资源机制

工农业的发展提高了海南西部边缘地在区域中的地位。多样的资源为工农业生产提供了良好的条件，多样的资源利用方式使工农业生产活动多样化。边缘地工农业产品种类丰富，不仅丰富了人们的生活，也吸引了大量人口来边缘地工作与生活。产品的丰富性为商品交换提供了有利条件，使商品交换活跃，边缘地日益成为产品生产中心、交换中心，在区域中的地位日益重要，最后将发展成区域的中心。海南西部区域中心的各种功能逐渐通过边缘地来实现。

3. 政策机制

海南西部的发展在很大程度上是国家政策实施的结果。改革开放前，中国与东南亚国家之间的关系不稳定，南海诸岛问题是双方的敏感问题，20 世纪 70 年代与越南还有过战争摩擦，紧张的中国—东南亚关系使地处祖国最南端、离中南半岛最近的海南西部成为国防战备区，国家在此很少布局大型工业企业，仅有的一些资源也被运往内陆，故此海南西部一直落后。改革开放后，海南西部紧邻东南亚的地理边缘优势日益凸显。1988 年海南建省成立特区，海南西部成为特区的一部分，八所成为国家一级开放口岸。随后，海南省实施工业强省战略，"西部工业走廊"工程使海南西部成为海南经济建设的中心地区。特殊政策在于更好地发挥边缘地的优势，服务于地方经济，实现富民强国目标。

第三节　边缘化——海南西部的挑战

边缘化是社会经济中的一种常见现象，是主体脱离主流发展方向而越来越处于不利地位的发展状态，总体上表现为与主流差距拉大，经济上表现为发展水平低下，社会上表现为贫困落后。边缘化现象在边缘地表现更为普遍，因多数边缘地处于欠发达状态，在区域系统中不被重视，在区域结构中处于附属地位，边缘化与边缘地似乎是相伴而生的。在一定的历史条件下，边缘化也是一种发展趋势，是一个难以避免的过程。边缘地的天然劣势使之存在被边缘化的潜在趋势，究竟是成为功能中心还是成为边缘化地区，是边缘地在发展过程中的重大挑战。

海南西部边缘地的边缘化现象更多的是一个历史过程[278]，在长期的历史发展过程中，自然环境和社会条件双重作用，促使西部地区的地理边缘优势得不到发挥，致使经济社会发展滞后。新中国成立后，国际局势形成美苏两大阵营，越南与中国台湾成为两个热点，海南西部居于两大热点之间，成为国防前沿最敏感的地区。从国家角度出发，对海南西部地区的战略重点是国防安全，而非经济建设。海南西部地区的落后并非其先天不足，而是后天调理不当，既因国家政策人为地抑制了边缘地的优势发挥，也因地方政府忽视边缘地优势的发挥，导致区域发展落后。同时，边缘地也具有明显的不利因素，如位置偏远[279]、环境脆弱、经济社会落后[280]、人口素质偏低等。当这些不利因素在发展过程中居于主导地位，则制约经济发展。边缘优势得不到发挥致使经济发展缺乏动力，尤其是启动力，不利因素的作用进一步延缓区域发展的速度。在海南西部地区，历史上它是逐渐被边缘化的。本研究从海南开发的历史进程中剖析海南西部地区社会经济的变化情况，从而揭示海南西部地区在海南所处地位的变化，探讨海南西部地区如何成为边缘化地区。

一、环境脆弱——边缘化的自然基础

海南西部是一环境脆弱地区，台风、干旱、暴雨、风沙等自然灾害盛行。研究指出[161]，西部地区以八所镇为中心形成一个少雨中心，八所年降水不足 900mm，降水量基本不能满足热带作物生长的需要。西部地区多暴雨，各地都有日降水超 300mm 的记录；但蒸发量也很大，达 2 500mm 以上，是降水量的 2.5 倍。降水和蒸发的不匹配造成本区的干旱。海南西部地区土壤以沙性土壤为主，土壤形成历史短，发育不充分，保水保肥能力差，有机质和矿物质含量低，且易流失，不利于作物生长。而且有大片的沙地，沙地不宜

从事农事生产，且易造成风沙危害。风沙危害轻则破坏庄稼，重则淹没农田、摧毁村庄、堵塞河流。

土地贫瘠、灾害频发是西部地区生态环境脆弱的特征，也是制约其发展的主要因素。海南是移民开发地，来自大陆先进地区的移民在判断生产条件优劣方面有经验，而且他们对定居点有选择性，力图找到条件优越之地作为定居点，于是越来越多的移民定居在北部和东部地区，甚至西部地区原有的居民也逐渐向外地迁移。

二、天涯边陲——边缘化的政治渊源

海南岛是我国第二大海岛，隔北部湾和琼州海峡与大陆相望。琼州海峡最窄处有26.5km。在古代交通工具落后的情况下，大陆人进入海南岛总被视为是一件艰难险恶之事，如"汉刺史、唐采访皆惮于涉险"[281]。苏东坡入琼"舣舟将济，眩栗丧魄"[282]。宋代海口有两座伏波庙，"过海必祷"[283]。西部地区隔北部湾和大陆相望，北部湾面积广大，使西部地区和大陆的距离更远，八所距广西北海约330km，由大陆直接到西部地区则更困难。据《崖州志》记载[284]，崖州陆路由东到京师7 000km，由西则多70km，走西部要绕道，说明西部地区位置偏僻。

海南西部地区属热带地区，古时亦是瘴气弥漫之地，是中原人难以适应的湿热环境。岭南地区对中原而言已是南蛮之地，比岭南还南的海南岛则更甚之，历史上海南不为人所重视[285]。西部地区在海南岛又偏于一隅，离海南的经济政治中心琼州有260km，和岭南地区的经济政治中心广州有860km的距离，和琼北、琼东地区相比，西部地区和广州的距离更远，位置更偏。

三、移民开发——边缘化的历史过程

（一）土著居民的开发

从考古资料来看[286]，海南很早就有人类生活。在昌江境内，保存了大量古人类遗址，在混雅岭信冲洞，有剑齿象、中国犀等爬行动物和哺乳动物化石，距今约19 360年，化石表面有非常明显的人为砍砸痕迹和用火烧烤的痕迹；石山岭洞，有剑齿象、中国犀、虎、野猪、鹿、猿人牙齿、打制石器等，距今约15 000年[287]。

1954年，中南民族学院和广东省有关部门组成海南岛工作组，在海南进行了为期半年的考察，先后采集了87件新石器，其中东方38件，乐东24件，白沙15件，琼中6件，保亭2件。这批石器经初步鉴定估计已有四五千年的历史[288]。从石器分布来看，以东方和乐东最多，从侧面说明当时东方和乐东人类活动频繁。在新石器时代，海南开发的趋势是从四周向中央发展，西南半部比东北半部面积要广、程度要高[155]。前人研究显示[289]，海南的最早居民是黎族的远古祖先。在汉人来琼之前，早期居民对海南的开发主要是在西部地区，但开发进程缓慢。

（二）汉族移民的开发

前人对海南汉族移民的历史做过许多深入研究[290]。根据文献记载和前人研究[155]，内陆居民移民海南，是随着封建势力在海南的建立而逐渐深入的（如图5-1所示）。秦时，灵渠的修建，打开了岭南到中原的联系通道，交通便捷。汉人大批南下，开始珠江流域的开发，部分人由西江经北流江、南流江、北部湾进入海南。据《正德琼台志》（卷三）记载，秦南方设三郡——南海、桂林、象郡，象郡在越南北部，含广西、海南一带，"越处近海，多象犀玳瑁珠玑银铜果布之凑，中国往商贾者多取富焉，则秦有至者矣"。

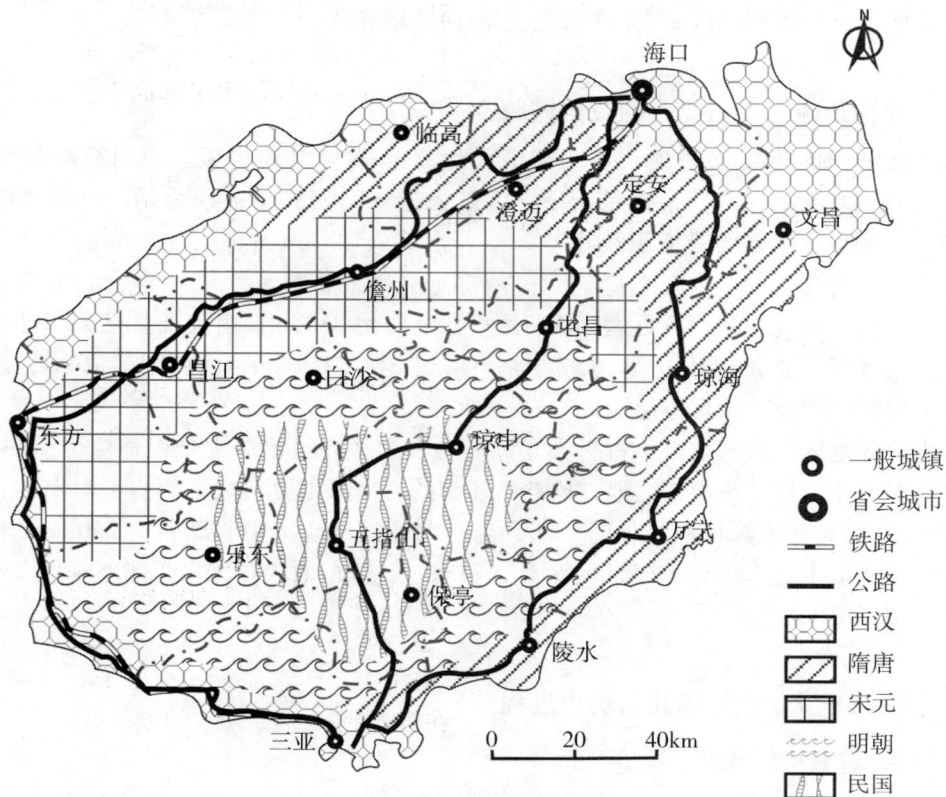

图 5 - 1　海南岛区域开发历史图

资料来源：广东历史地图集编委会《广东历史地图集》。

汉初中原势力进入海南，郡县制在海南建立[291]。汉元鼎六年（前111），路博德平南越，次年（前110），设珠崖、儋耳郡。儋耳下设九龙（今东方）、至来（今昌江）、儋耳三县，珠崖辖北部五县（据《正德琼台志》）。但当时对海南的重要性认识不够，汉元帝初元三年（前46）珠崖郡南山县反，博谋群臣，待诏贾捐之以为宜弃珠崖，乃罢珠崖[285]。说明海南当时对中央而言是无足轻重的。汉时海南的行政建制也多有改变，说明当时中原势力不稳定，对海南管理不完善。但西部地区的建制相对完整，感恩（九龙）县建制一直没有变动。唐以前汉族进入本岛的人口，据神州国光社1933年出版的《海南岛志》估计，大约只有两万人，这些人大多居住在沿海，与僻处岛上山区的土著居民很少联系。所以他们虽然拥有先进的生产方式和耕作技术，但对山区经济的影响并不大。

西晋末年，永嘉之乱掀起中国历史上第一次移民高潮，汉人分批南下，取道湘桂走廊由广西进入海南，汉移民主要分布在岛西和岛北地区。其时，移民已抵昌江县及东方北部昌化江流域[282]。南北朝时，冼夫人奏请设置崖州[292]。冼夫人实为黎族首领，崖州的设置将封建势力扩大到南部地区。隋唐时，张九龄开凿了大庾岭道，成为汉人南下岭南的主要通道，随后汉人多从大庾岭道入广东。此后，汉人移民岭南的目的地由广西转为广东，宋元时期是对广东的大规模开发阶段[283]。

宋元时，北方移民大批迁来广东，广东经济社会迅速发展。广东境内的广府、客家、福佬三大民系就是在这时初步形成的[293]。到达广东的移民一部分继续南下，移民海南，其中以福佬为主。福佬占据海南沿海地区，海南黎族退居到中部五指山地区。元时，珠江流域的发展水平已接近中原，人口已趋饱和。珠三角地区的发展水平远高于其他地区，成为珠江流域的重心，广州成为岭南地区的中心。

明洪武年间，海南归属广东，海南和广东的联系更为密切。明清时，省内的潮、惠、嘉应客家人迁往海南岛，福佬移居海南和雷州的也不少，后来成为当地居民的主体[294]。随着大批移民的到来，海南沿海地区已基本开发完毕，开始向中部山区深入。到民国时期，中部五指山地区也已开发完毕。

（三）边缘化过程

有史记载以来，海南都是移民移入地[155]，移民的移入过程也就是海南的开发过程。汉族移民从大陆带来先进的生产技术，对海南的开发起着主要作用。移民数量的变化反映了区域开发程度，移民分布的变化反映了区域开发顺序。

汉时，海南开始为中央政府管理，汉人也大批南迁海南。汉人主要从事农业生产，农业区的分布是海南开发的主要标志。汉唐两个时代农业区的分布有很大差异（如图5-2所示），汉时海南农业区主要分布在北部和西部地区，在西部地区向南跨过昌化江直到东方市北黎镇；唐时农业区在西部地区明显萎缩，退到儋州境内，与西部地区相反，东部地区则沿海岸一直延伸到三亚地区。唐时，移民已经很少前往西部地区，西部地区已经失去对移民的吸引力，移民的减少表明西部地区正在被边缘化。农业区的萎缩表明汉人的减少，已开发的土地又撂荒了。

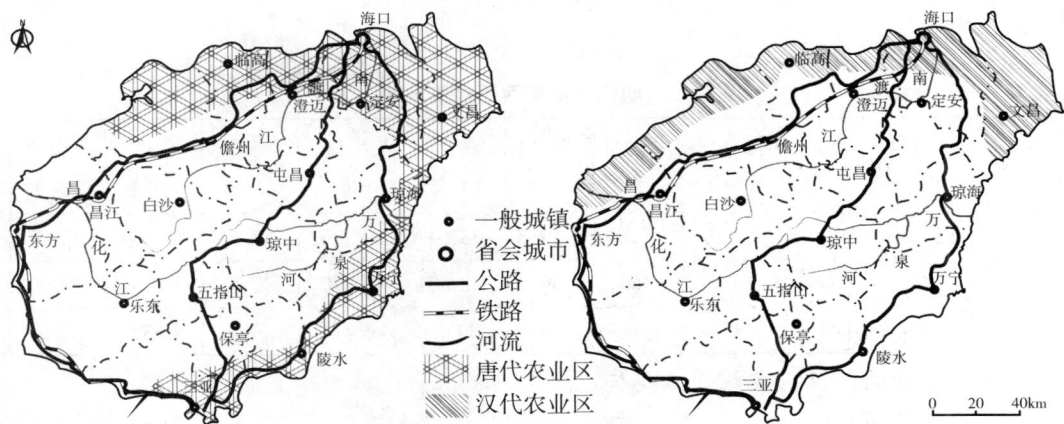

图5-2　海南汉代和唐代农业区

资料来源：广东历史地图集编委会《广东历史地图集》。

从明清时代的垦荒情况来看（如图5-3所示），垦荒活动主要发生在西部和北部地区，明朝主要是在北部地区，清朝则主要是在西部地区。北部地区平原面积广大，人口远未达土地承受能力，尚有荒地可垦。西部地区则是少数民族居住区，人口稀少，土地资源较多，尤其是荒地多。明朝垦荒区也仅在西北地区，止于儋州境内，清时才跃过昌化江，扩大到西部的东方市感城镇，西部沿海大部分地区都属垦荒区。明清时期西部地区的开发是落后于其他地区的。

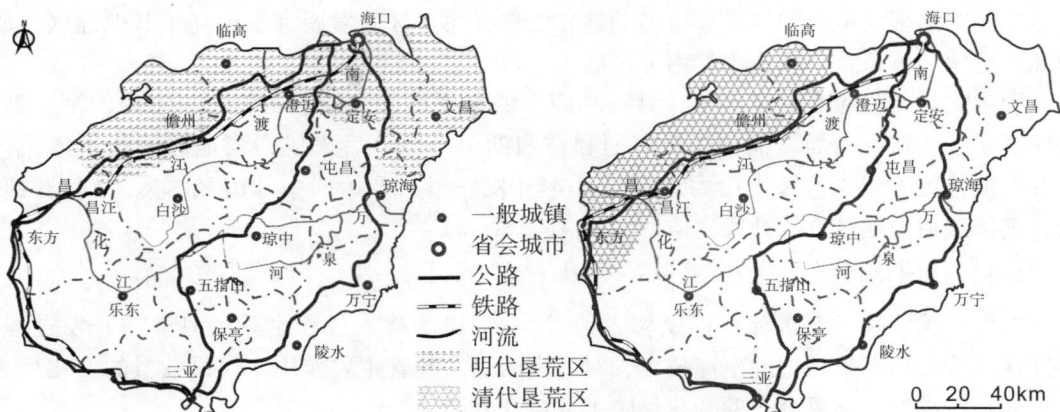

图5-3　明清时海南垦荒图

资料来源：广东历史地图集编委会《广东历史地图集》。

人口的构成和墟市分布也能说明开发状况。资料记载[295]，西部昌化和感恩两县人口少，黎族人口比重大。当时全岛分13县，县均户数是6 808.3户，县均人口是25 959.9人，西部两县远远未及平均数（见表5-3），是海南人口稀疏区，也是开发落后地区。墟市的分布在西部两县和全岛的差别更大，两县是全岛墟市最少的地区（见表5-4）。明时南部的崖州和陵水与西部两县相似，清时南部墟市增长明显快于西部，明到清西部的开发慢于南部地区。

表5-3　明代时海南西部的黎人和汉人

地区	总户数（户）	民户（户）	百分比（%）	黎户（户）	百分比（%）	总人数（人）	民口（人）	百分比（%）	黎口（人）	百分比（%）
全岛	88 506	71 212	80.5	17 294	19.5	337 476	296 093	87.7	41 383	12.3
昌化	2 444	1 484	60.7	960	39.3	8 601	6 670	77.5	1 931	22.5
感恩	3 584	1 589	44.3	1 993	55.6	11 289	6 414	56.8	4 875	43.2

资料来源：唐胄《正德琼台志》。

表5-4　明清时海南各县的墟市

单位：个

县份	琼山	定安	澄迈	文昌	儋州	会同	万州	乐会	临高	崖州	陵水	昌化	感恩	合计	平均
明朝数量	40	8	20	9	10	6	6	3	14	2	1	2	1	122	9.4
清朝数量	44	36	59	43	33	14	25	12	15	10	4	3	3	301	23.2
增加数量	4	28	39	34	23	8	19	9	1	8	3	1	2	179	13.8

资料来源：唐胄《正德琼台志》，明谊修、张岳林《广东琼州府志》。

秦汉时期，移民目的地主要是在西部地区。此时，移民主要从广西渡海，上岛后沿海岸线南下，西部地区是开发的重点区域[282]。唐宋时，移民开始向东部地区转移，重点开发区已经改变，西部地区的地位已发生变化，开始出现边缘化趋势。宋元时期，北部和东部已成开发重点地区，其发展水平也已高于西部地区，这是西部地区开发的一个转折点。明清时，海南隶属广东，与广东的联系加强，更多的广东省内居民移入海南。他们从广东大陆至岛后沿东海岸线南下，直到南部三亚，东部、南部地区成为开发的重点地区[282]。此时，西部地区不仅落后于北部和东部地区，甚至比南部地区还要落后[221]。黎族仍居西部地区，到现在地处沿海的昌江、东方仍是以黎族居民为主的民族自治地区。

四、生产落后——边缘化的现实状况

近代以来，海南西部属于"老少边穷"地区，社会经济长期处于落后状态，目前城市化水平低下。资料分析指出[276]，2005年东方城市化水平为27.1%，不仅低于全省40%的水平，也低于全国36.1%的水平。其生产结构原始，第三产业不发达，工业比重虽然大，但以农产品为原料的工业为主，重工业中采掘工业的比重大；缺少高新技术产业，缺少高附加值的加工业，经济效益差，每百元固定资产原值实现的产值低，在全国排27位。全员生产率低，特别是国有企业亏损严重，大多数国有企业设备老化，下岗失业人员多，形成城市贫困人口；农村贫困面大，东方有贫困村74个，绝对贫困人口和低收入人口有4.4万人，城市低保对象在1.2万人以上，3 200家农户仍住茅草屋。人口素质低，文盲、半文盲人口比重大（见表5-5），文盲与贫困恶性循环，使其在经济上处于更加弱势的地位，无法摆脱贫穷落后的状态，并拉大与全省及全国的发展差距。

表5-5　海南西部2000年的文盲人口及文盲率

地区	文盲人口	文盲率（%）
全省	53.30	9.72
昌江	1.77	11.28
东方	4.88	19.61

资料来源：海南省第五次人口普查办公室《海南省2000年人口普查资料》。

五、遥远边缘——边缘化的形成机制

前人认为[296]，边缘化是通过系统内聚力的作用使乡村空间自发趋于凋敝的趋势。它主要表现为地方工业萎缩，人口增长缓慢甚至绝对减少，人才外流严重，GDP 等主要社会经济指标与主流地区的差距拉大，社会运转方式及地方社会心理滞后于时代等[97]。边缘化是实体在多种不利因素条件下，因其本身的弱点而可能经历的过程[94]。促使地区边缘化的因素是多方面的，自然、社会和移民是西部地区边缘化的主要因素。

1. 自然机制

海南西部地区存在自然条件方面的劣势，即土地贫瘠、气候不良。西部地区森林稀疏，在人类掌握的生产技术不高时，这种植被状况易于开发。当生产技术进一步发展后，植被覆盖状况不成为开发的限制条件。森林稀疏说明当地水分不足，反而成为生产进一步发展的障碍。西部地区植物生长缓慢，数量较少，人类对食物的获取越来越困难，限制了人口的增长，降低了对移民的吸引力，移民迁来西部地区的越来越少，甚至已迁来的居民又移往他处。劳动力的减少和人才的外流导致地区开发滞后、生产低下，生产要素外流，出现边缘化，这一过程循环往复，致使边缘化程度加剧。

2. 社会机制

社会因素可从多方面影响边缘化的发展。有人认为[297]，社会制度缺陷和政府职能错位是造成边缘化的根源。在海南西部地区，行政区划频繁变动是边缘化形成的人为因素[101]。汉设珠崖、儋耳郡，封建制度在海南建立，通过官方和民间渠道移民海南的渐多，对其开发有积极意义。但随后各行政区变动频繁，甚至弃之。明后海南归广东辖，海南受广东的影响加大，移民也主要来自广东省内，东海岸距广东近，移民抵岛后沿东海岸一路南下，甚少到西部，西部地区边缘化加剧。清时设琼州道，北为琼州，辖儋州、琼山、澄迈、定安、文昌、会同、乐会、临高；南为崖州，辖昌化、陵水、感恩、万县[298]，出现南北两端极化，这种现象一直持续到现在。封建统治对边疆地区注重地区管理，轻视区域开发；当地政府和中央政府满意于现状，忽视对落后地区的资源开发[266]和经济发展。按既有模式，欠发达地区不仅难以受益，还加剧了其边缘化程度[299]。

3. 移民机制

我国历史上人类迁移有政府移民和自发移民两种，戍边、流放、贬谪、屯田、垦荒等是政府有组织的移民形式，自发移民主要是由逃避战乱和灾害，不堪压迫，以及突发事件等原因引起[281]。

海南自隋以来就有多名高级官员贬谪于此，他们来琼后为海南经济、社会、文化发展作出巨大贡献，但他们大都被贬到琼州，少数人到崖州和儋州，感恩和昌化等地均无相关记载。他们对西部地区影响小。在居民自发转移居住地的过程中，公共政策是居民自发向边缘区迁移的主要原因[300]，政府是鼓励开发的。据《儋县志》载："元官给牛召民耕田，清屯田十仅耕一。"这种情况的出现说明在西部地区，自然条件对移民的影响更大。

自发移民自由性大，可自由选择定居点，可随时迁往他处。由于西部地区土壤、降水等条件对作物种类和生长的限制使农业产量不高，加之暴雨和干旱的影响使农业生产不稳，他们对西部地区失去兴趣，遂再次迁移寻找更有利的定居地，并把信息返回大陆，此后新移民则直接迁往北部和东部地区。明清以来移民以省内迁移为主，省内移民对海南的

了解更为详细和全面，到西部地区的就更少了。西部地区的边缘化通过移民机制得以强化。

本章小结

　　边缘地发展存在两种潜在趋势——边缘化与中心化。在历史上的开发过程中，海南西部经历了一个逐渐边缘化的过程。在移民开发的早期，海南西部是开发的重点地区，其开发程度和发展水平在海南处于领先水平。唐以后，移民逐渐向东部地区转移。宋元时，北部和东部地区已成为移民开发的重点地区。明清时期，西部地区已明显落后于北部、东部和南部地区。西部地区由海南的先行地区演变成落后地区。海南西部地区的边缘化有深刻的地理基础。海南岛因位置偏远一直不受中央及地方政府的重视。西部地区离岭南的经济政治中心广州更偏远，加之土壤贫瘠，降水稀少，暴雨和干旱灾害频繁，影响作物生长，使农业生产不稳，产量不高，失去对移民的吸引力。土著居民对西部地区的开发早，已有6 000多年的历史，但他们处于原始的低生产水平，人口也少，对西部地区开发所起的作用小。汉族移民是西部地区开发的主力，他们从大陆带来先进的生产技术，对西部地区的开发起主要作用。早期汉族移民来自岭南以北地区，明清以后主要来自广东省内。因此，海南西部的边缘化是一个逐渐发展的过程，是多因素综合作用的结果，自然条件不良是基础，外来移民的转移是主因，社会制度的缺陷是外因。海南西部仍然具有中心化的潜在优势——资源丰富、区位良好、交通便利与政策倾斜。海南西部丰富的铁矿资源与建材原料以及近海储量巨大的油气资源，是海南西部发展工业的良好条件，并成为海南重要的重工业基地。海南西部交通条件已大大改善，作为交通中心已成雏形。由于特区政策的实施，八所作为国家一级开放口岸为海南西部的发展赢得政策优势。总体上，现代海南西部发展逐渐出现中心化的趋势。

第六章

能力与选择——边缘地的可持续发展

区域自然环境与区域发展的互动关系一直是学术界研究的薄弱环节[301]，协调二者的关系是可持续发展的目标。地理边缘的可持续发展就在于厘清资源环境家底，找出与其功能结构相适应的开发方式，充分挖掘其边缘优势，进而建立边缘地特有的经济发展模式。海南西部目前的开发活动，主要还停留在其资源优势上，作为边缘地的功能优势尚未充分发挥。本章从边缘地功能角度出发，对海南西部的发展能力进行分析，并提出相应的发展模式与发展对策。

第一节　发展能力

一、区域发展现状

海南西部地区经济总量不断扩大，经济综合实力明显增强，国民经济增长速度在海南县市中居前列：①工业化进程加快，初步建立了以重化工业为主的工业体系，使西部在海南工业中的地位得到进一步提升；②经济结构进一步优化，农业在国民经济中比重降低，二、三产业的比重提高；③交通运输能力与水平有较大提高，粤海铁路将海南西部与大陆铁路网连为一体，进出大陆市场更为便捷。海南西部目前处于由准工业化阶段向工业化初期阶段推进的时期，工业发展速度快，但城市化水平较低，城市化率与工业化率之比为0.76[142]，离国际通行的标准区间1.4~2.5[302]还有差距。工业已经成为海南西部的支柱产业，但第三产业落后，区位优势与落后的第三产业不协调，物流业、信息服务业尚处于起步阶段。

海南西部社会局势稳定，城乡居民收入稳定增长，但收入差距在拉大。城镇居民收入增长快于农村，造成城乡差距持续扩大。通过教育体制改革使教育资源优化配置，受教育人口增加，人口素质得到提高。城市化水平逐步提高，城市人口比重已达30%以上[146]，初步形成以八所为中心的城镇体系。通过行政区划调整，优化行政结构，乡镇机构由17个合并为10个，充实重点乡镇的实力，使其对周边地区的带动作用增强。基本实现了社会保障，参保率达95%[276]。社会领域仍然存在与发展潮流不相适应的方面。农村居民中小农意识仍然占主导地位，居民的意识观念中缺少工业文明、生态文明与市场意识等。干部中计划经济时代的保守意识仍然浓厚，缺乏对市场经济的驾驭能力。贫困问题严重，贫穷仍是困扰海南西部的主要社会问题。总体上看，海南西部仍是落后地区。

热带地区的环境优势主要体现在生态多样性方面[303]，海南西部亦是如此。该区生态环

境基底良好，森林覆盖率高，东方境内森林覆盖率达62.5%[270]。境内湿地面积大，沿海有众多港湾，陆地有诸多河流及水库塘坝，其中昌化江是海南第二大河流，大广坝水库、石碌水库均是大型水库。广大湿地对生态环境调节作用明显，生态环境的环境容量有所增大。农业中以种植业为主，种植的热带水果、热带经济作物、用材林等也有益于生态环境的建设与保护。境内工业企业数量不多，污染源少且集中，主要在八所及石碌地区，便于集中整治。海南西部是生态脆弱区，自然灾害多发，特别是干旱对海南西部的农业生产影响大。由于贫困问题的存在，人们发展经济的需求强烈，对生态环境的保护意识不强，因开发而造成的环境破坏与污染现象较为严重。特别是沿海地区，对防护林的破坏屡禁不止，国家特殊防护林带被占用，如开辟为高位虾池、种植西瓜等。随着"西部工业走廊"的建设，发展的重化工业均为污染型企业，三废排放量出现成倍增长的趋势，环境已受到严峻挑战。

二、能力分析

物质（资源）是区域发展的物质基础，区域经济系统就是将自然物质（资源）转化成人类可以利用的物质（产品）。区域发展能力就是区域生产系统将物质（资源）转化为产品的能力。区域发展不仅与区域物质（资源）的储备、获取有关，也与生产加工、交换转化、支配调控等有关，这构成区域的截流、整流、交流三大能力。

（一）截流能力

截流能力包括物质（资源）储备能力、获取能力、生产及勘察能力等。

海南西部是资源富集区，资源储备能力大。一是油气资源贮量大。在海南西部附近海域，蕴藏着大量油气资源，海南西部具有开发上述油气资源的理想区位，东方市已成为油气资源开发的基地。北部湾盆地面积$3.8 \times 10^4 km^2$，在已钻探的36口井中发现工业油气气流，发现油气田7个，其中涠12-1、涠12-8两个油气田储量就达$6.022 \times 10^7 t$[277]。二是矿产资源贮藏量较大，主要有黄金、磷、锌、铁、铜、钨、钛、铅、银、水晶、云母等。海南铁矿以富铁矿石储量大、品位高而著称，经探明的铁矿石总储$3.14 \times 10^8 t$，保有储量为$1.63 \times 10^8 t$，铁矿石平均品位51.15%，最高品位达62.36%，还伴生有铜矿、钴矿、白云矿、硫铁矿等多种矿产资源[138]。建材矿藏主要有石灰岩、花岗岩、大理石、石英砂等。石英砂纯度高、质量好，含硅达98.5%以上，已探明的一个露天石英砂矿约有$18km^2$，储量达$2 \times 10^7 t$[145]。三是其他资源储量也较大。水力资源丰富，昌化江是海南三大河流中水力蕴藏量最大的[239]；荒地资源也很丰富；农副产品种类多，可为加工业提供充足的原料。

海南西部的资源获取能力可从两个方面分析，一是对境内资源的开采能力，二是通过市场机制从境外获取资源的能力。对境内资源的开采企业主要是石碌铁矿，设计能力为年产$4 \times 10^6 t$，海南金昌金矿公司日采矿$150t$[138]。其他矿产资源的开采尚无大型企业，多属小规模及个体开采，资源浪费较为严重。境外资源获取能力由资源市场决定。理论上，海南西部临海并有大型港口，可从世界上任何市场购买所需资源，但中国内陆仍然是海南西部资源供应的主要来源地。

资源生产加工能力有很大发展空间。生产加工能力是区域经济发展的关键，直接决定经济实力与经济发展水平。海南西部是海南的重工业基地，随着"西部工业走廊"的建设，昌江与东方都建立了工业园区，进驻企业增多，生产加工能力有较大提高。据昌江和东方工信局（2009）提供的数据，昌江县已有工业企业 53 户，其中具有一定规模的企业有 27 户，初步形成了钢铁、水泥制造、农产品加工（见表 6 - 1）、核电四大支柱产业。其中，水泥有四大生产企业，年生产能力已达 9.23×10^6 t，全部建成后产能将达到 1.2×10^7 t，占全省水泥总产量的 96% 以上，成为全省最大的水泥生产基地。东方市也已有大型的化肥、塑料及电力企业，富岛化肥年生产能力 8×10^5 t/a，华能东方电厂一、二期设计能力 1.4×10^6 kW。总体上，海南西部的企业数量少，主导产业生产加工能力不强，还不能有效带动区域经济的发展；农业生产效率不高，产量低，将农业资源转化为产品的能力弱。

表 6 - 1　海南西部（昌江）主要的农产品加工企业

企业名称	生产规模（t/a）	投资规模（万元）	主要产品
昌江糖厂	4 000		白砂糖
南华大风糖厂	2 800		白砂糖
金林橡胶加工厂		2 400	橡胶制品
海南司克橡胶衬板厂	2 000		橡胶制品
昌江剑麻综合加工厂	35 000		剑麻纱
雄伟淀粉厂	6 000		淀粉
海顺淀粉加工厂		800	淀粉

资料来源：昌江县工信局提供，2009。

（二）整流能力

整流能力是边缘地在人地系统发展过程中使物质能量的流动转化有序化的调控能力。经济活动是影响人地系统的主要因素，也是调控人地系统物质能量流动转化的主要手段。社会经济系统中聚落系统、经济中心（城市）、基础设施以及社会系统中的人口素质、企业行为、企业家群体、教育水平、政府管理水平等都是规范自然与社会经济中各种要素流动的有效因素，整流能力大小由上述因素决定。

海南西部的聚落系统已经形成城市—镇（圩）—乡村的体系，八所以其良好的区位条件与发展基础正成长为区域的聚落中心，区域内经济要素正在向八所集聚，有望成为区域的增长极，但尚处于极化的初级阶段，不能形成有效的要素双向流动，对周边地区的带动作用弱。人口素质是影响整流能力的重要因素，但海南西部人口素质较低，突出表现为文盲人口比重大——东方是海南全省文盲人口比重最高的县市。同时存在人才外流现象，外出人员主要是接受过良好教育、文化素质较高的人员，制约其整流能力的提高。政府行政管理水平与行政效率是又一重要因素，东方行政效率不高，每个机构公务员人数多，服务人口数量少。这一方面加大了行政成本，另一方面造成多头管理，部门之间不易协调，办事拖沓。教育科研有一定的基础，有农科所、林科所、良种试验站、农业技术推广站、病虫害测报站等科研单位 10 个，科学普及协会 17 个，科研及专业技术人员 2 743 人，农民技术员 1 000 多人，初步形成了县、乡（镇）、管理区三级科学普及网络[142]。通过相关项目建设——工业园区、物流园等加大了整流能力，促进了农产品产、供、销一体化。

（三）交流能力

交流能力由两部分组成：一是交通等基础设施及其相关要素组成的硬件部分，二是市场机制、制度政策、商业环境、企业效率等所决定的物质流通能力的软环境部分。

海南西部以公路为主要交通方式。东方市公路通车里程为952.5km，其中高速公路为66.5km，国道77km，省道155km，县道75km，乡村农林道路579km[142]；昌江县公路通车里程达652.32km，其中国道22.2km，高速公路27.5km，省道58km，县道112.7km，乡道371.9km，专用公路61.02km[304]，区内已基本形成以高速公路、国道、省道为干线的公路网络。但公路等级不高，路况较差，影响运输能力，运输量不大（见表6-2）。东方市二级以上公路只占31.3%，四级路占7.9%，非等级路579km，占60.8%[142]。铁路运输有石八线（石碌—八所）与八三线（八所—三亚），客货运输车站15个，以八所站为最大。水陆运输除八所港外，其他港口运输量较小。

表6-2　海南西部（昌江）2008年全社会客货运输量（吞吐量）年报

客运量	旅客周转量	货运量（万t）	货物周转量（万t）
390	8 894	126	9 692

资料来源：昌江县统计局《昌江县统计年鉴2008》。

海南西部通达性现状较为落后，但潜力良好。区内已经形成公路运输网络，东方路网密度为42km/100km²，每万人口拥有公路26.6km，昌江路网密度也达40.87km/100km²，所有乡镇均有公路相连。区内路网以高速公路和海榆西线与省内公路相通，但与大陆公路网的连通还需要轮渡，费时且费用也高。铁路经粤海铁路并入大陆铁路网。海运除八所港口与国内12个港口和世界17个国家和地区通航外，其他港口基本只供渔船停泊使用，基本没有与区内及区外的客货运输任务[142]。目前尚无航空运输设施通达。海南西部可供利用的交通方式多，有建设公路、铁路、港口等的良好条件，现有港口尚未充分利用，运输潜力大。

市场经济有一定的发展，市场在资源配置中起基础性作用。境内有专业市场，各乡镇均有农贸市场，并有一定的商人队伍。东方的个体从业人员主要从事商贸流通业务。社会消费品销售旺盛，2008年，东方销售总额104 286万元，比上年增长21.8%，农村消费品零售亦增长20.2%；昌江县消费品市场呈快速上升态势，社会消费品零售总额创历史最好成绩，达到44 969万元，增长22%，增速比上年提高了5.5个百分点。

第二节　发展模式

区域发展模式是为达到一定目标而对区域内的自然、经济和社会文化资源进行重新配置与整合的方式与途径，是在区域特定的人口、资源、环境与资本等基础上形成的具有区域特色的经济关系和经济运行机制。区域发展模式在理论加工后成为一种范式，可以作为一种经验被模仿、推广或借鉴[305]。边缘地资源环境的特殊性与人文基础的复杂性使其区域发展的可塑性增大，有多种发展模式可供选择。发展模式的有效性在于，在已有的发展基础上对区域资源环境进行合理利用，针对不同的时代背景使区域优势能够得到充分发挥。

海南西部区域发展的时代背景已经发生变化。海南省在"十一五"规划中对全省发展作出了新的部署[306]，提出一大目标（建设生态省）、二大战略（大企业进入、大项目带动）、四大产业（新型工业、热带农业、海岛旅游业、海洋产业）。在此背景下，发展工业成为建设海南强省的共识[307]，海南西部也必须实现经济发展战略的转变，为实现海南西部作为海南战略中"西部工业走廊"的建设目标，必须探索新的发展模式。

一、反边缘化模式

边缘化是区域发展的一种相对状态，是边缘区域与中心区域的发展差距拉大的过程。发展差距拉大可能由两方面原因造成，一是边缘区的发展处于停滞状态，二是中心区发展速度太快。因此，边缘化可分为两种类型：一是区域发展速度相对于中心地区太慢而导致的相对边缘化，二是尚没有进入发展轨道而存在的绝对边缘化。大多数边缘化地区是第一种类型，即发展速度过慢的边缘化。本书所称边缘化也是指这种类型。

边缘地是优势与劣势并存的复杂地区，存在边缘化与中心化两种趋势。边缘化是由于不利因素占主导地位而造成的，刘琦等[272]认为这些不利因素包括远离中心、交通闭塞、市场分割、利益流失、人才缺乏、观念落后等。边缘化也是一个发展的恶性循环[101]，一旦陷入，则长期停留于低水平的陷阱中，很难跳出这个循环怪圈。因此，反边缘化也应从这方面入手，发挥边缘优势，反转不利因素的制约，跳出循环怪圈。

可以通过保持、强化区域优势和后发发展实现反边缘化。区域发展的关键在于充分利用区位、资源等优势[308]，边缘地具有区位优势、资源优势、功能优势。海南西部要利用区域的资源丰富的优势，建立资源型工业；利用区位优势，注重招商引资，建立外向型经济；发掘功能优势，构建功能中心，如交通中心、物流中心等，以功能中心促进经济社会发展。后发发展是一种跟进式发展，即利用发达地区已有的经验与模式来实现发展。可通过引进各种先进技术，并经模仿、消化吸收和改进，提高产业发展水平，促进经济快速发展，形成追赶优势；也可通过制度学习和制度移植，即效仿或借鉴各种先进制度并经本土化改造产生追赶优势[309]。实践证明，后发发展能以最小的成本实现最大的效益，最适合欠发达地区经济在基础薄弱、资金严重不足的情况下实现发展。

反边缘化发展可以通过前沿转变与区域整合来实现。前沿转变是指边缘地由区域边缘进入经济前沿。对海南西部而言，当前北部湾经济区地位的提升，中国与东南亚地区联系的加强正是实现前沿转变的良好机遇。区域整合是提高区域综合实力，实现区域间的优势互补而加快共同发展速度的优良方法。海南西部可将东方与昌江两县市合并成一市，并力争上升为地级市，以增强区域整体实力，从而实现反边缘化。

行政边缘区的落后是因其分属不同行政区管辖，造成经济和政治体制的地域分割，人为地为边缘地区的经济联系和发展制造了许多障碍，使行政边缘的经济得不到正常的发展机会与条件。反边缘化则要剔除行政壁垒，与周边区域形成良性互动，消除发展的障碍。因边缘地位置的前沿性，受国际、国内政治经济环境与国家政策的影响而导致的边缘化，要通过争取国家政策，发挥地方政府的主动性，采取经济挂帅的方针，消除隔阂，赢得发展机遇来应对。由于距离地理中心的空间距离大，不为国家战略所重视而产生的边缘化，要通过发展交通通讯，缩短与地理中心的时间距离，实现与市场的无限贴近，从而赢得发展空间来改善。

二、边缘效应模式

边缘效应有正负效应之分，这里的边缘效应指边缘正效应。地理边缘的边缘正效应是结构与功能的特殊性，使其资源丰富化，环境多样化，为社会经济的发展创造更为有利的条件。边缘效应发展模式就在于充分利用边缘地资源富集与环境多样的有利条件，同时利用其汇流功能优势，发展多种产业，促进经济社会的发展与繁荣。发挥边缘正效应，要着重解决三个方面的问题[14]：①疏导作用通道，发掘边缘效应。通道不畅，相邻地域间互动因子被隔离或屏蔽，地域间的人流、物流、资金流、技术流、信息流就会被切断，潜在的边缘效应难以发挥。②发挥主观能动性，创造边缘效应。在遵循自然规律和社会规律的前提下，有目的地引导相关地域间的非线性协同作用。③拓展有益边缘区，增殖边缘效应。根据需要，增加相互介入的边缘长度，我国沿海、沿边、沿江逐步开放的过程就是拓展有益边缘区，增殖边缘效应的良好范例。

利用资源优势是发挥边缘效应的最易方法。边缘地良好的资源组合、多样的资源种类，为经济发展提供了强力支撑。同时，边缘地的区位优势与交通优势为区外资源的利用提供了可能，增加了可供利用的资源供给。就海南西部来看，它是海南矿产资源的富集地，某些资源在全国都具有重要意义，如富铁矿资源、海上油气资源等。充分利用这部分资源，使之成为优势产业及产业链，使资源优势转变为经济优势，是海南西部实现边缘效应发展的动力基础。从经济发展的要求看，必须合理地利用资源，不管是优势资源还是非优势资源。通过对缺乏的资源进行培植、对劣势资源进行优化改造形成经济发展的优势；通过资源的开发转换，使缺乏的资源和劣势资源从区外介入，形成经济发展的优势[310]。边缘地的功能优势与区位优势为区外介入资源创造良好条件，更易从相邻区域引入资源来发展经济。

发挥人的主动性，创新边缘区，创造边缘效应。对尚处于隔离（屏蔽）状态的边缘地，以事件造势、政策激发等方法，激活边缘地的边缘效应。对边缘效应不甚明显的边缘地，应提升边缘地的层次，扩大腹地空间，拓展边缘地的边缘效应。海南西部有众多港湾，而大西南地区缺少出海通道，海南西部应主动与大西南地区通力合作，共同打造大西南的沿海区。对单一边缘地，可创造地理新区，形成新的边缘地，再增新的边缘效应。在社会经济领域，人文地理因素分异更快，人文边缘地产生也更容易，特别是制度创新在创造边缘效应方面具有良好前景。

三、功能中心模式

边缘地功能优势与区位优势使边缘地在区域结构中处于结点位置，是功能中心成长的有利条件。功能中心模式就是发挥边缘地的功能与区位优势，使边缘地区中心化，实现边缘地经济社会的发展水平提高、发展速度加快、居民福利增加、生态系统平衡、与区域中心差距逐渐缩小乃至成为新的区域中心或次中心[130]的目标。

培植经济增长中心是实现功能中心模式发展的核心。经济增长中心是区域在一段较长时间内，其GDP连续以较快的速度增长的中心城镇或次级区域。由于中心的快速增长，产生集聚效应。区域经济集聚能够有效地利用资源和经济要素，形成强有力的区域经济发展机制，在较短时间内能够较快地增大区域经济的整体实力与水平[311]。经济增长中心可以是点、线、面，也可以是三者的结合。对海南西部区域，经济增长中心点可以是一个大型企业、一个重点产业，也可以是一个重点乡镇；经济增长中心线可以是沿海、沿江、沿路（公路、铁路等）地带；经济增长中心区（面）可以是工业区，也可以是更广域的范围。经济增长中心的形成将使区域出现分化，区域之间的联系增强，区域的整体力、协调力提高，结构得以优化。

发展城市及重点镇是壮大功能中心的重要途径。作为经济中心的城市与区域又是相互作用的[132]，城市带动区域经济的发展，区域环境也影响城市的扩大[312]。城市愈发展，区域的作用愈强烈，在区域中所具有的经济中心功能、政治中心功能、文化中心功能也就愈突出。因此，在一定意义上，壮大城市就是培植功能中心，可以有效带动区域发展。

第三节　发展对策

支撑海南西部发展的资源环境条件与工农业历史基础都不同于海南其他地区。海南西部产品市场以省内市场和国内（内陆）市场为主，经济结构表现出依附于农业与矿产的初级产品性质，经济发展水平与海南其他地区相比也有一定差距，发展任务较重。基于边缘地的特殊区域特征，海南西部发展可采用多种发展模式，不同发展模式采用不同的发展对策。

一、反边缘化

反边缘化发展就是在充分分析边缘地的边缘优势与劣势的基础上，找出影响其发展的限制因素，防止其负面作用的发生，改善边缘地的发展环境，同时充分利用优势资源，发挥区位优势，实现区域经济的快速发展。在限制因素中，地理位置偏远在经济发展中的副作用最为突出，而环境脆弱、灾害多发均可通过发展来弥补。根据区域具体情况，实现海南西部的反边缘化发展可从交通、产业、重点区域等方面入手。

（一）构建快捷交通

海南西部属于海岛地区，与中国内陆和东南亚地区的经济合作是今后发展的方向。发展交通、通信，与上述地区建立畅通的交通、通信网络，缩短与上述地区的时间距离、心理距离，可有效消除地理位置偏远所产生的不利影响。重点建设好陆海交通，完善港口系统，对已有港口进行修缮，保证其运输能力；完善通港铁路与公路，形成综合交通网络系统；进行专业港口建设，渔港、货运码头、企业专用码头、瓜菜专用码头等要适时建设；建设国际大港，将八所港作为国际交流的主要港口，提高港口吞吐能力；开通与东南亚的国际航线，巩固已经开通的八所与越南各港口的航线，扩大经营范围，增开到菲律宾、印度尼西亚、马来西亚等地的航线，密切与东盟国家的联系；完善地方公路与西线铁路、西线高速公路、海榆西线等主干线的对接，加快交通运行速度，为物资与人口流动提供多种可用运输方式；将从防城到北海的铁路经铁山港进一步向东延伸与粤海铁路接轨，向西经东兴与越南道路系统连通，形成环北部湾的铁路网；建设北海—海安高速公路及跨海大桥，建立到大陆的快捷交通。建立环北部湾和海南"西部工业走廊"的快捷综合运输网络，将从根本上改变海南西部偏远位置的不利条件，使区位优势得以发挥。

（二）壮大优势产业

海南西部三大产业中，工业是基础最好的产业，农业与第三产业中也有优势部门。因此，在三大产业中应将工业作为优势产业发展，同时将农业与第三产业中的优势部门重点发展。

海南西部种植粮食作物的供水条件与农民的种植技术都不占优势，不应再强调粮食自给。相反，海南西部的农业优势在于热量条件，热带水果与反季节蔬菜是绝对的优势项目。在热带水果及热带作物中，海南西部也与其他地区不同，各种热带作物在海南的产量及比重与其他各县市相比差异大（见表6-3）。橡胶在海南种植最普遍，各县均有种植，以儋州、琼海、琼中、白沙较多，四县市产量占全省一半左右。儋州、琼中、白沙三县基本连成一片，位于海南中部偏西的位置。其他热带作物也具有集中分布的特征，也即各种热带作物的种植都形成了各自的优势种植区位。海南西部在热带作物种植上的优势品种是香蕉与芒果，因此，西部应该在现有基础上做强做大香蕉与芒果两个优势热带水果，巩固自身农业中的优势部门。

表6-3　海南各县市优势农产品产量及比重

地区	橡胶		槟榔		胡椒		椰子		香蕉		芒果	
	产量	比重	产量	比重	产量	比重	产量	比重	产量	比重	产量	比重
海口	10 437	3.4	–		2 282	9.1	12 707	5.6	69 535	8.2	–	
琼海	31 366	10.4	10 018	20.0	10 816	43.0	62 347	27.6	31 851	3.7	–	
文昌	5 481	1.8			5 986	23.8	57 420	25.4	–		–	
定安	9 672	3.2	2 004	4.0	1 175	4.7			–		–	
屯昌	21 143	7.0	3 599	7.2	612	2.4			–		–	
澄迈	22 039	7.3	899	1.8	766	3.1			58 583	6.9	–	
万宁	17 833	5.9	6 929	13.9	2 650	10.5	18 232	8.1	–		–	
三亚	14 487	1.8	7 604	15.3	–		31 358	13.9	117 426	13.8	49 137	35.1
陵水	2 995	1.0	4 768	9.6	–		19 385	.6	–		5 223	3.7
乐东	21 753	7.2	5 921	11.9	–		13 742	6.1	174 635	20.5	10 230	7.3
保亭	11 549	3.8	3 973	8.0	–		–		–		–	
儋州	47 551	15.7	–		–		–		56 350	6.6	10 759	7.7
白沙	30 267	10.0	–		–		–		–		–	
琼中	31 839	10.6	1 952	3.9	–		2 550	1.1	–		–	
临高	7 898	2.6	–		–		–		–		–	
五指山	3 753	1.2	–		–		–		–		1 197	0.9
昌江	5 138	1.7	–		–		–		68 806	8.1	21 249	15.2
东方	7 869	2.6	–		–		–		173 828	20.4	29 506	21.1
合计	303 070		47 667		24 287		217 741		751 014		127 337	

资料来源：海南省统计局《海南统计年鉴2008》。

（三）发挥资源优势

海南西部的优势资源，一是矿产资源居海南之首，其中硫富铁矿占中国硫富铁矿储量的71%，是全国八大露天矿山之一。石灰岩、石英砂是省内储量大、品位高的矿种。二是土地资源丰富，荒山荒地资源多，发展农业潜力大，且人少地多，仅昌江就有待开发利用土地$2.54 \times 10^4 \text{hm}^2$。三是海洋资源丰富，有超过100km的海岸线，超过1000km^2的浅水海域面积，并有众多优良渔港，海上油气资源也很丰富。四是旅游资源独具特色，昌化江、棋子湾、大广坝、王下皇帝洞、霸王岭原始森林、鱼鳞角、燕窝岭等旅游景点有待进一步开发。

海南西部资源丰富，建立以区内资源利用为基础的工业，将获得快速发展。针对荒地资源较多的特征，可大力发展热带作物。可使山区的农民充分利用大量的荒山荒地，靠山吃山，使非山区农民充分利用荒坡地和耕地，发展热带作物庭院经济，实现脱贫致富。利用矿产富有的特征，巩固建材产业，继续做大做强钢铁、石化工业，将其培植成区域主导产业。海岸资源开发可采取综合开发利用技术经济模式，开展滩涂养殖，建设农基鱼塘，加强滨海农田林网与防护林建设，开展滨海滩涂旅游、原盐生产、海洋化工以及建设港口与工业开发区。海南西部旅游可以开发沙地旅游为突破口，从而带动相关旅游资源开发，打造与海南其他地区异质性强的旅游产品，完善海南环岛游。

（四）延长产业链条

海南西部丰富的资源使其一直是海南工业比重较大的地区，但总体经济水平却较落后，这与海南西部在海南工业中的地位是不相符的。究其原因主要是，海南西部工业为初级产品生产，投资利润低，再生产资金少，扩大再生产困难。工业生产中，原材料工业与加工制成品工业之间存在巨大的差距（见表6-4），原材料工业发展越多，地区总收益率越低。因此，今后海南西部地区要在发展原材料工业的同时，注重产业延长，发展下游产业，扩大加工制成品产品的比重。在发展采掘业的同时，还要注重钢铁冶炼、钢铁制品生产。建材业不能单纯生产水泥，还应生产水泥制品及相关产品。发展农产品的加工及深加工，如建立一批果脯、果干食品加工厂，果汁饮料生产厂等。同时筹建配套设施，如现代化的集货、分拣、分级、保鲜处理、包装、储运、计算机网络管理等多功能的水果批发中心，将岛西建成水果生产、加工、运销中心。

表6-4 不同产品的利润率比较

原材料		加工制成品	
产品名称	资金利润率（%）	产品名称	加工利润率（%）
煤炭	2.1	橡胶加工	44.9
铁矿	1.6	染料加工	38.4
化学矿	3.2	手表	61.1
水泥	4.4	自行车	39.8
木材选材	4.8	化学药品	33.1
加权平均	3.2	加权平均	43.5

资料来源：潘照东《开发经济学导论》。

（五）承接产业转移

海南西部属于开发滞后的地区，具有劳动力、土地资源等优势；又是沿海地区，具有对外联系便利的优势；同时属于经济特区，又有政策优势，在软、硬环境方面都具有发展经济的显著优势。中国东部经济发达地区由于环境压力，一些产业被限制发展，企业正在寻找新的生产空间，区域产业正在进行升级换代，承接东部转移出来的产业，是欠发达地区的一个很好的发展机遇。特别是对珠三角地区而言，海南西部有良好的区位，有地理邻近的优势，有1988年前同为一省的历史渊源，这些都可成为珠三角地区企业转移到本区的有利条件。海南西部要在制度、环境、劳动力等方面与珠三角地区配套，在大环境上与珠三角融为一体，成为珠三角经济区的一部分，主动接受其辐射，以免再次被边缘化。

（六）重点区域开发带动

海南已有两大经济园区——昌江循环经济工业园与东方化工城，也是海南经济发展的重点区域。目前，应加快两大经济园区的开放、开发步伐，充分发挥其在扩大对外开放中的重点带动作用；加强经济园区的基础设施建设，完善管理体制，优化内部运作机制，落实各项优惠政策，力争在引资力度和重大项目建设上取得突破，使之真正成为海南循环经济与科技创新的"窗口"，成为海南西部经济社会未来发展的重要增长极和推进器。农业发展以农业基地建设为重点区，创建芒果、甘蔗、瓜菜、热作等四个十万亩高效农业生产基地，以农业生产基地带动区域农业的全面发展。四大基地分别为以十月田、大田为中心的糖蔗生产区，以七差、叉河、东河、江边为中心的芒果生产区，以东河、大田、乌烈、天安为中心的热带作物生产区，以及沿海平原的反季节瓜菜主产区。

二、创造边缘效应

（一）以合作创造边缘效应

边缘地与其他地物相隔近，与其他区开展区域合作具有先天优势。当区域之间存在资源禀赋、人文经济的差异，通过区域合作，将两个区域的优势资源整合在一起，就能发挥单一区域无法达到的效果，实现区域双赢。区域合作实际上是将两个区域的优势叠加在一起的边缘效应，因此，加强区域合作就是创造边缘效应。

在区域合作中，区域往往以一定的地理事物为纽带。目前发挥纽带作用最多的是水域，如河流、海洋、湖泊等。与海南西部相接的水域有北部湾、南海，这是海南西部与其他区域合作的先天优势。此外，海南西部还可以利用区位优势，广泛开种各种区域合作。目前急需融入的区域合作有以下几个：

1．环北部湾合作

海南西部位于北部湾的东面，是北部湾地区享有经济特区政策的地区，又具有热带海岛的优势，与北部湾其他区域在资源环境方面互补性强，在开发中应成为先行试验地。环北部湾地区可以共有资源开发形成产业协作。海南西部在环北部湾地区更具资源优势，可在产业协作中发挥应有作用。海南西部海盐、铁矿、建材等资源丰富，可以通过石油炼制、天然气转化、食盐电解，形成包括合成氨、尿素、甲醇及其下游产品的综合性石油化学工业基地；利用石碌的铁矿石以及本地丰富的建材资源发展钢铁、建材工业，以弥补环北部湾地区在这些产业上的不足，形成完善的产业系统。继续进行农业的综合开发，不断提高灌溉面积和单产，发展优质高效农业；利用水库多、海岸线长的优势发展海水、淡水养殖业；利用宜于种植热带经济作物的优势，扩大天然橡胶、热带水果的种植面积，并发展农产品加工业，形成现代农业产业体系。

加强环北部湾地区的经济合作，必须先行解决环北部湾地区之间联系通道不畅的问题。目前，环北部湾地区之间仅有海运联系较方便，但航运班次少，仅限于一些大港之间，区域联系不紧密。环北部湾经济区的形成过程中应先打破交通瓶颈，建设环北部湾高速公路与铁路，并与越南的铁路与公路接轨，形成海陆一体化的交通体系，为经济一体化奠定基础。大型港口要修建支线铁路与高速，与干线铁路连为一体，实现陆海联运，减少中转环节，提高运输效率，建立快捷运输体系。目前，海南西部已有西线高速与西线铁路，但铁路仅通达八所港，其余港口尚无铁路相通。公路方面，海安到海口尚需渡轮过海，耗时较多，甚为不便，应建设跨海大桥，建设过海的快速通道，使海南西部与环北部湾其他地区的时间距离缩短，空间上融为一体。

2. 中国—东盟合作

中国与大多数东南亚国家产业结构，特别是制造业内部结构上的差别和互补性决定了这些国家在经济合作与发展中的水平分工格局和资源开发性质。在这方面，邻近东南亚国家的海南西部，既有与东南亚国家开展直接经济合作的条件，又可以凭借其方便的地理位置与特殊的优惠政策，在中国内地与东南亚国家的经济合作中扮演中间人的角色。与东南亚国家同处亚洲热带地区的海南西部，不只在热带作物的种植与加工方面，在涉及资源开发的所有方面，比如热带旅游资源、海洋渔业及油气矿产资源，乃至人力资源开发等方面，同东南亚国家均有着广泛的开展经济合作的机会[313]。

3. 环南海合作

南海位于中国与东南亚诸国之间，并为上述国家所环绕，是西太平洋重要的海域，经马六甲海峡连通印度洋，是东亚通往南亚、非洲、欧洲的必经之地，地理位置重要。更为重要的是南海周边国家都是新兴的发展中国家，经济发展速度很快，使环南海地区的经济实力在全球的地位越来越重要。同时，经济的发展也使环南海国家之间交流活动增加，经济联系加强。南海有丰富的海洋资源及油气资源，使环南海各国对南海资源的开发日益重视。

海南西部在南海开发过程中处于较为有利的地位。海南西部是距离南海最近的中国陆地，在南海开发过程中可以发挥物质供应基地、后勤保障基地、技术支持基地的作用。海南西部与东南亚地区有紧密的历史联系，现在还有众多琼籍华侨华人在东南亚地区，可利用华侨华人的侨乡之情开展经贸合作。八所港是对外开放的一级口岸，早有轮班通往越南等地，与环南海国家的交往既有基础，又有优势。因此，在南海开发、环南海经济合作中，海南西部可以扮演重要角色。

4. 泛珠三角合作

海南西部在泛珠三角区域合作中的优势明显。海南西部属于热带海岛，是泛珠三角位置最南的区域，也是与东南亚地区沟通最近便的地区，与泛珠三角其他地区在资源环境与经济结构方面都有很大差异。海南西部的热带物产是泛珠三角稀缺的，泛珠三角地区为海南西部的反季节蔬菜、热带水果提供巨大的市场，海南西部为泛珠三角地区南部繁育种子提供场所。作为沿海地区的海南西部具有发展沿海型工业的有利条件，与内陆地区互补性

强。海南西部也可为珠三角地区的产业转移提供场所，现有的重化工业与珠三角以轻工业为主的工业结构也有互补性。因此，海南西部与泛珠三角地区有广阔的合作空间。海南西部要主动融入与泛珠三角的合作当中，以海岛的特殊优势在合作中发展沿海工业与现代热带农业。

（二）以特区创造边缘效应

边缘地与特区之间的重合在于边缘地的区位优势与边缘效应正是特区发展所需要的条件。特区的设立，究其实质是人为地创造一个与周边地区不同的行政区，通过实行特殊的、有利于经济发展的政策而使其具有与一般行政实体不一样的发展机制[314]。特区的优惠政策，特别是税收政策的优惠，等同于降低了成本，提高了收益，因而能够吸引投资，促使各种经济资源向特区汇聚。经济资源的集中使经济发展所需的各种资源得到充分供给，从而使经济得到快速发展。

作为一个与大陆相望而又邻近的海岛，海南最宜成为彻底开放的特区。海南西部是海南特区的一部分，在充分利用现有特区有利政策的同时，还应积极创设特区。只有制度创新，才能增强区域可持续发展能力[315]。特区的特点在于实行特殊政策，只要有特殊政策实施的地方均可看成是特区，因此，专业镇建设、园区化经营都可看成特区的一种。在国家政策允许的范围内，海南西部可以制定相关政策，在某些地方实行特殊的产业政策、民族政策，形成专业化生产及特色园区，如热带农业特区、东南亚合作区、海洋工业区、岛屿工业区、黎族工业区等。经济方面的特区已有成功的原型可以模仿、学习，其他领域的特区也可继续探索，如自然特区、民族特区、文化特区等。这既是特区发展的一个方向，也是创造边缘效应的有效途径。

三、构建功能中心

边缘地功能活跃，发生在边缘地的物质、能量、信息的生成、交换、流动、转换、消亡等活动频繁，边缘地在地理系统中处于功能中心的地位。海南西部边缘性强，但边缘地的优势并没有得到很好发挥，其功能中心的作用不突出，因此可以重点培植各种功能中心，以发挥边缘地的功能优势。

（一）交通中心

构建陆海综合运输网络，使海南西部成为区域交通中心。建设陆海综合交通体系，要完善区内港口系统，对已有港口进行修缮，保证其运输能力；完善通港铁路与公路，形成陆海联运网络系统；进行专业港口建设，渔港、货运码头、企业专用码头、瓜菜专用码头等要适时建设，特别是瓜菜专用码头建设具有非常重要的意义；建设国际大港，将八所港作为国际交流的主要港口，提高港口吞吐能力；开通东南亚的国际航线，巩固已经开通的八所与越南各港口的航线，扩大经营范围，增开到菲律宾、印度尼西亚、马来西亚等地的航线，密切与东盟国家的联系。陆上山区平原交通建设，以公路建设为主，完善现有公路体系，新建东西向公路干线，拉近山区与沿海地区的距离，方便山区与沿海地区的联系，为两区人员与物资流动创造有利条件；完善地方公路与西线高速公路的对接，加快交通运行速度，为物资与人口流动提供多种可用运输方式。

（二）区域中心——中心城市

海南西部现有生产力分布存在生产力集聚水平低，均衡分散的布局还没有被打破；带动区域经济发展的中心城市和带动广大农村的中心镇尚未真正形成；各地区间经济联系松散，既未培育出各具特色的支柱产业，也未建立起相互分工协作的区域经济网络等问题。区内唯一的城市——东方市规模尚小，还不能在区域发展中起带动作用。海南西部位于海口与三亚之间，北距海口、南离三亚都有 200km 左右，超出 1 小时的城市经济圈的范围，海口对东方与昌江的影响与带动作用不强，三亚作为旅游城市，其经济带动作用更弱，海南西部处于两大城市影响的空白区。因此，海南西部需要一个中心城市来带动区域发展。

海南西部的东方与昌江两地有相似的自然环境、发展历史与经济结构。历史上两县市也曾经合并为一县，二者之间联系是密切的。目前，昌江的铁矿、建材等产品都依赖于八所港口运输，两县市的经济联系紧密，已初步形成一个经济区，只是在行政上分割为两县市。从区域与城市的相互作用看，没有中心城市的带动，区域发展难以获得成功。对于面积近 4 000km² ，人口近 50 万的海南西部来说，确实需要一个中心城市。东方市已于 1988 年撤县设市，但城市规模与区域规模不相适应，不能发挥区域中心城市的带动作用。为提升城市规模，发挥城市在区域发展中的带动作用，可将东方和昌江合并为一个行政区，并升格为地级市，以更好发挥东方作为中心城市在区域发展中的作用。东方中心城市地位的确立，将强化边缘地的区位优势，使边缘地功能得到更有效地发挥。中心城市的功能与边缘地的功能相互促进、相互支持，中心城市对区域的带动力会更大，边缘地因中心城市而功能更活跃，进而使城市与区域得到良好发展。

（三）物流中心

边缘地物质生产的丰富性与多样性促进物流的发展。边缘地物产种类丰富，需要在不同地理系统间进行交换。随着海南"西部工业走廊"的建设，大量工业产品将在这里生产，也需要销往各地。传统产品如铁矿石、水泥等都是大件物品，农业中的西瓜、芒果、反季节蔬菜等运量也很大，岛西芒果占全岛产量的 36% 以上，香蕉产量占全岛的 30% 以上[151]，这些产品主要供应外地市场，需要发达的物流系统转运。特别是农产品易腐烂，必须快捷运送，这就更需要发达的第三方物流。

建设物流中心需要发展以专业物流公司为代表的第三方物流；提高运输能力，改善运输设备及运输工具；建设快速交通网络，减少物流运输时间；提高服务质量，降低物流运输成本。目前陆岛间的陆路交通，过琼州海峡仍是渡轮，中间耗时长，使海南西部热带水果与反季节瓜菜到了内地价格过高，很大程度上制约了海南西部产品在内地市场的开拓。

（四）工业中心——"西部工业走廊"

海南西部有发展工业的优越条件。一是资源丰富，地下有铁矿石、石灰石、石英砂、花岗岩等矿石，海底有天然气等工业原料；二是海陆交通方便，有众多优良港湾，八所港是海南的大型深水港，可以发挥海运优势；三是八所港是开放口岸，有利于工贸结合，互相促进；四是能源充足，大广坝水电站以及正在兴建的华能东方电厂、昌江核电站等，可以满足大型企业用电需要，大广坝水库、石碌水库和昌化江可以解决工业用水问题。因此，海南西部地区是边缘地的区位优势与资源优势结合的最理想地区之一。

海南西部属于欠发达的资源加工混合型地域，工业化要以市场为导向，以本地资源为

基础，以港口为依托，积极发挥外引内联作用，推动技术进步，加快建设各类型工业开发区，努力建成一批规模大、水平高、产品竞争力强的大中型工业项目，尽快形成规模效益。在海榆西线至海滨港口的走廊内，重点建设一批大中骨干工业项目，并带动一系列配套工业和后续加工业的发展，初步形成石油化工、钢铁、电力、建材等重化工业为主的"工业走廊"。在资源开采的基础上，积极发展加工制造型产业，尤其是发展加工工业，提高对产品的深度加工。加快农业的工业化步伐，尤其是形成热带农业农副产品基地建设以及产品加工、运输、销售等产供销的"一条龙"产业链。发展乡镇工业，在乡镇工业中积极利用本地资源发展加工业和劳动密集型工业等。

（五）海洋开发中心

南海是中国最大的边缘海，南海蕴藏着大量油气资源与海洋资源，开发南海的油气资源对中国意义重大。中国东部原油开采成本上升，西部自然环境恶劣，远离石油消费中心，运输成本相当高，综合成本已接近甚至超过国际石油价格，开辟新的油田、气田是中国急需解决的问题。在开发南海油气资源上，海南西部处于有利地位。海南西部是距南海最近的陆地之一，地处开发南海的前沿；地形开阔，荒地资源较多，用地不受限制；受台风影响较小，气候适中，降水较少，宜于工业生产；基础设施较好，有港口、铁路、高速公路等与大陆相通，因此，南海油气资源加工最近便地就是海南西部。以油气加工为基地，可以将海南西部建成南海油气开采、勘探以及海洋开发、海洋科考、海底资源开发、海洋空间利用等的中心。

本章小结

作为边缘地，海南西部资源环境为区域发展提供了良好条件。区域物质（资源）储备、获取能力以及生产及勘察能力已达到一定水平，形成了较强的截流能力；社会经济系统中聚落系统、经济中心（城市）、基础设施以及社会系统中的人口素质、教育水平、政府管理水平等都有进步，通过规范自然与社会经济中各种要素的有效运动，整流能力不断得到提高；交通等基础设施的不断改善，使市场经济有一定的发展，市场在资源配置中逐渐起基础性作用，与外界的交流能力更为强大。海南西部的发展环境已趋优化，发展能力已明显提高，但在移民开发过程中被边缘化，使其发展基础薄弱，其开发应充分认识这一历史约束。基于地理边缘的资源环境基础与社会经济条件，海南西部可以实行反边缘化、边缘效应、功能中心三种发展模式，针对不同发展模式采取不同发展对策。反边缘化的发展对策主要是构建快捷交通、壮大优势产业、发挥资源优势、延长产业链条、提倡模仿创新、承接产业转移以及重点区域开发带动等，使海南西部的区位优势、资源优势、后发优势充分发挥。创造边缘效应对海南西部而言主要是加强区域合作与特区建设两方面，海南西部可以在中国—东盟合作、环北部湾合作、环南海合作及泛珠三角合作中发挥其边缘地的优势，通过合作形成有益的边缘效应，吸引境外投资，实现发展目标；利用现有特区的有利地位，通过制度创新突出政策优势，提升边缘地效应。构建功能中心主要在于发挥边缘地的功能优势，实现区域的快速发展。海南西部可以在交通中心、区域中心（中心城市）、物流中心、工业中心（"工业走廊"）、海洋开发中心等方面加强建设，以功能中心的建设带动区域的整体发展。

第七章

结　论

　　边缘地是特殊的区域类型，是典型的过渡区、交错区，也是全球变化的敏感地带与人地相互作用的敏感地带。边缘地资源环境的敏感性使其在全球变化研究与人地关系研究中居于中心地位，是全球变化研究的关键区与人地关系研究的热点区。从区域发展角度来看，边缘地发展具有更大的不确定性，表现为两极分化，目前全球最发达地区与最不发达地区均为边缘地。探讨边缘地区域资源环境的发展与演变，以及在此基础上的社会经济发展演变，可进一步揭示人地相互作用机理以及欠发达地区的发展规律，进而丰富人地关系研究与区域发展研究，并为应对全球变化、调控人地关系、实现区域可持续发展提供科学依据。

　　本书的研究选取典型边缘地——海南西部作为案例区，通过对海南西部资源环境与社会经济的发展及演变的研究来揭示边缘地的发展演变规律。主要结论与认识如下：

　　（1）边缘地是一个有特殊形成机制、性质特征、结构功能的区域系统。

　　边缘地是在地理事物的空间位置差异、地理要素的空间分异、地物的空间运动及空间集聚等因素综合作用下而形成的地域系统，也是相对独立的、广泛存在的地理系统。边缘地因组成要素梯度的双向递增（减）变化而表现出过渡性特征，边缘地因多力集中、物质能量转换量大、要素运动快以及人类干扰等因素而具有脆弱性特征，边缘地要素的多变与复杂使其表现出动态性特征。边缘地要素结构具有多样性与复杂性，并且是一个开放的、远离平衡态的、具有多种非线性动力学过程的结构系统。边缘地具有截流、整流、交流与汇流（边缘效应）等功能，使边缘地系统从环境中输入、输出物质与能量的能力高于一般地理系统。

　　（2）海南西部区域资源环境与社会经济过程深受边缘地影响。

　　边缘地的性质与功能作用于资源环境，使海南西部出现沿海干旱与沙地环境，特别是沙地的出现与扩大增加了生态环境的脆弱性，也改变了土地资源的结构。在环境基底脆弱及人口增长的压力下，生态环境处于退化状态，表现为沙化的加剧、林地的减少及污染的出现。人类对土地资源的利用日益充分，土地利用方式向海洋性利用转化。资源与环境的内在联系在人类活动作用下逐渐走向一体化，海南西部在山区资源环境化方面已经迈出一步，沙地环境资源化也可切实推进，区域资源环境一体化将是发展趋势。

　　人口、聚落与经济是海南西部人文环境的重要构成要素。海南西部人口分布、人口迁移与人口增长都具有向边缘地集中的趋势，海岸带是人口集中区、汉族人口聚居区，也是人口机械增长区，并且人口迁移活动频繁，迁移数量与比例远大于其他地区。聚落与边缘地出现空间的耦合，表现在边缘地出现聚落密集带、聚落数量增减、聚落空间变化速率大、中心聚落成长于边缘地等现象。二者耦合的动力源于边缘地特殊的性质与功能，过渡属性、交流功能、截流功能、边缘效应与聚落的成长机制相互作用，使聚落与边缘地不断耦合。海南西部经济的发展演变可分初级产品经济与重化工经济两个过程，二者都是建立在区域资源基础之上的发展模式，既带动了区域的开发，也制约了区域的全面发展。

（3）边缘地资源环境与社会经济发展具有特殊的边缘机制。

资源环境变化过程中，环境基底脆弱、灾害因素众多、干旱气候与人类需求变化是促使其演变的主要动力。边缘地环境的多因素构成、多变特性及其开放的结构决定了环境的脆弱性，使环境易变化、易被破坏、难以恢复。落后经济降低抗灾能力、环境多样导致多样灾害、脆弱环境有良好孕灾条件，这些是海南西部灾害多发的主因。山地平原的位置与海岸带沿岸流的影响是海南西部干旱的直接原因。环境观念的变化、资源环境的同源性、经济成本的导向性、科技的发展以及政策的完善是推进资源环境不断走向一体化的重要动力。

在海南西部社会经济发展过程中，文化与民族、制度与政策、区位及交通是促使人文环境变化的机制。谪官、移民与行政建制作为文化传播的手段使大陆先进文化传播到海南西部，促进该区社会文化的发展。民族融合有助于少数民族学习先进民族文化，实现地区社会经济发展。国家不同时期的边疆政策、开发政策影响了海南西部的发展，而特区政策对其的促进作用大。边缘地具有区位优势，因此具有建成交通中心的潜在优势，而海南工业基地以及八所中心城市的形成都是区位交通推动的结果。

（4）边缘地发展存在两种潜在趋势——边缘化与中心化。

海南西部的发展经历了一个逐渐边缘化的过程。在移民开发的早期，海南西部是开发的重点地区，其开发程度和发展水平在海南处于领先。唐以后，移民逐渐向东部地区转移。宋元时，北部和东部地区已成为移民开发的重点地区。明清时期，西部地区已明显落后于北部、东部和南部地区。西部地区由海南的先行地区演变成落后地区。海南西部仍然具有中心化的潜在优势——资源丰富、区位良好、交通便利与政策倾斜，现代海南西部发展逐渐出现中心化的趋势。

海南西部历史时期的边缘化及现实的资源基础，可以实行反边缘化、边缘效应、功能中心三种发展模式。通过构建快捷交通、壮大优势产业、发挥资源优势、延长产业链条、提倡模仿创新、承接产业转移及重点区域开发带动实现反边缘化发展。以区域合作与特区建设创造边缘效应，海南西部可以在中国—东盟合作、环北部湾合作、环南海合作及泛珠三角合作中发挥优势，通过制度创新突出特区政策优势，创新地理边缘效应。建设交通中心、区域中心（中心城市）、物流中心、工业中心（工业走廊）、海洋开发中心等以发挥边缘地功能优势，实现区域的可持续发展。

（5）边缘地资源环境与社会经济相互作用构成区域过程的主流。

海南西部干旱、多沙、多灾、脆弱的环境以及资源状况是山地与平原、陆地与海洋两大边缘四大系统综合作用的结果，而较落后的社会、资源型与初级产品型经济则是地处中国南缘等行政因素作用的结果。区域的变化，特别是中心聚落的成长、主导经济部门的发展与边缘地的区位、资源等优势相互作用，决定了区域的发展方向。

边缘地是一个特殊的复杂系统，探明边缘地的发生、发展及演变规律是一项艰巨的工程，试图在有限的时间内揭示出如此复杂的规律是困难的。因此，本书尚有许多需要进一步完善之处：①海南西部虽然具有典型边缘地特征，伹对其影响较大的是海陆交错带、行政边缘带以及山地平原交错带，影响其资源环境与社会经济发展演变的也主要是上述边缘带，而海陆交错带所起的作用更为重要，因此，海南西部个案所表现的特征显然具有局限性，要将它推广到各类边缘地，使之具有普适意义还需要更多个案的支持。②边缘地存在人文边缘与自然边缘的区别，而自然现象与人文现象分别受自然规律与社会规律的制约。自然规律与社会规律是两种完全不同的客观规律，因此，将人文边缘与自然边缘统一具有较大困难，如边缘特征理论在某些人文边缘表现并不明显。边缘地的独特性将吸引越来越多学者的研究兴趣，今后的研究内容将在深度和广度上有新的突破，边缘理论将有创新，综合研究将会加强，典型边缘地——农牧交错带、海岸带、城乡交错带仍将是研究的热点，将有关边缘理论应用于实践，特别应用于欠发达地区的发展实践将有良好的前景。

参考文献

［1］张丕远. 全球变化研究: 一门综合学科发展的历程［J］. 科学对社会的影响（中文版）, 2003（1）: 22~24.

［2］郝成元, 吴绍洪, 刘春国. 关于中国地理学中的区域综合研究［J］. 地理与地理信息科学, 2007, 23（4）: 48~52.

［3］张生. 生态环境脆弱带对全球变化研究的特殊意义［J］. 淮南师范学院学报, 2002（2）: 47~49.

［4］叶笃正, 陈泮勤. 中国的全球变化预研究［M］. 北京: 地震出版社, 1992.

［5］中国环境保护部. 全国生态脆弱区保护规划纲要［R］. 北京: 国家环境保护部, 2008.

［6］徐广才, 康慕谊, 贺丽娜等. 生态脆弱性及其研究进展［J］. 生态学报, 2009, 29（5）: 2578~2588.

［7］吴传钧. 迎接中国地理学进入发展的新阶段［J］. 地域研究与开发, 2002, 21（3）: 1~5.

［8］袁建平, 刘福科, 王平等. 海南县域经济发展水平的空间差异与扶贫开发［J］. 海南师范大学学报（自然科学版）, 2008, 21（1）: 94~99.

［9］拉采尔. 政治地理学［M］. 北京: 商务印书馆, 1984.

［10］手冢章. 地理学中的边界论［J］. 地理译报, 1994, 13（2）: 23~27.

［11］魏伟, 周婕. 中国大城市边缘区的概念辨析及其划分［J］. 人文地理, 2006, 21（4）: 29~33.

［12］沈庆, 陈徐均, 关洪军. 海岸带地理环境学［M］. 北京: 人民交通出版社, 2008.

［13］周钜乾. 论地理边界［J］. 云南地理环境研究, 1992, 4（1）: 51~60.

［14］郭荣朝. 省际边缘区城镇化研究［M］. 北京: 中国社会科学出版社, 2006.

［15］Mackinder H J. The geographical pivot of history［J］. *The Geographical Journal*. 1904, 23（4）: pp. 419–430.

［16］斯皮克曼. 和平地理学［M］. 刘愈之译. 北京: 商务印书馆, 1965.

［17］钟兆站, 李克煌. 山地平原交界带与区域可持续发展［J］. 地理科学进展, 1998（2）: 23~31.

［18］朱芬萌, 安树青, 关保华等. 生态交错带及其研究进展［J］. 生态学报, 2007, 27（7）: 3032~3042.

［19］陈佑启. 城乡交错带名辩［J］. 地理学与国土研究, 1995, 11（1）: 47~53.

［20］孙武. 人地关系与脆弱带的研究［J］. 中国沙漠, 1995, 15（4）: 419~424.

［21］王铮, 丁金宏. 理论地理学概论［M］. 北京: 科学出版社, 1994.

［22］阿努钦. 地理学的理论问题［M］. 李德美, 包森铭译. 北京: 商务印书

馆，1994.

[23] 哈特向. 地理学性质的透视 ［M］. 黎樵译. 北京：商务印书馆，1963.

[24] 孙敬之. 论经济地理学的科学性质 ［M］. 北京：商务印书馆，1959.

[25] 陆大道，蔡运龙. 我国地理学发展的回顾与展望——地理学：方向正在变化的科学 ［J］. 地球科学进展，2001，16（4）：467～472.

[26] 陈传康. 综合探索的理性与激情——陈传康地理学文集 ［M］. 北京：商务印书馆，2005.

[27] Shuvalov V Y，姚建衢. 作为区域形成因素的地理界线 ［J］. 地理译报，1989（1）：11～13.

[28] 蒙吉军. 综合自然地理 ［M］. 北京：北京大学出版社，2005.

[29] 傅伯杰，赵文武，陈利顶. 地理——生态过程研究的进展与展望 ［J］. 地理学报，2006，61（11）：1123～1131.

[30] 冷疏影，宋长青. 陆地表层系统地理过程研究回顾与展望 ［J］. 地球科学进展，2005，20（6）：600～606.

[31] 牛文元. 生态环境脆弱带（ECOTONE）的基础判定 ［J］. 生态学报，1989，9（2）：97～105.

[32] 郑度，陈述彭. 地理科学进展与前沿领域 ［J］. 地球科学进展，2001，16（5）：599～606.

[33] 国家自然科学基金委员会. 自然科学学科发展报告——地理科学 ［M］. 北京：科学出版社，1995.

[34] 顾朝林. 中国大城市边缘区研究 ［M］. 北京：科学出版社，1995.

[35] Conzen M R G，Alnwick. Northumberland：A Study in Town-plan Analysis of British Geographers Publication ［J］. *Institute of British Geographers*. 1960（27）：pp. 1－22.

[36] 祁新华，程煜，陈烈等. 大城市边缘区人居环境系统演变规律——以广州市为例 ［J］. 地理研究，2008，27（2）：421～430.

[37] 高建华. 边缘效应对农村景观的影响及其调控 ［J］. 地域研究与开发，1993，12（4）：16～19.

[38] 陆大道. 我国地理学发展若干值得思考的问题 ［J］. 地理教育，2003（2）：4～6.

[39] 陆大道，刘卫东. 区域发展地学基础综合研究的意义、进展与任务 ［J］. 地球科学进展，2003，18（1）：12～21.

[40] 丁圣彦. 《秦岭—黄淮平原交界带自然地理边际效应》评介 ［J］. 地理学报，2006，61（11）：1230.

[41] 管华. 秦岭—淮河平原交错带自然地理边际效应 ［M］. 北京：科学出版社，2006.

[42] 中国大百科全书总编辑委员会《地理学》编辑委员会. 中国大百科全书（地理学）［M］. 北京：中国大百科全书出版社，1990.

[43] 郑度. 关于地理学的区域性和地域分异研究 ［J］. 地理研究，1998，17（1）：4～9.

[44] 蔡运龙，陆大道，周一星等. 中国地理科学的国家需求与发展战略 ［J］. 地理学报，2004，59（6）：811～819.

[45] 陆大道. 我国新时期经济地理学的区域综合研究方向 [J]. 地理研究, 1987, 6 (1): 1~9.

[46] Sneddon C S. "Sustainability" in ecological economics, ecology and livelihoods: A review [J]. *Progress in Human Geography.* 2000, 24 (4): pp. 521-554.

[47] 肖鲁湘, 张增祥. 农牧交错带边界判定方法的研究进展 [J]. 地理科学进展, 2008, 27 (2): 104~111.

[48] 乔青, 高吉喜, 王维等. 川滇农牧交错带土地利用动态变化及其生态环境效应 [J]. 水土保持研究, 2007, 14 (6): 360~363.

[49] 马瑛. 北方农牧交错带土地利用生态安全评价 [J]. 干旱区资源与环境, 2007, 21 (7): 53~58.

[50] 郭永昌, 海春兴, 李占宏. 农牧交错带适度人口规模与人口再分布初步研究——以阴山北部丘陵区武川县为例 [J]. 干旱区资源与环境, 2007, 21 (4): 21~25.

[51] 刘云芳, 李瑞, 张克斌等. 基于 NDVI 的农牧交错带草地植被数量动态研究 [J]. 干旱区资源与环境, 2007, 21 (10): 137~143.

[52] 刘军会, 高吉喜. 基于土地利用和气候变化的北方农牧交错带界线变迁 [J]. 中国环境科学, 2008, 28 (3): 203~209.

[53] 孙芳, 冯开文. 农牧交错带农户退耕还草意愿分析 [J]. 中国农业资源与区划, 2008, 29 (2): 54~57.

[54] 陈海, 赵云龙. 中国北方农牧交错带生态——生产范式区划及建设研究 [M]. 北京: 中国农业出版社, 2005.

[55] 许新国, 陈佑启, 姚艳敏等. 城乡交错带空间边界界定研究进展 [J]. 中国农学通报, 2009 (17): 265~269.

[56] 范涛, 沈非, 方凤满. 城乡交错带土地利用研究——以芜湖市为例 [J]. 资源开发与市场, 2007, 23 (2): 163~165.

[57] 荆玉平, 张树文, 李颖. 城乡交错带景观格局及多样性空间结构特征——以长春净月开发区为例 [J]. 资源科学, 2007, 29 (5): 43~49.

[58] 高艳霞, 王建, 徐东瑞. 石家庄市城乡交错带土壤养分空间特征分析 [J]. 河北农业科学, 2008, 12 (4): 49~51.

[59] 王映雪. 城乡交错带生态环境风险及对策研究 [J]. 环境科学导刊, 2008, 27 (3): 79~81.

[60] Godefroid S, Koedam N. Distribution pattern of the flora in a peri-urban forest: An effect of the city-forest ecotone [J]. *Landscape and Urban Planning.* 2003, 65 (4): pp. 169-185.

[61] Fujihara M, Hara K, Short K M. Changes in landscape structure of "yatsu" valleys: A typical Japanese urban fringe landscape [J]. *Landscape and Urban Planning.* 2005, 70 (3-4): pp. 261-270.

[62] 龚兆先. 城乡过渡景观生态构建理论与应用研究 [D]. 中山大学博士学位论文, 2006.

[63] Whitehand J W, Morton N J. Urban morphology and planning: The case of fringe

belts [J]. *Cities*. 2004, 21 (4): pp. 275 - 289.

[64] 沈和江, 张天平. 城乡交错带旅游发展研究 [M]. 北京: 科学出版社, 2009.

[65] 栾维杰. 海陆一体化建设研究 [M]. 北京: 海洋出版社, 2004.

[66] 张永战, 王颖. 海岸海洋科学研究新进展 [J]. 地理学报, 2006, 61 (4): 446.

[67] 刘瑞玉, 胡敦欣. 中国的海岸带陆海相互作用 (LOICZ) 研究 [J]. 地学前缘, 1997, 4 (2): 194.

[68] 杜国云, 王庆, 王秋贤等. 莱州湾东岸海岸带陆海相互作用研究进展 [J]. 海洋科学, 2007, 31 (3): 66 ~ 71.

[69] 戴志军, 李春初, 陈锦辉. 华南海岸带陆海相互作用研究 [J]. 地理科学进展, 2004, 23 (5): 10 ~ 16.

[70] 杨娟, 徐刚, 刘雪等. 泉州海岸带灾害系统的复杂性研究 [J]. 安徽农业科学, 2007, 35 (5): 1438 ~ 1439.

[71] 杨娟, 李强, 海香等. 泉州海岸带干旱灾害时空分布特征分析 [J]. 水土保持研究, 2008, 15 (2): 212 ~ 214.

[72] 储金龙, 高抒, 徐建刚. 海岸带脆弱性评估方法研究进展 [J]. 海洋通报, 2005, 24 (3): 80 ~ 87.

[73] 吝涛, 薛雄志, 卢昌义. 海岸带生态安全响应力评估方法初探 [J]. 海洋环境科学, 2007, 26 (4): 325 ~ 328.

[74] 沈正平, 韩雪. 江苏省海岸带可持续发展初探 [J]. 人文地理, 2007, 22 (6): 47 ~ 51.

[75] 李克煌. 自然地理界面理论与实践 [M]. 北京: 中国农业出版社, 1996.

[76] 余刚鹏. 山地与平原交错带的结构与边缘效应 [J]. 华中师范大学学报 (自然科学版), 1992, 26 (4): 501 ~ 505.

[77] 李新坡, 莫多闻, 朱礼忠. 祁连山、贺兰山与吕梁山山前冲积扇上的农地对比 [J]. 地理研究, 2006, 25 (6): 985 ~ 994.

[78] 张丽萍, 张镱锂, 净建忠等. 青藏高原东部山地农区生计与耕地利用模式 [J]. 地理学报, 2008, 63 (4): 377 ~ 385.

[79] 邱美荣. 边界功能视角的中印边界争端研究 [J]. 世界经济与政治, 2009 (12): 23 ~ 32.

[80] Agnew J. No borders, no nations: Making Greece in Macedonia [J]. *Annals of the Association of American Geographers*. 2007, 97 (2): pp. 398 - 422.

[81] Strihan A. A network-based approach to regional borders: The case of Belgium [J]. *Rrgional Studies*. 2008, 42 (4): pp. 539 - 554.

[82] Fleishman L, Salomon I. Israel's Eastern border: Ask not 'Where is the Green Line?' Ask 'What is the Green Line?' [J]. *Geoforum*. 2008, 39 (2): pp. 1021 - 1043.

[83] Megoran N. The critical geopolitics of the Uzbekistan-Kyrgyzstan Ferghana Valley boundary dispute, 1999—2000 [J]. *Political Geography*. 2004, 23 (6): pp. 731 - 764.

[84] Xavier F. G. The Spanish-Moroccan border complex: Processes of geopolitical, func-

tional and symbolic reordering [J]. *Political Geography*. 2008, 27 (3): pp. 301 – 321.

[85] Purcell M, Nevins J. Pushing the boundary: State restructuring, state theory, and the case of US-Mexico border enforcement in the 1990s [J]. *Political Geography*. 2005, 24 (2): pp. 211 – 235.

[86] Sparke M, Sidaway J D, Bunnell T, et al. Triangulating the borderless world: Geographies of power in the Indonesia-Malaysia-Singapore growth triangle [J]. *Transactions of The Institute of British Geographers*. 2004, 29 (4): pp. 485 – 498.

[87] Pijpers R, Van V M. Mobility across borders: Contextualizing local strategies to circumvent visa and work permit requirements [J]. *International Journal of Urban and Regional Research*. 2007, 31 (4): pp. 819 – 835.

[88] Fischer M M, Scherngell T, Jansenberger E. The geography of knowledge spillovers between high-technology firms in Europe: Evidence from a spatial interaction modeling perspective [J]. *Geographical Analysis*. 2006, 38 (3): pp. 288 – 309.

[89] Van B M, Nell L. Territorial bounds to virtual space: transnational online and offline networks of Iranian and Turkish-Kurdish immigrants in the Netherlands [J]. *Global Networks: A Journal of Transnational Affairs*. 2006, 6 (2): pp. 201 – 220.

[90] Park R E. Human Migration and the Marginal Man [J]. *The American Journal of Sociology*. 1928, 33 (6): pp. 881 – 893.

[91] Orlando F B. Marginality and revolution in Latin America: 1809 – 1969 [J]. *Studies in Comparative International Development* (*SCID*). 1970, 6: pp. 63 – 89.

[92] Giusti S J, Roger V. Marginality and ideology in Latin American development [J]. *Studies in Comparative International Development* (*SCID*). 1969, 5: pp. 221 – 234.

[93] Frieddman J R. *Regional Development Policy: A Case Study of Venezuela* [M]. Cambridge: MIT Press. 1966.

[94] Mehretu A, Pigozzi B W, Sommers L M. Concepts in social and spatial marginality [J]. *Geografiska Annaler: Series B, Human Geography*. 2000, 82 (2): pp. 89 – 101.

[95] Wright I A. Identifying biological constraints acting on livestock systems in marginal areas [C]. Greece: *Nafplio*. 1997.

[96] Bertaglia M, Joost S, Roosen J. Identifying European marginal areas in the context of local sheep and goat breeds conservation: A geographic information system approach [J]. *Agricultural Systems*. 2007, 94 (3): pp. 657 – 670.

[97] 修春亮, 李红, 于海桓. 全球化背景下地方城市的边缘化问题 [J]. 城市规划, 2003, 27 (9): 22 ~ 26.

[98] 杨云彦, 朱金生. 经济全球化、就业替代与中部地区的"边缘化" [J]. 中南财经政法大学学报, 2003 (5): 90 ~ 96.

[99] 吴怀连. 边缘性: 中国社会结构性质分析 [D]. 中国社会科学院博士学位论文, 2000.

[100] 曹萍. 中心城市边缘圈域经济发展分析 [J]. 经济学家, 2003 (6): 65 ~ 72.

[101] 陈晓华, 张小林. 边缘化地区特征、形成机制与影响——以安徽省池州市为例

[J]. 长江流域资源与环境, 2004, 13 (5): 413~418.

[102] 李清均. 资源型省份的边缘化倾向——黑龙江 1980—2002 年期间经济增长绩效实证分析 [J]. 中国特色社会主义研究, 2004 (3): 75~79.

[103] 阿尔图·科利. 国家引导的发展——全球边缘地区的政治权力与工业化 [M]. 朱天飚, 黄琪轩, 刘骥译. 长春: 吉林出版集团有限责任公司, 2007.

[104] 宋林飞. 经济全球化给中国带来了什么？——反边缘化理论与实践 [J]. 学海, 2004 (5): 39~46.

[105] Beecher W J. Nesting birds and the vegetation substrate [J]. *Chicago Ornithological Society*. 1942, 28 (1): p. 269.

[106] 李铁立, 姜怀宇. 次区域经济合作机制研究: 一个边界效应的分析框架 [J]. 东北亚论坛, 2005 (3): 90~94.

[107] 冯邦彦, 段晋苑. 边界效应与港深跨境区域合作 [J]. 特区经济, 2007 (1): 30~33.

[108] 王如松, 马世骏. 边缘效应及其在经济生态学中的应用 [J]. 生态学杂志, 1985, 4 (2): 38~42.

[109] 胡志丁, 骆华松. 基于博弈论的边界效应调控研究 [J]. 世界地理研究, 2009, 18 (3): 154~160.

[110] 刘洪来, 王艺萌, 窦潇等. 农牧交错带研究进展 [J]. 生态学报, 2009, 29 (8): 4420~4425.

[111] 赵军, 李霞. 中国农牧交错带研究进展 [J]. 草业科学, 2009, 26 (1): 94~99.

[112] 周旗, 李景宜. 城乡过渡带研究综述 [J]. 宝鸡文理学院学报（自然科学版）, 2003, 23 (3): 224~227.

[113] 班茂盛, 方创琳. 国内城市边缘区研究进展与未来研究方向 [J]. 城市规划学刊, 2007 (3): 49~54.

[114] 罗彦, 周春山. 中国城乡边缘区研究的回顾和展望 [J]. 城市发展研究, 2005, 12 (1): 25~30.

[115] 杨荫凯. 地球系统科学现行研究的最佳切入点: 试论海岸带研究框架的创立 [J]. 地理科学进展, 1998, 17 (1): 73~79.

[116] 程序. 农牧交错带研究中的现代生态学前沿问题 [J]. 资源科学, 1999, 21 (5): 1~8.

[117] 朱传耿, 王振波, 孟召宜. 我国省际边界区域的研究进展及展望 [J]. 经济地理, 2007, 27 (2): 302~305.

[118] 潘玉君, 陈颖等. 地理学元研究: 地理环境的整体性原理 [J]. 云南师范大学学报（自然科学版）, 2002, 22 (2): 60~64.

[119] 孙姗姗, 朱传耿. 区域经济发展差异研究进展与展望 [J]. 人文地理, 2008, 23 (2): 11~18.

[120] Jenkins T N. Putting postmodernity into practice: Endogenous development and the role of traditional cultures in the rural development of marginal regions [J]. *Ecological Econo-*

mics. 2000, 34（3）：pp. 301 – 313.

[121] Soja E W. *Regional Planning and Development Theories* ［J］. International Encyclopedia of Human Geography. 2009. pp. 259 – 270.

[122] Rosie W, Ginsberg J R. Edge effects and the extinction of populations inside protected areas ［J］. *Science*. 1998, 280（5372）：pp. 2126 – 2128.

[123] WCED. *Our Common Future* ［M］. London：Oxford University Press，1987.

[124] Wisner B. Vulnerability ［M］. Amsterdam：Elsevier. 2009.

[125] 陆中臣. 流域地貌系统 ［M］. 大连：大连出版社，1991.

[126] 赵永国. 我国生态环境脆弱带环境灾变特征的初步研究 ［J］. 灾害学，1991，6（4）：58 ~ 62.

[127] 刘南威. 自然地理学 ［M］. 北京：科学出版社，2007.

[128] 阿尔曼德. 景观科学 ［M］. 李世玢译. 北京：商务印书馆，1992.

[129] 邢忠. 边缘区与边缘效应——一个广阔的城乡生态规划视域 ［M］. 北京：科学出版社，2007.

[130] 侯晓丽. 边缘地区区域过程与发展模式研究 ［M］. 北京：中国市场出版社，2007.

[131] 罗礼贞. 边缘区域经济发展研究 ［M］. 长沙：湖南人民出版社，2007.

[132] 李培祥. 城市与区域相互作用的理论与实践 ［M］. 北京：经济管理出版社，2006.

[133] Hufkens K, Ceulemans R, Scheunders P. Estimating the ecotone width in patchy ecotones using a sigmoid wave approach ［J］. *Ecological Informatics*. 2008（3）：pp. 97 – 104.

[134] 张争胜，孙武，周永章. 热带滨海干旱地区生态环境脆弱性定量评价——以雷州半岛为例 ［J］. 中国沙漠，2008（1）：125 ~ 130.

[135] 吴良林，周永章，陈子燊. 广西喀斯特山区原生态旅游资源脆弱性及其安全保护 ［J］. 热带地理，2008，28（1）：74 ~ 79.

[136] 孙武，候玉，张勃. 生态脆弱带波动性，人口压力，脆弱度之间的关系 ［J］. 生态学报，2000，20（3）：369 ~ 373.

[137] 龚兆先，周永章. 城乡边缘带的景观生态构建功能 ［J］. 城市问题，2006（3）：2 ~ 5.

[138] 海南省昌江黎族自治县地方志编纂委员会. 昌江县志 ［M］. 北京：新华出版社，1998.

[139] 曾昭璇，曾宪中. 海南岛自然地理 ［M］. 北京：科学出版社，1989.

[140] 黄金森，汪国栋. 海南岛海岸地貌与第四纪地质若干资料 ［C］. 中国科学院南海海洋研究所. 南海海岸地貌学论文集（第一集）. 北京：海洋出版社，1975.

[141] 高素华，黄增明，张统钦等. 海南岛气候 ［M］. 北京：气象出版社，1988.

[142] 东方市人民政府. 东方市城市总体规划 ［R］. 东方：东方市政府，2005.

[143] 邹国础，郑汉文，林美莹. 海南岛土壤利用分区 ［C］. 《中国海南岛大农业建设与生态平衡论文选集》编辑委员会. 中国海南岛大农业建设与生态平衡论文选集. 北京：科学出版社，1987.

［144］景华，林卫，可景. 海南岛热带土壤中的有机质及其分布特征［C］.《中国海南岛大农业建设与生态平衡论文选集》编辑委员会. 中国海南岛大农业建设与生态平衡论文选集. 北京：科学出版社，1987.

［145］海南百科全书编纂委员会. 海南百科全书［M］. 北京：中国大百科全书出版社，1999.

［146］海南统计局. 海南统计年鉴 2008［Z］. 北京：中国统计出版社，2009.

［147］中国大百科全书地理学编辑委员会. 中国大百科全书地理学［M］. 北京：中国大百科全书出版社，1990.

［148］赵生才. 德国地球科学发展战略的调整和走向［J］. 地球科学进展，2004，19（4）：533～538.

［149］地质矿产部宜昌地质矿产研究所，海南省地质矿产局. 海南岛地质［M］. 北京：地质出版社，1991.

［150］南海海洋研究所海洋地质研究室. 华南沿海第四纪地质调查研究报告［R］广州：南海海洋研究所，1976.

［151］姚清尹. 海南岛地貌条件［C］. 广州地理研究所. 海南岛热带农业自然资源与区划论文集. 北京：科学出版社，1985.

［152］刘以宣. 海岸与海底地貌［M］. 北京：海洋出版社，1982.

［153］李森，孙武，李凡等. 海南岛西部热带沙漠化土地特征与成因［J］. 地理学报，2005，60（3）：433～444.

［154］林培松，李森，尚志海. 海南岛西部近 53 年来气候统计特征分析［J］. 聊城大学学报（自然科学版），2006，19（3）：57～59.

［155］司徒尚纪. 海南岛历史上的土地开发［M］. 海口：海南人民出版社，1987.

［156］田曙岚. 海南岛旅行记［M］. 上海：中华书局，1936.

［157］周文海，卢宗棠. 广东省感恩县志［M］. 台北：成文出版社，1968.

［158］徐俊鸣. 海南岛地理［M］. 北京：商务印书馆，1959.

［159］唐永鉴. 海南岛景观［M］. 上海：新知识出版社，1958.

［160］廖继武，孙武，尹秋菊. 海南岛西部沿海地区 20 世纪 30 年代以来土地利用变化及其驱动机制分析［J］. 亚热带资源与环境学报，2009，4（2）：17～23.

［161］廖继武，孙武，尹秋菊等. 海南岛西部沿海地区近 70 年来的生态环境变化［J］. 云南地理环境研究，2005，17（3）：18～22.

［162］林培松. 近 20 年来海南岛西部土地沙漠化与气候变化关联度研究［D］. 华南师范大学硕士学位论文，2004.

［163］刘彦随. 中国可持续发展问题与土地利用/覆被变化研究［J］. 地理研究，2002，21（3）：234～240.

［164］陈宜瑜. IGBP 未来发展方向［J］. 地球科学进展，2001，16（1）：16～18.

［165］全国海岸带和海涂资源综合调查简明规程编写组. 全国海岸带和海涂资源综合调查简明规程［M］. 北京：海洋出版社，1986.

［166］张正栋，周永章，夏斌. 海南省耕地变化与经济发展关系研究［J］. 热带地理，2006，26（1）：56～60.

［167］金兆成. 一体化与可持续发展思辨——兼论在城市规划领域的应用［J］. 淮阴工学院学报，2001，10（1）：56～59.

［168］宋书巧，周永章. 矿山资源环境一体化思想框架及其应用研究［J］. 矿业研究与开发，2006，26（5）：1～4.

［169］宋书巧，周永章. 自然资源环境一体化体系刍议［J］. 国土与自然资源研究，2003（2）：52～54.

［170］赵振华，乔玉楼等. 资源环境一体化对西部大开发的重要意义——参考广东区域可持续发展研究［J］. 矿物岩石地球化学通报，2002，21（2）：82～84.

［171］宋书巧，周永章. 矿业可持续发展的基本途径探讨［J］. 矿业研究与开发，2002，22（4）：1～5.

［172］筱雪. 2006 年非洲旅游业增长居世界首位［J］. 西亚非洲，2007（7）：28.

［173］阿拉善盟国土资源局. 阿拉善沙漠国家地质公园开园［J］. 西部资源，2007（4）：63.

［174］李先锋. 基于旅游需求的甘肃省国际旅游时空变动研究［J］. 地域研究与开发，2008，27（5）：73～75.

［175］毕华，刘强. 海南昌江县海滨土地风沙化及其环境整治［J］. 中国沙漠，2000，20（2）：223～228.

［176］迟福林. 国际旅游岛是海南发展的大战略［J］. 新世纪周刊，2009（15）：50～51.

［177］吴章文，胡零云. 生态旅游者的心理需求和行为特征研究——以武夷山国家级自然保护区为例［J］. 中南林学院学报，2004，24（6）：42～48.

［178］黄耀丽，李凡，郑坚强. "旅游体验"视角下的特色旅游开发与管理问题探讨——以我国北方沙漠旅游为例［J］. 人文地理，2006，21（4）：94～97.

［179］郭艳华，周永章. 相约中国大陆最南端——广东湛江市旅游发展总体规划研究［M］. 香港：华夏文化出版社，2003.

［180］钱学森. 建立新机制 建立沙产业［J］. 现代农业研究，1984（5）：1～7.

［181］米文宝，廖力君. 宁夏沙漠旅游的初步研究［J］. 经济地理，2005，25（3）：422～425.

［182］Jerome L M. Small island tourist economies across the life cycle［J］. *Asia Pacific Viewpoint*. 2006，47（1）：pp. 61－77.

［183］Gregory B. Mapping landscape values and development preferences：A method for tourism and residential development planning［J］. *International Journal of Tourism Research*. 2006，8（2）：pp. 101～113.

［184］黄会清. 宁夏沙漠旅游独步全国［J］. 大陆桥视野，2008（10）：73～74.

［185］郑坚强，李森等. 沙漠旅游资源利用在西部开发中的意义及策略研究［J］. 地域研究与开发，2003，22（1）：77～79.

［186］Jan G E. An indigenous perspective on national parks and Sá mi reindeer management in Norway［J］. *Geographical Research*. 2007，45（2）：pp. 177－185.

［187］Angeles O M，Maric C V，David M R. Gaining residents' support for tourism and planning [J]. *International Journal of Tourism Research*. 2008, 10 (2): pp. 95 – 109.

[188] Peter B. Ecotourism from a conceptual perspective, an extended definition of a unique tourism form [J]. *International Journal of Tourism Research*. 2000, 2 (3): pp. 189 – 202.

[189] 李列珊, 云大兰. 海南林业发展模式管见 [J]. 新东方, 2000 (5): 19~20.

[190] 姚天增, 温春生, 陈秋波, 等. 海南昌江、东方、乐东三县市高新农业调查报告 [J]. 热带农业工程, 2009, 33 (2): 59~62.

[191] 吴师强, 黄国宁. 构建海南林业生态安全体系问题的思考 [J]. 热带林业, 2006, 34 (4): 13~15.

[192] 陈国阶. 论山区环境保护与产业发展方向 [J]. 科技导报, 1999 (2): 49~52.

[193] 张黎明, 魏志远, 曹启民等. 近40年来海南省三大河下游水体的含沙量特征及影响因素 [J]. 生态环境, 2006, 15 (4): 765~769.

[194] 何传启. 中国山区现代化的三种模式 [J]. 中国科学院院刊, 2009, 24 (3): 256~264.

[195] 邢韶华, 林大影, 鲜冬娅等. 北京山地植物多样性优先保护地区评价 [J]. 生态学报, 2009, 29 (10): 5299~5312.

[196] 李爱贞. 生态环境保护概论 [M]. 北京: 气象出版社, 2001.

[197] 王献溥. 海南保护区建设的展望 [J]. 自然资源, 1996 (3): 36~42.

[198] 洪涛. "三北"四期工程向项目化管理全面推进 [J]. 甘肃林业, 2005 (2): 33~34.

[199] 李育材. 退耕还林工程是中国生态文明建设的伟大实践——全国退耕还林工程建设十周年总结 [J]. 林业建设, 2009 (5): 3~13.

[200] 罗凤灵. 海南退耕还林工作进展顺利 [EB/OL]. http://www.forestry.gov.cn/portal/lmzm/s/1357/content – 139917.html.

[201] 陈国阶, 方一平, 陈勇等. 中国山区发展报告——中国山区聚落研究 [M]. 北京: 商务印书馆, 2007.

[202] 陈国阶. 中国山区近年发展态势与战略展望 [J]. 中国科学院院刊, 2008, 23 (6): 485~491.

[203] 何方. 中国山区生态保护意义与开发建设——纪念2002年"国际山区年" [J]. 中南林业科技大学学报 (社会科学版), 2002 (4): 104~107.

[204] 牛文元. 自然地理新论 [M]. 北京: 科学出版社, 1983. 53~95.

[205] Cresser M S, Aitkenhead M J, Mian I A. A reappraisal of the terrestrial nitrogen cycle: What can we learn by extracting concepts from Gaia theory? [J]. *Science of The Total Environment*. 2008, 400 (1 – 3): pp. 344 – 355.

[206] Boston P J. *Gaia Hypothesis* [M]. New York: Academic Press, 2008.

[207] Lovelock J E. Gaia as seen through the atmosphere [J]. *Atmospheric Environment* (1967). 1972, 6 (8): pp. 579 – 580.

[208] 卜永芳. 气象学与气候学基础 [M]. 北京: 高等教育出版社, 1987.

［209］李爱贞，刘厚凤. 气象学与气候学基础［M］. 北京：气象出版社，2004. 202～219.

［210］黄崇福. 自然灾害基本定义的探讨［J］. 自然灾害学报，2009，18（5）：41～50.

［211］李永善. 灾害系统与灾害学探讨［J］. 灾害学，1986，1（1）：7～11.

［212］余国政. 中国历代皇帝更迭和年号更改与地震［M］. 北京：地震出版社，1990.

［213］刘希林，莫多闻. 地貌灾害预测预报的基本问题——以泥石流预测预报为例［J］. 山地学报，2001，19（2）：150～156.

［214］周金良. 海南特区发展战略的演变、整体效应及其评价［M］. 海口：南方出版社/海南出版社，2008.

［215］东方市统计局. 2009年东方市经济和社会发展统计公报［EB/OL］. http://www. hainan. gov. cn/hn/zwgk/tjdc/hntj/tjgb/201004/t20100413_418048. html.

［216］张本. 海南省海洋渔业资源评估与渔业发展方向分析［J］. 现代渔业信息，1993，8（8）：4～7.

［217］恽才兴，蒋兴伟. 海岸带可持续发展与综合管理［M］. 北京：海洋出版社，2002.

［218］周月光. 美景之下蕴育宝藏，2000亿元矿藏储海南西部［EB/OL］. http://www. hinews. cn/news/system/2009/11/11/010605825. shtml.

［219］蒋庭松. 试论自然环境资源有偿使用［J］. 农村生态环境，1992（4）：56～59.

［220］海南省第五次人口普查办公室. 海南省2000年人口普查资料［M］. 北京：中国统计出版社，2002.

［221］海南省地方文史志办公室. 海南省志人口志方言志宗教志［M］. 海口：南海出版公司，1994.

［222］赵荣，王恩涌，张小林等. 人文地理学（第二版）［M］. 北京：高等教育出版社，2006：191.

［223］张文奎. 人文地理学概论［M］. 长春：东北师范大学出版社，1997.

［224］韩茂莉，刘宵泉，方晨等. 全新世中期西辽河流域聚落选址与环境解读［J］. 地理学报，2007，62（12）：1287～1298.

［225］杨果. 宋元时期江汉-洞庭平原聚落的变迁及其环境因素［J］. 长江流域资源与环境，2005，14（6）：675～678.

［226］谈明洪，朱会义，刘林山等. 北京周围建设用地空间分布格局及解释［J］. 地理学报，2007，62（8）：861～869.

［227］侯光良，刘峰贵，萧凌波等. 青海东部高庙盆地史前文化聚落演变与气候变化［J］. 地理学报，2008，63（1）：34～40.

［228］许学强，周一星，宁越敏. 城市地理学［M］. 北京：高等教育出版社，1997.

［229］国务院. 国务院发布推进海南国际旅游岛建设发展若干意见［EB/OL］. http://www. gov. cn/gongbao/content/2010/content_1505921. htm.

［230］国家统计局. 中国统计年鉴［Z］. 北京：中国统计出版社，2009.

［231］钟业昌. 海南经济发展研究［M］. 北京：中国科学技术出版社，1991.

［232］海南省地方文史志办公室. 海南省志——农垦志［M］. 海口：海南省摄影美术出版社，1996.

［233］农牧渔业部热带作物区划办公室. 中国热带作物种植业区划［M］. 广州：广东科技出版社，1989.

［234］张明龙. 经济区的内涵与划分原则［J］. 贵州社会科学，2000（4）：27～30.

［235］侯光良. 海南经济史研究［M］. 广州：中山大学出版社，2004.

［236］本刊通讯员. 全国最大甲醇项目在海南省东方市建成投产［J］. 煤气与热力，2007，27（12）：75.

［237］唐剑光. 昌江发展循环经济型工业的思考［J］. 今日海南，2008（10）：22～23.

［238］司徒尚纪. 海南岛历史开发的若干问题［J］. 中山大学学报，1986（1）：65～69.

［239］朱竑，许然，韩亚林. 明清大陆文化在海南的扩散及海南海岛文化的形成［J］. 热带地理，2007，27（1）：86～91.

［240］李修贤. 大明一统志. 琼州府［M］. 海口：海南出版社，1986.

［241］朱竑，韩延星. 开疆文化在海南传播的方言印证研究［J］. 人文地理，2002，17（2）：70～73.

［242］张秀华. 塞外移民对近代内蒙古经济社会发展的影响［J］. 吉林大学社会科学学报，2009，49（5）：46～51.

［243］朱竑，司徒尚纪. 开疆文化在海南的地域扩散与整合［J］. 地理学报，2001，56（1）：99～106.

［244］朱竑，贾莲莲. 戍边屯田等政治措施对海南岛文化发展的促进作用［J］. 人文地理，2006，21（5）：55～60.

［245］朱竑，司徒尚纪. 行政建置变更对海南岛区域文化历史发展的影响研究［J］. 地理科学，2006，26（4）：490～496.

［246］王恩涌. 人文地理学［M］. 北京：高等教育出版社，2000. 219.

［247］王军伟. 世界上最大的自由贸易区正式建成［EB/OL］. http：//news. xinhuanet. com/world/2010－01/01/content_ 12738070. htm.

［248］刘苏雨. 试论政府在我国地区经济发展中的作用［J］. 厦门科技，2005（5）：39～41.

［249］黄永照. 八所港的现状和困惑以及解决对策的思考［J］. 中国港口，1999（2）：14～15.

［250］欧阳欢子. 中国—东盟经贸关系的发展进程及前景［J］. 世界经济研究，2008（9）：72～77.

［251］王群存. 从"富岛"到"东方化工城"［J］. 今日海南，2006（11）：24～25.

［252］王健朴. 海南特区经济发展战略再认识［J］. 特区经济，1999（5）：15～16.

［253］海南省统计局，国家统计局海南调查总队. 2008年海南省经济和社会发展统计公报［EB/OL］. http：//www. stats. hainan. gov. cn/tjsj/tjgb/fzgb/n4/200905/t20090518_623470. html.

［254］周秉根. 边际效应特征及其增值效应探讨［J］. 大自然探索，1999，18（3）：47～50.

［255］Murcia C. Edge effects in fragmented forests：Implications for conservation［J］. *Trends in Ecology & Evolution*. 1995，10（2）：pp. 58－62.

［256］贾文毓. 人文地理新探索［M］. 北京：气象出版社，2007.

［257］刘海隆，包安明，陈曦等. 新疆交通可达性对区域经济的影响分析［J］. 地理学报，2008，63（4）：428～436.

［258］朱翔. 城市地理学［M］. 长沙：湖南人民出版社，2003.

［259］龚胜生. 两湖平原城镇发展的空间过程［J］. 地理学报，1996，51（6）：489～500.

［260］苏辛. 边缘地带［J］. 中国远程教育，2004（06）：1.

［261］Cullen B T，Pretes M. The meaning of marginality：Interpretations and perceptions in social science［J］. *The Social Science Journal*. 2000，37（2）：pp. 215－229.

［262］杨云彦，秦尊文. 中部地区边缘化解析［J］. 江汉论坛，2004（10）：57～59.

［263］石正方. 东亚经济一体化格局下台湾经济的边缘化［J］. 厦门大学学报（哲学社会科学版），2004（1）：71～78.

［264］曾尊固，甄峰，龙国英. 非洲边缘化与依附性试析［J］. 经济地理，2003，23（4）：561～566.

［265］修春亮，袁家冬. 伊春市城镇体系的演变及对策——一个"边缘化"地区的实例［J］. 地理科学，2002，22（4）：495～499.

［266］Cloke P，Goodwin M，Milbourne P，et al. Deprivation，poverty and marginalization in rural lifestyles in England and Wales［J］. *Journal of Rural Studies*. 1995，11（4）：pp. 351－365.

［267］张汝立. 从主动边缘化到被动边缘化——农转工人员的进城行为研究［J］. 农业经济问题，2004（3）：36～40.

［268］覃成林，金学良，冯天才等. 区域经济空间组织原理［M］. 武汉：湖北教育出版社，1996.

［269］王群存. 抢抓双重机遇 放大叠加效应——"六市县一区"党委书记谈加快海南西部开发［J］. 今日海南，2010（2）：12～13.

［270］刘宁宁，沈正平等. 省际边缘区经济发展问题与对策研究［J］. 现代经济探讨，2007（8）：39～43.

［271］韩玉刚，焦华富，李俊峰. 改革开放以来中国省际边缘区研究历程及展望［J］. 地域研究与开发，2011，30（2）：1～6.

［272］刘琦，胡华颖，邓良炳. 论南雄设市与边区经济［M］. 广州：中山大学出版社，1996.

［273］陈晓华，张小林. 边缘化地区核心竞争力提升的产业生态化创新策略［J］. 南京财经大学学报，2005（3）：18～20.

［274］Brittingham M C，Temple S A. Have cowbirds caused forest songbirds to decline？［J］. *Bioscience*. 1983，33：pp. 31－35.

［275］Richard P C，Jennifer W，Robert E. Human population in the biodiversity hotspots

[J]. *Nature*. 2000, 404：pp. 990 – 992.

[276] 东方市人民政府. 东方市国民经济与社会发展十一五规划 ［R］. 东方：东方市人民政府，2006.

[277] 龚再升，王国纯. 中国近海油气资源潜力新认识 ［J］. 中国海上油气（地质），1997，11（1）：1 ~ 12.

[278] 廖继武，周永章. 海南开发过程中西部边缘化研究 ［J］. 地域研究与开发，2009，28（5）：21 ~ 26.

[279] 唐贵伍，康正晓，蔡翔. 反边缘化理论研究的述评 ［J］. 工业技术经济，2008，27（6）：8 ~ 10.

[280] 梁留科，吕可文，苗长虹等. 边缘化地区特征、形成机制及对策研究——以河南省黄淮四市为例 ［J］. 地理与地理信息科学，2008，24（5）：61 ~ 65.

[281] 故宫博物院. 儋州志（康熙）卷三，文艺志，南宁军碑记 ［M］. 海口：海南出版社，2001：297.

[282] 苏东坡. 伏波将军庙记碑，见苏东坡全集，后集，卷 15 ［M］. 北京：中国书店，1986.

[283] 南宋赵汝适. 诸藩志 ［M］. 香港：香港大学广州研究中心，1984.

[284] 张嶲，邢定纶，赵以谦. 崖州志 ［M］. 广州：广东人民出版社，1983.

[285] 清阮元. 广东通志前事略 ［M］. 广州：广东人民出版社，1981.

[286] 李超荣，李钊，王大新等. 海南省昌江发现旧石器 ［J］. 人类学学报，2008，27（1）：66 ~ 69.

[287] 杨春盛. 旧石器时代的昌江 ［C］. 政协昌江黎族自治县委员会. 昌江文史（第八辑）. 政协昌江黎族自治县委员会文史工作室，1984.

[288] 容观琼. 海南岛黎族地区发现的新石器 ［J］. 考古通讯，1956（2）：25 ~ 28.

[289] 杨德春. 海南岛古代简史 ［M］. 长春：东北师范大学出版社，1988.

[290] 詹长智，张朔人. 中国古代海南人口迁移路径与地区开发 ［J］. 华中科技大学学报（社会科学版），2007，21（2）：77 ~ 81.

[291] 张岳松. 《琼州府志》（卷二十九）［M］. 台北：成文出版社，1967.

[292] 陈雄. 冼夫人在海南 ［M］. 广州：中山大学出版社，1991.

[293] 练铭志. 试论广东汉族的形成及其与瑶、壮、畲等族的融合关系 ［J］. 民族研究，2000（5）：77 ~ 88.

[294] 广东历史地图集编委会. 广东历史地图集 ［M］. 广州：广东省地图出版社，1995.

[295] 唐胄. 正德琼台志 ［M］. 上海：上海古籍出版社，1964.

[296] 余斌. 城市化进程中的乡村住区系统演变与人居环境优化研究 ［D］. 华中师范大学，2008.

[297] 王翠英，王小鱼. 城市化过程中失地农民边缘化的根源探析 ［J］. 理论导刊，2006（10）：81 ~ 84.

[298] 余永哲，潘理性，曹洪斌. 广东政区演变 ［M］. 广州：广东省地图出版社，1991.

[299] 马江. 中国欠发达地区发展循环经济的探析与研究 [D]. 四川大学博士学位论文，2007.

[300] Zebardast E. Marginalization of the urban poor and the expansion of the spontaneous settlements on the Tehran metropolitan fringe [J]. *Cities*. 2006，23（6）：pp. 439 - 454.

[301] 钟声宏. 中国大陆客家聚集区自然环境与区域发展互动关系研究——重点对梅州、龙岩、赣州客家聚集区的剖析 [D]. 中山大学博士学位论文，2007.

[302] 李京文，吉昱华. 中国城市化水平之国际比较 [J]. 城市发展研究，2004，11（3）：1 ~ 10.

[303] 张争胜. 雷州半岛资源环境约束及可持续发展研究 [D]. 中山大学博士学位论文，2006.

[304] 郭启贵. 昌江公路交通 [EB/OL]. http：//www. docin. com/p - 534056364. html.

[305] 彭迪云. 区域发展模式的探索与"江西模式"的提出 [J]. 科技广场，2004（11）：92 ~ 93.

[306] 海南省人民政府. 海南省国民经济和社会发展"十一五"规划纲要 [EB/OL]. http：//www. hainan. gov. cn/data/news/2006/09/18384.

[307] 吴斌. 换个视角看问题——坚定不移地推进海南工业发展 [J]. 今日海南，2007（8）：20 ~ 21.

[308] 钟声宏，周永章，徐燕君. 粤闽赣客家地区区域演化特征及区域发展思路 [J]. 热带地理，2006，26（2）：157 ~ 161.

[309] 王必达. 后发优势与区域发展 [M]. 上海：复旦大学出版社，2004.

[310] 孙家良. 观念、决策、思路——地方经济发展的若干问题 [M]. 杭州：浙江大学出版社，2007.

[311] 覃成林，金学良，冯天才等. 区域经济空间组织原理 [M]. 武汉：湖北教育出版社，1996.

[312] 温春阳. 城市发展的环境基础及其对可持续城市规划的约束和导向作用——以广东肇庆市为例 [D]. 中山大学博士学位论文，2009.

[313] 改革发展研究院中国海南. 策划天涯—立足海南的追求与探索 [M]. 北京：人民出版社，2008.

[314] 张慕津，程建国. 中国地带差距与中西部开发 [M]. 北京：清华大学出版社，2000.

[315] 杨国华. 可持续发展指标体系及广东可持续发展实验区建设研究 [D]. 中山大学博士学位论文，2006.